ROAD
— to —
RE100

재생에너지를 구매하려는 사람들을 위한 백서

ROAD
to
RE100

김승희
지음

RE100·탄소중립·CBAM 대응을 위해
재생에너지를 필요로 하는 사람들을 위한 모든 것

 Global RE100의
재생에너지
관련 기준

 국내 재생에너지
산업에 대한
배경지식

 재생에너지 구매
수단들과 각 수단의
특징들

바른북스

RE0000 :
들어가는 말

바야흐로, 우리나라도 전기를 선택해서 구매하는 시대를 맞이했다.

글로벌 기후위기에 대한 문제 제기가 점차 심화되면서, 기업들은 자발적이든 타인에 의해서든 온실가스 배출량을 감축해야 하는 상황에 놓였다. 기업이 배출하는 온실가스의 규모는 공장 등의 사업장에서 배출되는 것뿐만 아니라, 전기·열의 생산 과정에서 배출되는 양과 기업의 공급망(Value Chain)에서 배출되는 양까지 모두 포함한다. 해외 기업들은 글로벌 기후위기 대응을 위해 자신의 공급망에 대한 탄소감축을 필요로 하게 되었고, 그 결과 재생에너지 사용을 통해 비교적 탄소감축이 쉬운 '전기사용에 따른 온실가스 배출량'을 감축하도록 공급처들에게 요구하고 있다.

이것이 RE100에 대한 시작이다. 우리나라에서는 2022년 대선 토론회 때 RE100에 대한 이야기가 나와 보다 널리 알려지게 된 단어이지만, 해외에서는 그보다 훨씬 전인 2014년부터 RE100이라는 개념이 퍼지기 시작했다. RE100은 기업이 사용하는 전기를 100% 재생에너지로 사용하자는 캠페인으로, 기후위기 대응을 위해 온실가스 감축량을 줄이기 위한 것이 그 목적이다.

우리나라에는 다소 늦은 2020년부터 관련 제도가 도입됐다. 해외 글로벌 기업들이 우리나라 기업들에게 RE100 이행을 요구하고,

RE100 이행을 하지 않으면 제품을 공급받지 않겠다고 선언하면서 정부도 국내 기업들의 수출을 위해 RE100을 이행할 수 있도록 길을 열어준 것이다.

민간이 재생에너지를 구매할 수 있는 제도가 도입된 지 4년이나 지났지만 여전히 많은 기업들이 재생에너지를 구매하는 데 어려움을 겪고 있다. 한국은 한국전력이 전력 소매시장을 독점하고 있다 보니, 기업들이 한국전력 외에 다른 통로로 전기를 구매해 본 적이 없었던 것이 큰 이유이다. 따라서 한국 기업들은 한국전력이 청구하는 대로 전기요금을 납부할 뿐, 한국전력이 어떤 방식으로 어떻게 청구되는지도 알 필요가 없었다(때문에 한국에서는 전기요금을 '전기세'라고 잘못 부르기도 한다). 그러다 보니 전력산업 그리고 재생에너지 업계에서 사용하는 용어에도 익숙하지 않고, 어떤 방식으로 재생에너지가 거래되는지, 재생에너지 발전사업자들의 필요가 무엇인지 기업은 잘 알지 못했다.

하지만 RE100이 도래하면서 이제는 알아야 할 때가 왔다. 기업의 고객이, 기업의 주주가, 그 외 기업을 둘러싼 이해관계자가 재생에너지 사용을 요구하는 상황에서 경쟁력 있게 재생에너지를 조달하기 위해서는 나의 전기요금에 대한 세부적인 것들과 재생에너지를 구매하는 여러 방식들에 익숙해져야 한다.

이 책은 이제 막 태동하는 민간 재생에너지 시장에서, 자신의 생존을 위해 재생에너지를 구매하려는 기업들과 그리고 그 속에서 재생에너지 구매를 위해 분투하는 사람들을 위해 쓰여졌다. Global RE100이 무엇인지, 어떤 기준으로 재생에너지를 구매해야 하는지를 설명하는 한편, 한국의 재생에너지 발전사업자들이 속해 있는 시장환경, 그리고 그들이 필요로 하는 것이 무엇인지를 설명할 예정이다.

또한, 기업이 어떻게 전기요금을 내고 있는지도 중요하게 다룰 예정이다. 재생에너지를 사용하는 방식에는 단순 인증서만을 구매하는 것이 아니라 실질적인 '전기'를 구매하는 방식들도 있으니 전기요금을 알아야 재생에너지 구매에 대한 비용 분석이 가능하기 때문이다.

마지막으로는 재생에너지를 구매하는 구체적인 방법론들을 소개하고 있다. 이러한 방법론은 제도적인 내용만을 다루지 않고 있다. 수많은 재생에너지 계약과 거래를 체결하는 과정에서 보았던 여러 가지 문제들과 함께, 그 문제들에 대해 민간 재생에너지 시장은 어떻게 해결하고 있는지를 담았다.

한편, 이 책은 기업 외에도 재생에너지 발전사업자와 관련 업계 종사자들을 위해서도 쓰여졌다. 그동안 정부가 주는 보조금 제도하에서 사업을 영위해 온 발전사업자들에게 민간 재생에너지 시장은 새로운 기회의 땅이다. 이 새로운 땅에서 물건을 팔려면 어떻게 팔아야 하는지, 각 이행방식을 바라보는 기업들의 입장은 무엇인지를 이해한다면 기회의 땅에서 승리할 수 있을 것이다.

뿐만 아니라 이 책은 정책 입안자들에게 한국에서 재생에너지 거래가 어떤 식으로 이루어지는지를 알리기 위해서 쓰여졌다. 한국의 민간 재생에너지 구매 시장은 아직 초기이며, 기업과 발전사업자 간 거래는 가능하나 실무적으로 거래 및 계약을 하는 과정에서 많은 애로 사항들이 있다. 이러한 애로 사항들에 대해 정책 입안자들이 보고서 개선할 수 있는 방안들을 고민해 주기를 기원해 본다.

2024년 8월 김승희

목차

RE0000 : 들어가는 말

CHAPTER 1.

Global RE100에 대한 이해

CHAPTER 2.

발전사업에 대한 이해

CHAPTER 3.

전기요금에 대한 이해

CHAPTER 4.

RE100 이행수단에 대한 이해

RE100 이행수단 4. 지분투자

RE100 이행수단 5. 자가발전

Global RE100에
대한 이해

RE001.
RE100이란?

RE100은 Renewables Electricity 100%로, 기업이 사용하는 전기를 2050년까지 100% 재생에너지로 전환하겠다는 민간 캠페인을 말한다. 2014년 영국의 다국적 비영리 기구인 더 클라이밋 그룹(The Climate Group)과 CDP(Carbon Disclosure Platform)의 주도하에 최초로 시작되었으며 이들이 주도하는 RE100 캠페인을 Global RE100이라고 부른다.

'민간 캠페인'이기는 하지만, 그 영향력은 결코 작지 않다고 할 수 있다. 2024년 1월 말 기준, Global RE100에는 구글, 애플, 마이크로소프트 등 소위 말하는 빅 테크(Big Tech) 기업뿐만 아니라 BMW, GM과 같은 글로벌 제조기업, 골드만삭스, 시티(Citi)와 같이 영향력 있는 금융기관 등 전 세계 426개의 글로벌 기업들이 가입하고 RE100 이행을 위해 노력을 하고 있는 중이다. 여기에 그치지 않고 Global RE100에 가입한 기업들이 자신에게 제품을 공급하는 기업들이나 관련 이해관계 기업들에게 RE100 이행을 요구하고 있기 때문에 앞으로 RE100을 이행하려는 기업의 수는 계속적으로 늘어나고 있다.

이처럼 RE100에 많은 기업들이 관심을 갖는 이유는 글로벌 기후위기에 대응하고 온실가스를 감축하기 위해서이다. 기업은 자발적이든 아니면 국가적 의무사항이든 자신의 온실가스 배출을 감축해야 하는 상황에 놓여져 있다. 온실가스 배출원이 다양하듯, 이를 감축할 수 있는 방법들도 다양한데, RE100은 기업의 전기사용으로부터 발생하는 온실가스를 줄이기 위한 방법으로 '재생에너지 사용'을 선택한 기업들의 모임이라고 할 수 있다.

Global RE100에 가입한 기업들은 2050년까지 100% 재생에너지 사용(RE100)을 달성해야 하며, 그 중간 과정으로서 2030년 60%(RE60), 2040년 90%(RE90)를 달성해야 하는 의무를 부과받는다. 민간 캠페인이기 때문에 해당 의무를 지키지 않더라도 기업에게 제재를 가할 수는 없지만, 기업 스스로 약속(Commitment)한 것을 지키지 않는다는 점에서, 기업 브랜드 가치가 훼손되고 소비자들에게 외면당할 위험이 있다. 그래서 Global RE100에 가입한 기업들은 자체적으로 RE100 이행을 위한 로드맵(Road-Map, 계획)을 세우고 이를 실행해 나가려 한다.

RE100의 가입조건

RE100은 민간 캠페인이기는 하지만, 더 클라이밋 그룹과 CDP가 주도하고 있는 Global RE100에 가입하기 위해서는 일정 조건들을 충족시켜야 한다.

가장 우선적으로는 연간 전력사용량이 100GWh 이상이어야 한다. 100GWh는 대략 서울시 28,000가구[01]의 연간 전력사용량에 맞먹는 규모이다. 이처럼 전기를 많이 사용하고 있는 기업만이 가입할 수가 있다. 다만 예외적으로 전력사용량이 100GWh보다 적어도 해당 기업이 속한 국가 또는 지역 내에서 주요한 영향력을 행사할 수 있는 기업이거나 금융기관의 경우에는 별도 심사를 통해 가입할 수 있다.

한편, 100GWh 이상의 전기를 매년 사용한다 하더라도, 다음과 같은 업종에 있는 기업들은 Global RE100에 가입할 수 없다. 화석연료를 대량으로 소비하는 기업과 Global RE100이 판단하기에 사회적으로 좋지 않은 영향력을 행사하는 기업들이다.

---

[01] 2022년 서울시의 월평균 가구당 전기사용량은 296kWh로, 이를 활용하여 역산한 값 (출처 : energyinfo.seoul.go.kr)

- 화석연료를 주력으로 하는 산업(ex 석유 · 천연가스 개발/채굴, 정유화학 등)
- 항공산업
- 군수산업(Munitions)
- 도박
- 담배

Global RE100에 가입하지 못한다고 해서 재생에너지가 필요하지 않은 것은 아니다. 일반적으로 Global RE100에 가입을 하지 못하는 기업들도 탄소중립(Net-Zero) 목표를 가지고 있는 경우가 많다. 한국담배인삼공사(KT&G)의 경우에도 Global RE100에 가입을 할 수는 없지만 2050년까지 탄소중립을 달성하겠다고 선언하였다. 기업의 탄소중립을 위해서는 온실가스에 대한 간접배출량을 줄이는 것이 필수이며, 이를 위해서는 재생에너지 구매가 필요하기에 탄소중립을 추구하는 기업들도 재생에너지를 구매할 필요가 있다.

따라서 RE100을 선언하지 않았거나, Global RE100에 가입을 하지 못한다 하더라도 재생에너지 전력을 구매해야 하는 경우가 많으니 Global RE100 가입 여부와 재생에너지 구매 필요성을 동일하게 생각해서는 안 된다.

RE100은 인증서를 통해
이행 여부를 판단한다

　RE100이 자신이 사용한 전기를 100% 재생에너지로 전환한다는 뜻을 가지다 보니, 실제 물리적인 재생에너지 전력을 구매해야 한다는 오해를 하는 경우가 많다. 물리적인 재생에너지 전력 구매를 통해 RE100 이행을 하기도 하지만, 자신이 사용한 전력사용량만큼의 재생에너지 사용인증서를 제출함으로써 이행을 할 수도 있다.

　재생에너지 사용인증서란, 재생에너지 발전소가 재생에너지 전기를 생산할 경우 각 국가의 정부로부터 발급받는 '재생에너지 인증서'를 구매/이전받아 전환한 것을 말한다. 일반적으로 재생에너지 전력 1MWh를 생산할 때 1개의 인증서가 발급된다. 각 국가별로 재생에너지 인증서를 부르는 용어가 상이한데, 미국은 REC(Renewable Energy Certificates)라고 하며, 유럽에서는 GOs(Guarantee of Origins)라고 부른다. 한국은 '신 · 재생에너지 공급인증서(REC)'라고 명명되었으며, RE100 기업이 한국에너지공단에 제출하면 한국에너지공단은 기업에게 '재생에너지 사용 확인서'(REGO, Renewables Electricity Guarantee of Origins)를 발급해 준다.

　RE100이 실제 전기가 아니라 '재생에너지 인증서'를 제출함으로써

RE100 이행 여부를 판단하는 이유는 크게 2가지이다.

첫째, 재생에너지 발전소는 외부 환경에 따라 전력생산량이 매우 크게 달라지기 때문에 기업의 전력사용량과 실시간으로 매칭할 수가 없다는 문제가 있다. 전기는 수요와 공급이 항상 일치해야 하며, 만약 수요-공급 간의 불일치가 발생하게 되면 정전이 일어난다. 그런데 재생에너지 발전소는 태양, 바람 등 자연의 힘으로 가동이 되므로 발전소의 전기생산량을 기업 수요에 따라 조절하기가 어렵다. 기업은 안정적으로 전기를 공급받아야 공장, 사업장 가동에 문제가 없으므로 전기는 기존대로 공급받되, 해당 전기가 재생에너지로부터 생산됐다는 인증서를 구매하는 형태로 자리 잡은 것이다.

둘째, 전기에는 꼬리표가 없다. 일반적으로 재생에너지가 잘 생산되는 지역은 정해져 있다. 일조량이 높아 태양광 발전효율이 좋은 지역이거나, 풍황[02]이 훌륭한 지역들이다.

반면 해당 지역들은 공장이 들어서기에는 입지적으로 좋지 못한 경우가 많다(인력수급, 물류 등). 따라서 대부분의 경우 공장과 재생에너지 발전소 간에 새로운 전력망을 건설하여 직접 연결하지 않고, 기존에 구축해 놓은 전력망을 통해 연결을 하게 된다. 이때, 재생에너지 발전소가 생산한 전력이 전선 안으로 들어간다 하더라도, 전선 안에서 재생에너지 전력만 분리해 낼 수 있는 방법은 없다. 즉 전선 안에 있는 전력은 원자력, 석탄, 천연가스 등으로 만든 전기가 모두 섞여 있는 상태인 것이다. 따라서 기업이 받는 전기가 실제 재생에너지 전기인

---

[02] 풍황이란 '바람의 질'을 의미하는 뜻으로, 특정 지역의 연평균 풍속, 풍향, 바람 밀도 등을 종합적으로 고려하여 풍황이 결정된다. 풍황이 좋을수록 풍력 발전소의 이용률이 좋아진다.

지 알 수가 없으므로, 기업이 물리적으로 사용하는 전기가 재생에너지인지를 따지는 것이 아니라 재생에너지 발전소에 인증서를 발급해 주고, 해당 인증서를 기업이 구매 및 제출함으로써 재생에너지 사용을 증명하는 것이다. 한편, 재생에너지 발전소가 생산한 전기는 어쨌든 전력망으로 들어가기 때문에, 생산량만큼만 인증서를 발급하게 된다면 재생에너지 사용량이 실제보다 과다하게 잡히는 '중복 산정(Double Counting)' 문제도 발생하지 않는다.

결국 기업의 재생에너지 사용을 인증서 구매와 제출로 확인하는 것은 전기 그 자체의 물리적 특성과 재생에너지가 가진 한계 때문이다.

RE004.
RE100은 연간 단위로 달성 여부를 판단한다

「RE003」에서 이야기했던 것처럼, RE100은 재생에너지 인증서를 구매 및 제출함으로써 달성 여부를 판별하게 된다. 그렇다면 RE100 달성을 위해 기업의 전력사용량과 재생에너지 인증서는 어떻게 매칭시켜야 하는가에 대한 문제가 남아 있다. 오늘 사용한 전기에 대해서는 오늘 발전한 재생에너지 발전량에 대해 발급된 인증서를 구매해야 하는가? 아니면 이번 달에 사용한 전기에 대해 RE100을 달성하려면 이번 달에 발급된 인증서를 구매해야 하는 것인가?

결론부터 이야기하면, RE100에서는 1년을 기준으로 한다. 즉 2022년에 사용한 전기에 대해서는 2022년에 생산한 재생에너지 인증서를 구매 및 제출하면 RE100 실적으로 인정해 주는 것이다. 이와 같이 연 단위로 RE100 이행 여부를 결정하는 것은 기본적으로 RE100이 온실가스 감축과 연계되어 있기 때문이다. 온실가스 감축량을 산정하고, 이에 대한 감축량을 확인할 때 연 단위로 확인하고 있다. RE100도 온실가스 감축을 목표로 하는 방법론이기 때문에, 연 단위로 확정된 것이다.

RE005.
RE100 이행을 위해
사용 가능한 에너지원은?

  Global RE100은 기업들이 어떤 에너지를, 어떻게 구매해야 RE100으로 인정받을 수 있는지를 안내해 주고 있는데 이것을 RE100 기술기준 또는 기술 표준(RE100 Technical Criteria)이라고 부른다.

  현재 RE100으로 인정되는 재생에너지원은 태양광(태양열) 풍력, 지열이 있으며 수력과 바이오매스는 지속 가능한 에너지원일 경우에만 재생에너지로 인정하고 있다. 추가로 조력(Tidal Energy)도 재생에너지로 인정하기는 하나, 설치 장소가 제한적이고 대규모 상업화가 불가능하기 때문에 RE100에서는 크게 비중 있게 다루고 있지는 않다.

  수력과 바이오매스의 경우, 업계에서도 그 발전원이 정말 친환경인 것인지 논쟁의 여지가 있다. 수력 중에서 특히 대수력(대규모 댐을 활용한 수력 발전)의 경우는 인근의 수많은 지역을 침수시키고 수생태계에 악영향을 끼치기 때문에 친환경이지 않다는 견해가 있다. 바이오매스도 마찬가지이다. 바이오매스가 친환경으로 분류되는 이유는 바이오매스의 원료(ex 목재)를 태우면 이산화탄소가 대기 중으로 들어가기는 하지만, 추후 다시 나무를 심고 키우면 그 탄소가 흡수될 수 있다는 점 때문이다. 문제는 글로벌 기후위기 대응을 위해서 지금 당장 대기 중 탄

24 Road to RE100

소를 줄여야 하는 상황임에도 불구하고 단기적으로 대량에 탄소를 배출하고 장기적으로 흡수하는 방식이 과연 친환경이 맞느냐 하는 주장이 존재한다. 또한 목재를 수급하는 과정에서 멀쩡한 목재를 원료로 쓴다면 그 역시 지속 가능하지 않다는 견해들도 있는 상황이다. 이러한 논란 때문에 Global RE100은 제3자를 통해 지속 가능성을 검증받은 수력과 바이오매스에 대해서만 RE100을 인정해 주고 있다(참고로 한국에는 수력 발전소와 바이오매스 발전소에 대해 지속 가능성을 검증해 주는 제3자 기관이 아직까지 없다).

한편, 단순하게 수소와 에너지저장장치(ESS, Energy Storage System)를 통한 전력공급은 RE100 실적으로 인정되지 않는다. 그 이유는 수소는 에너지를 운반하는 매개체이고 에너지저장장치는 에너지를 저장하는 매개체일 뿐, 실제 재생에너지와는 무관하기 때문이다. 예를 들어, 재생에너지 전력을 사용하여 물을 분해해서 수소를 만들 수도 있지만, 천연가스(CH4)에서 H2만 떼어내 수소를 만드는 것도 가능하다. 이때 전자의 수소를 다시 전기로 변환하는 것은 친환경이 맞으나, 후자의 수소를 전기로 변환하는 것은 최초 수소를 만들 때 탄소가 배출됐기 때문에 친환경이라고 할 수 없다.

따라서 수소를 사용해 전기를 생산한 것 자체는 RE100으로 인정받을 수 없다. 다만, 재생에너지를 이용해 수소를 생산하고 생산된 수소를 다시 전기로 만들어 사용한다면 RE100으로 인정받을 수 있다. 즉 중요한 것은 수소를 어떻게 생산했는지다.

ESS도 마찬가지이다. 화석연료를 통해 생산된 전기를 저장하고 사용하는 것은 RE100으로 인정받을 수 없지만, 재생에너지 전기를 저장하고 사용하는 것은 RE100으로 인정받을 수 있다.

RE006.

RE100으로 인정받으려면 재생에너지의 환경적/사회적 추가성을 모두 가져야만 한다

    한국에는 온실가스 배출권 거래제가 존재한다. 온실가스를 다량(법인 기준 125,000톤/년)으로 배출하는 기업들은 온실가스 배출권 거래제 대상 기업이 되어 자신의 온실가스 배출량만큼의 탄소배출권을 구매해야 한다.

    한국에서는 RE100을 위해 재생에너지를 구매하게 되면 온실가스 감축 실적으로 인정을 해준다(1MWh의 재생에너지를 구매하면 0.47톤을 감축한 것으로 집계된다. 녹색프리미엄을 통한 재생에너지 구매는 온실가스 감축으로 인정되지 않는데 추후 설명하도록 하겠다). 따라서 온실가스 배출권 거래제 대상 기업들은 RE100 이행량만큼의 탄소배출권 구매 비용을 절감할 수 있다는 장점이 있다.

    한편, 온실가스 배출권 거래제 대상이 아닌 기업도 RE100을 선언하였거나, 혹은 RE100 이행이 필요한 경우가 있다. 해당 기업들은 RE100을 이행한다 하더라도 탄소배출권 구매 비용 절감 효과가 없으므로 실질적으로는 온실가스 배출권 거래제 기업보다 비용 부담이 더 크다.

    이에 따라, 업계에서는 온실가스 배출권 거래제 대상이 아닌 기업이 구매하는 재생에너지에 대해, 별도의 탄소배출권을 발급받아 외부에 판매할 수 있도록 해달라는 요구를 하거나 이를 통해 추가 수익을 확보할 수 있다는 생각을 가지고 있는 기업들이 있다(여기서 탄소배출권은 상쇄배출권을 의미한다).

그러나, 해당 방법으로 탄소배출권을 발급받아 다른 기업에게 판매하게 되면 해당 재생에너지는 RE100으로 인정받지 못할 가능성이 존재한다. 그 이유는 RE100에서는 재생에너지로부터 발생하는 모든 부가물(Attributes)을 기업이 가져와야 RE100으로 인정하겠다는 기준이 존재하기 때문이다.

여기서 부가물이란 재생에너지가 생산됨에 따라 환경적, 사회적, 경제적 등에 기여하는 모든 것을 말한다. 앞의 예시에서 설명했던 탄소감축에 대한 실적도 부가물 중 하나이며, 재생에너지 발전소에 대해 정부가 발급해 주는 '재생에너지 인증서'도 부가물이 될 수 있다.

이처럼 재생에너지 생산하면서 발생하는 모든 부가물들을 기업에 귀속되지 않으면 RE100으로 인정하지 않겠다는 RE100의 취지는 RE100이 추구하는 목적에 부합하도록 하는 한편, '중복 산정(Double Counting)'을 방지하기 위함이다.

RE100을 하는 궁극적 이유는 기업의 온실가스를 감축하기 위한 목적이라고 설명했다. 따라서 기업은 재생에너지를 구매하면서 자신의 전력사용량에 대한 온실가스를 감축해야 하는데, 만일 재생에너지 구매는 기업이 가져가고 온실가스 감축에 대한 부분(탄소배출권)은 타 기업이 가져가게 되면 RE100을 이행하는 기업은 RE100 본래의 목적을 달성하기 어렵다. 그렇다고 해서 재생에너지를 사용한 기업과 배출권을 구매한 기업 모두에게 온실가스 감축을 인정해 주게 되면 1개의 재생에너지 생산 효과가 2개의 온실가스 감축 효과를 나타내게 되어, 탄소감축 효과가 과대평가된다는 문제가 있다.

다만, 해당 기업의 국가 또는 사업장이 있는 국가/지역의 제도로 인해 이러한 부가물들을 모두 확보할 수 없는 경우에는 예외적으로 RE100을 인정해 주기도 한다.

RE007.
RE100을 이행할 수 있는 방법은?

재생에너지 전기 또는 재생에너지 인증서를 구매 및 사용할 수 있는 방법은 다양하게 존재한다. Global RE100에서는 크게 5가지 방식으로 재생에너지 전기와 인증서를 구매하도록 안내하고 있다.

- **자가발전(Self Generation)**

자가발전은 RE100 기업이 자체적으로 재생에너지 발전기를 설치하고, 그 발전기로부터 발생한 재생에너지 전력을 직접 사용하는 경우이다. 기업이 자신의 옥상, 주차장 등 유휴부지에 태양광 발전소를 설치하여 사용하는 경우가 대표적인 자가발전의 예이다.

- **발전사업자로부터 직접 구매**

발전사업자로부터 직접 구매하는 방식은 재생에너지 발전소를 운영하는 발전사업자와 재생에너지 전기 또는 인증서에 대한 구매계약을 체결하는 방식이다.

실질적인 '전기'를 구매하는 것을 PPA(Power Purchase Agreement)라고 부르는데, 이때 재생에너지 전기를 구매하는 기업은 해당 발전소가 발급받게 되는

'재생에너지 인증서'까지 반드시 이전받아야 한다. PPA에도 각 국가나 지역의 제도(Regulation)에 따라 여러 가지 형태로 존재한다. 예를 들어 폴란드에서는 발전사업자와 기업 간 직접적으로 PPA를 체결할 수가 없는데, 이는 전기 계약 과정에서 반드시 트레이더(Trader)라는 중개사업자가 개입하도록 규제하고 있기 때문이다. 이런 경우를 Sleeved PPA, Third Party PPA 등과 같이 다양한 용어로 부른다.

한편, 전기는 구매하지 않고 재생에너지 인증서만 발전사업자로부터 구매할 수 있는데, 재생에너지 인증서를 구매하는 방법론은 다양하게 존재한다. 발전사업자와 재생에너지 인증서를 구매하는 방법론은 추후 다시 설명할 예정이다.

- **전력 소매사업자로부터 구매**

각 국가, 지역에는 전기를 수용가(공장, 건물, 가정 등 전기의 최종 사용자를 의미)에 판매하는 사업자들이 있으며, 이들을 전기 소매사업자, 또는 전기 판매사업자라고 부른다. 어떤 국가에서는 모든 전기를 전력 소매사업자를 통해 판매하도록 규제하고 있는데, 대표적인 예가 한국이다. 한국에서는 특별한 경우를 제외하고는 전기 판매사업자인 한국전력만 전기를 수용가에게 판매할 수 있다 (한국의 전력시장에 대해서는 추후 더 자세히 다룰 예정이다).

독점을 하고 있는 국가가 아닐 경우, 각 국가에는 다수의 전기 소매사업자가 존재한다. 이런 국가에서는 수용가들이 자신에게 유리한 전기요금을 제시하는 소매사업자를 선택하여 전기를 구매하게 된다. 이때, 전기 소매사업자들은 전력 도매시장(발전사업자가 전기를 판매하고, 소매사업자들이 이를 구매하는 시장)에서 전기를 구매해서 수용가들에게 판매한다. 이 과정에서 전기 소매사업자들은 발전소와 장기 · 단기 전력구매계약을 체결하여 안정적인 전기 구매를 하기도 하고, 시장환경에 따라 실시간 시장에서 전기를 구매해서 공급하기도 한다.

기업이 RE100을 이행할 때, 기업은 소매사업자가 이미 재생에너지 구매계약을 체결해 놓은 발전소를 특정하여 재생에너지 전기 또는 인증서 구매계약을 체결할 수 있다. 만일 전기 소매사업자로부터 물리적 전기를 구매하는 경우라면, 기업은 재생에너지 전기를 공급받으면서 재생에너지 인증서도 함께 소매사업자로부터 이전받게 된다(PPA와 굉장히 유사하다).

한편, 특정 국가나 지역에서는 전력 소매사업자가 '재생에너지 전기'를 아예 상품으로 만들어서 판매하기도 한다. 이를 녹색전기상품(Green Electricity Product)이라고 말한다. 전기 소매사업가 재생에너지 발전사업자로부터 구매하는 전기에 대해, 마치 통신요금처럼 상품을 만들어 판매하는 것으로 기업이 매월 구매하는 양만큼 전기요금 청구서에 재생에너지 비용을 추가로 얹어서 청구하는 형태이다.

녹색전기상품 같은 경우는 실제 재생에너지 전기가 생산됐는지, 구매한 양만큼 생산된 것이 맞는지 등 투명성(Transparency)에 대한 문제가 제기되기도 한다. 전력 소매사업자가 재생에너지 인증서를 기업에게 이전시켜 주는 경우는 다소 문제가 적은 편이기는 하나, 일부 국가에서는 인증서 자체를 전력 소매사업자가 소각시키는 경우가 있다.

- ## 인증서만 구매(Unbundled Procurement of Energy Attribute Certificates)

재생에너지 전기는 구매하지 않고, 재생에너지 인증서만 구매하는 형태이다. 앞서 설명한 발전사업자로부터 직접 구매 중 인증서를 구매하는 것과 유사하게 볼 수 있다. 하지만 발전사업자로부터 구매하는 방법은 기업이 추가적인 이익을 보거나 혹은 계약 기간 동안 인증서 가격이 변할 수 있는 반면, 인증서만 구매하는 경우는 항상 추가비용이 발생한다는 점에서 차이가 있다(세부 사항은 다시 설명할 예정이다).

• 수동적 조달(Passive Procurement)

수동적 조달은 기업이 재생에너지를 구매할 수 있는 제도가 없는 국가 또는 그러한 지역인 경우에 적용되는 것으로서, 전기를 판매하는 사업자의 재생에너지 공급 비중만큼을 인정해 주는 형태라고 생각하면 된다. 단 이때에도 전기를 판매하는 사업자가 재생에너지 인증서를 소각하거나, 기업이 재생에너지를 사용했다는 인증서를 발급해 주는 등 재생에너지 사용에 대한 증명을 투명하게 해야만 한다.

자가발전을 포함하여 위 5가지 방식을 통해 재생에너지를 사용할 때 주의해야 할 점은, 재생에너지 전력이 판매되는 전력 도매시장과 기업의 전기사용장소(공장, 사업장 등)가 속한 전력/인증서 시장이 동일해야 한다는 점이다. 예를 들어, 중국과 한국은 별개의 전력시장을 가지고 있는데 중국에서 발행된 인증서를 한국에 있는 기업이 구매한다 하더라도 RE100으로 인정받는 것은 불가능하다. 이를 단일 시장 범위(Single Market Boundary)라고 부르는데, 한국은 전력계통이 타 국가와 연결되어 있지 않기 때문에 전력 및 인증서 시장이 독립된 형태로 존재한다. 따라서 한국에 위치한 공장, 사업장 등은 한국에서 발행된 인증서를 구매해야만 RE100으로 인정된다.

한편, 유럽과 같이 송배전망이 타 국가와 연결된 지역은 국가를 기준으로 단일 시장 범위가 설정되지 않고 재생에너지 인증서를 발급/관리 및 인증해 주는 기관이 어떻게 되느냐에 따라 나뉜다. 예를 들어, EU에서는 AIB(Association of Issuing Bodies)라고 하는 인증서 발급/관리 기관이 있는데, 해당 기관을 통해 인증서를 발급받는 국가들은 단일 시장 범위 내로 묶일 수 있다(스페인, 프랑스, 독일 등 29개 국가). 프랑스에 있는 기업이 스페인에 지어진 재생에너지 발전소의 인증서를 구매하여 RE100으로 인정받을 수 있는 것이다. EU 내에 있으면서 계통이 연계되어 있지만 인증 기관 다른 경우에는 상호 간의 재생에너지 구매, 사용을 통한 RE100 인증이 불가능하다. 대표적으로 폴란드가 있다.

RE008.
RE100 15년-15% 룰의 도입

2024년 1월부터 Global RE100은 재생에너지 인정 기준에 대한 새로운 규칙을 도입했다. 그것이 바로 '15년-15% 룰'이다. '15년-15% 룰'은 간단히 말하면, 상업운전을 개시한 지 15년 이상 된 재생에너지 발전소로부터 구매하는 재생에너지는 2024년부터 RE100으로 인정해 주지 않겠다는 것이다.

예를 들어, A 태양광 발전소가 2009년 1월 1일부터 재생에너지 전력을 생산하였다 해보자. 이때, 기업이 이 재생에너지로부터 전력 또는 인증서를 2024년 1월 1일부터 구매한다고 했을 때. 해당 기업은 A 태양광 발전소로부터 구매한 재생에너지 전력과 인증서에 대해 RE100을 인정받지 못한다. A 태양광 발전소가 2023년 12월 31일부로 상업운전을 한 지 15년이 다 되었기 때문이다.

만약 앞선 예에서 A 발전소가 2010년 1월 1일부터 재생에너지 전력을 생산했다면 어떻게 될까. 그렇다면 2024년 1년간만 RE100으로 인정이 되며 2025년부터는 RE100으로 인정이 되지 않는다.

Global RE100에서 상업운전 한 지 15년이라는 제한을 둔 이유는 바로 재생에너지 보급을 확대하기 위해서이다. 일정 기간 이상 상업운전을 한 재생에너지 발전소의 경우, 이미 사업자들이 투자한 투자금을 회수하였기 때문에 앞으로 발전하는 전력 매출 대부분이 이익으로 남는다. 따라서 재생에너지 시장에서 해당 발전소를 보유한 발전사업자는 해당 발전소로부터 생산된 전력이나 인증서를 판매할 때 다른 발전소보다 싸게 판매할 수 있다. 기업에서는 같은 재생에너지를 구매할 경우 저렴한 것이 좋으므로 기존 발전소에서 생산되는 전력을 우선적으로 구매하려고 할 것이다. 이와 같은 상황이 계속 발생할 경우, 재생에너지 확대는 더딜 수밖에 없다. 신규 발전소가 늘어나야 하는데 기존 발전소에 대한 선호도만 높아질 것이기 때문이다.

「RE001」에서도 말했듯이, Global RE100의 본질은 재생에너지 보급 확대를 통한 온실가스 감축이다. 기존 발전소에 대한 선호 현상은 결국 재생에너지 보급을 느리게 만드는 것이기에 이와 같은 규정을 새로이 도입했다.

하지만 Global RE100에서 무조건 15년에 대한 제한을 둔 것은 아니다. 몇 가지 예외 조항이 있다.

- **전기사용량의 15% 이내에서는 허용**

  기업 전기사용량의 15% 이내에서는 15년이 지난 재생에너지 발전소가 생산한 전력/인증서를 구매하여도 RE100으로 인정이 된다.

  예를 들어 1년에 100GWh를 사용하는 기업이 있는데, 15년이 지난 발전소로부터 10GWh를 샀다면 전체 전기사용량의 15% 이내이므로 이는 인정이 된다. 만약 15년이 지난 발전소로부터 20GWh를 샀을 경우에는 15%인 15GWh까지만 인정이 되고 5GWh는 인정이 되지 않는다.

  15%까지는 15년이 넘은 재생에너지 발전소도 구매할 수 있기 때문에,

Global RE100의 이 규정을 시장에서는 '15년-15% 룰'이라고 부른다.

• 구매/계약 방식에 따라 예외 가능

15년-15% 룰에 예외로 간주되는 구매 방식이 2개 있다. 바로 자가발전 (Self-Generation)과 Off-Grid 형태이다. Off-Grid는 재생에너지 발전소에서부터 기업 간 전선이 직접 연결되는 것을 의미한다(이때 직접이라는 말은 말 그대로 직접 이다. 다른 기업들도 해당 전기를 쓸 수 있게 연결하는 송배전망은 아니다).

두 방식 모두, 결과적으로 재생에너지가 직접 기업 공장에 전기를 공급하 고, 해당 전기가 다른 기업 등에게 판매되거나 전달되지 않는다는 특징을 가 졌다. 해당 재생에너지로부터 생산된 전력은 모두 기업에게 귀속될 수밖에 없 으므로 이에 대해서는 예외 처리를 한 것으로 보인다.

• 최초 구매자(Original Off-Taker)인 경우

재생에너지 발전소와 기업 간 직접적인 선로를 연결하여 공급하는 경우는 많지 않다(자가발전 제외). 자가발전을 포함해 Off-Grid 형태의 공급을 한다 하 더라도 부지의 한계로 많은 양을 공급받기는 어렵다. 때문에 대부분은 외부 재생에너지 발전소가 생산한 전력을 연계된 송배전망을 통해 공급받거나 인 증서 구매하는 형태로 재생에너지를 사용한다.

15년-15% 룰에서는 이와 같은 외부 재생에너지 발전소로부터 재생에너지 를 구매할 경우, 상업운전을 시작한 지 15년 이상이 되면 재생에너지 구매를 인정해 주지 않는다. 그런데 예외적으로 해당 재생에너지로부터 생산된 전력 과 인증서를 최초로 구매한 구매자(Off-Taker)일 경우에는 15년이 넘어도 인정 해 주도록 하였다. 다만, 15년간 계속적으로 구매를 해야 하고 그 이후에도 해 당 구매와 관련된 계약을 유지하는 경우에 한정된다.

예를 들어, A 태양광 발전소가 2024년 4월 1일부터 전력생산 및 판매를 개시하고, B 기업이 2024년 4월 1일부터 2044년 3월 31일까지 20년 동안 A 태양광이 생산한 전력과 인증서를 구매하는 계약을 체결했다 해보자. A 태양광 발전소가 상업운전을 시작한 지 15년이 넘은 2039년 3월 31일 이후에도, B 기업은 A 태양광이 생산한 전력과 인증서에 대해 RE100 인증을 받을 수 있다. 만일 A 태양광 발전소가 15년 이후에 B 기업이 아닌 타 기업에게 재생에너지를 판매할 경우 타 기업은 RE100 인증을 받을 수 없다(물론 구매하는 재생에너지 전력량이 해당 기업의 전체 전기사용량의 15% 이내면 인정된다).

　최초 구매자 예외가 도입된 이유는 최초 구매자가 재생에너지 보급 확대에 기여한다고 판단하기 때문이다. 「CHAPTER 2」에서 설명하겠지만, 전 세계적으로 재생에너지는 전체 투자비의 많은 부분을 대출을 받아 설치한다. 이때 대출을 받기 위해서는 재생에너지 전력과 인증서를 안정적으로 구매할 구매자가 반드시 필요한데, 최초 구매 기업이 바로 그 역할을 한다는 점에서 재생에너지 보급에 기업이 기여한다고 판단한 것이다.

　결국에 재생에너지 발전소에 대한 최초 구매자는 신규 재생에너지 발전소 설치 및 보급에 기여한 것으로 생각하여 15년이 넘은 재생에너지 발전소에 대해서도 RE100으로 인정을 해주는 것이다.

　한편, Global RE100에서는 최초 구매자에 대한 명확한 정의를 하고 있지 않다. 실무적으로 보면, 재생에너지 발전소가 전기를 생산하자마자 구매하는 계약이라면 최초 구매자가 될 수 있다고 생각하고 계약을 진행한다. 일부 보수적으로 접근하는 기업들은 재생에너지 발전소가 대출을 받기 전에 계약을 체결하여 전기를 생산하자마자 구매하는 형태로 계약하는 경우도 있다.

- **2024년 1월 1일 이전에 계약하여 공급받기 시작한 경우**

　본 규정이 도입되기 전에 계약을 체결하여 실제 재생에너지 구매를 진행 중인 경우에는 15년-15% 룰에서 예외 처리가 된다. 즉 본 규정을 소급 적용하지 않는 것이다.

- **발전소를 리파워링(Repowering)한 경우**

　리파워링이란 기존 설치된 재생에너지 발전소를 새로운 발전설비로 교체하여 효율을 높이는 것을 말한다. 예를 들어 태양광 발전소가 있다고 했을 때, 오래된 모듈을 새로운 모듈로 교체함으로써 발전소를 새롭게 만드는 방식이다. 효율이 낮아서 해당 태양광 발전소를 유지하는 것보다 새로운 발전소를 건설하는 것이 더 좋을 것이라는 판단이 들 때 이러한 리파워링을 한다.

　리파워링을 하면 사실상 새로운 발전소가 지어지는 것과 다를 바 없으므로, 리파워링 발전소에 대해서도 15년-15% 룰에 예외가 된다. 다만, 15년-15% 룰에 영원히 예외가 되는 것은 아니고 신규 발전소와 마찬가지로 15년까지만 예외가 된다. 리파워링 발전소에 대해서 15년-15% 룰에 적용이 될지 안 될지 고민할 필요 없이, 리파워링 발전소를 신규 발전소로 생각하면 된다.

　Global RE100의 기준은 계속적으로 변한다. 따라서 어떤 재생에너지를 구매해야 하는지 계속적으로 알고 있어야 나중에 문제가 생기지 않는다. 반대로 발전사업자 입장에서도 어떤 재생에너지를 언제 판매해야 하는지 이러한 규정에 맞게 생각해야 할 것이다.

한국 기업들의 RE100 가입 현황

　2024년 6월까지, 한국 기업 중 36개가 Global RE100에 가입을 완료했다. 2020년 말에 SK그룹이 가장 선도적으로 RE100에 가입을 진행했다. 그 뒤를 이어 2021년에 아모레퍼시픽, 고려아연 등이 가입을 완료했고 LG그룹, 현대자동차그룹 및 삼성그룹 등 국내 대기업들은 대부분 가입을 완료했거나 가입을 진행 중인 상황이다.

　우리나라 기업들도 해외와 마찬가지로 Global 기후위기 대응에 동참하여 온실가스 배출량을 감축하기 위해 가입을 진행하기도 하겠지만, 실질적으로는 '수출' 때문에 가입하는 경우가 많다. 애플, BMW 등 글로벌 기업들이 RE100을 가입하고 높은 수준의 재생에너지 사용률을 달성한 이후부터, 이들 기업들이 자신에게 제품을 공급하는 기업들에게 RE100을 요구하기 시작했기 때문이다.

　과거에는 단순히 'RE100 이행에 동참해라'는 수준이었다면, 온실가스 감축 문제가 점차 커지면서 공급망 관리를 위해 그 요구의 강도가 점차 심해져서 재생에너지를 일정 수준 사용하지 않으면 아예 공급을 받지 않겠다고 공개적으로 언급하고 있는 중이다. 실제로 재생에너지를 일정 수준 구매하지 않는 경우에는 다음번 구매 입찰에서는 배제하겠다는 기업들도 있으며 재생에너지 사용량 또는 탄소감축량을 공급 계약서에 명시하는 기업들도 있을 만큼 점차 재생에너지 사용 요구가 구체화되고 세분화되고 있는 중이다.

각 기업별로 RE100에 가입하는 이유는 조금씩 다르겠으나, 한국 기업의 경우 결과적으로 수출, 마케팅 및 ESG 측면이 가장 크다.

RE100과 K-RE100의 차이

　한국에는 한국형 RE100이라고 하는 K-RE100이 존재한다. K-RE100은 한국에 있는 기업, 지자체, 공공기관 등이 재생에너지를 사용했다고 인증을 받는 시스템을 의미한다. 일반적으로 RE100이라고 하면 지금까지 이야기한 CDP 위원회와 더 클라이밋 그룹이 주관하는 Global RE100을 말하는데, RE100 가입을 하지 않는 기업들도 재생에너지 사용에 대한 인증을 받을 수 있도록 우리나라 정부가 K-RE100을 만들었다. 앞으로 Global RE100과 K-RE100의 구분이 필요하면 단순 RE100이라고 쓰지 않고 Global RE100, K-RE100과 같이 명확히 표현하도록 하겠다.

　Global RE100과 K-RE100에는 여러 가지 차이가 존재한다. 우선적으로는 가입 기준이다. Global RE100은 「RE002」에서도 이야기했듯이, 기업의 RE100 가입에 대한 엄격한 기준이 존재한다. 반면 K-RE100은 별도 기준이 존재하지 않기에 Global RE100에 가입하기 어려운 기업들도 K-RE100에 가입이 가능하다. 뿐만 아니라 Global RE100은 기업(Corporation)만 가입할 수 있는 반면, K-RE100은 지자체, 공공기관도 가입할 수 있기 때문에 대상 범위가 넓다고 할 수 있다.

또한 Global RE100에서는 2030년 RE60, 2040년 RE90, 2050년 RE100 달성에 대한 의무가 주어지는 반면, K-RE100에는 2050년까지 RE100을 달성하라는 권고 정도만 존재한다. 전기사용량이 너무 많거나, Global RE100에 가입하는 것이 부담스러운 기업들은 Global RE100보다 K-RE100을 가입하는 편이다.

한편, Global RE100은 가입하는 순간 대외적으로 가입 여부가 공개되는 반면 K-RE100은 가입 주체의 선택에 따라 대외 공개를 하지 않을 수가 있다. 때문에 대외적으로 RE100 이행을 드러내는 것이 부담되거나, 아직 대외적으로 공개할 수준까지 이행계획을 수립하지 못한 기업들은 K-RE100 가입 시 대외 비공개로 설정하는 편이다.

추가로, Global RE100은 수력과 바이오매스에 대해, 제3자로부터 지속 가능성에 대한 검증을 받은 경우에만 인정이 되는데 K-RE100은 이와 같은 제한이 없다.

그 외에도 여러 가지 차이가 존재하기는 하나, 실무적으로 Global RE100과 K-RE100 간의 차이는 크게 중요하지 않다. 참고로 Global RE100에 가입한 기업이라 할지라도 한국에서 재생에너지 사용에 대한 인증을 받으려면 K-RE100에 가입을 해야 한다.

CHAPTER 2

발전사업에
대한 이해

RE011.
발전소, 설비용량(MW)과 전력량(MWh)의 차이

앞으로 전력시장, 그리고 RE100 이행방안에 대해 구체적인 이야기를 해나갈 것이다. 다만 그 전에 RE100에 관심이 있는 사람이라면 반드시 알아야 할 개념이 있다. 바로 발전소의 설비용량(MW)과 전력량(MWh)의 개념적 차이이다.

- **설비용량(MW, KW)**

설비용량은 쉽게 말해서, 발전소가 최대로 낼 수 있는 출력을 의미한다. 각 발전소는 전기를 생산할 수 있는 최대용량이 있다. 최대용량은 발전소가 가지고 있는 발전설비의 특성에 따라 달라진다. 천연가스 발전소의 경우, 천연가스를 연소시킬 때 발생하는 폭발력으로 전기를 생산하는데 이때 이 기재를 담당하는 설비를 가스터빈이라고 부른다. 이 가스터빈의 출력이 곧 설비용량이 된다.

설비용량은 '전기의 양'과는 다른 개념이다. 일정 설비용량을 가지고, 어느 시간 동안에 얼마나 효율적으로 가동했느냐에 따라 생산되는 전기의 양이 달라진다.

전력산업에서 설비용량은 주로 GW, MW, kW로 기재한다. 1GW는 1,000MW이며, 1MW는 1,000kW이다.

- **전력량(MWh, KWh)**

전력량은 말 그대로 발전소가 생산한 발전량 또는 전기사용자(기업 등)가 사용한 전기사용량을 의미한다. 이때 설비용량을 나타내는 단위에 시간(h)의 개념을 붙여서 단위를 만드는데, 1GWh, 1MWh, 1kWh와 같은 형태이다. 전력량의 단위 역시 1GWh=1,000MWh이며, 1MWh=1,000kWh이다.

1MWh라고 하면, 1MW의 발전소가 1시간 동안 최대의 출력을 내면서 전기를 생산한 양이라고 생각하면 된다. 그렇다면 0.5MW의 발전소가 2시간 동안 최대출력으로 전기를 생산하면 전력량(발전량)은 얼마가 될까? 0.5MW×2시간=1MWh이므로, 1MW의 발전소가 1시간 동안 최대출력으로 생산한 전력량과 동일한 양이다.

설비용량과 전력량에 대해서는 수도꼭지와 수도꼭지에서 나온 물의 양으로 비유를 들 수 있다. 설비용량은 수도꼭지의 지름(크기)이고, 전력량은 그 수도꼭지에서 나온 물의 양이라고 생각하면 된다. 수도꼭지의 지름이 크면 클수록 더 많은 양의 물이 나올 수 있을 것이다. 한편, 수도꼭지 지름이 크다고 해서 반드시 나오는 물의 양이 많은 것은 아닐 것이다. 수도꼭지 지름이 크더라도 물이 수도꼭지 지름의 10% 수준으로 나온다면 생각보다 나온 물의 양은 적을 것이다.

전력도 동일하다. 설비용량이 크다고 해서 무조건 전력을 많이 생산하는 것은 아니다. 따라서 설비용량과 전력량을 같이 고려해야 한다.

설비용량은 주로 발전소 또는 한국전력과의 계약 시에 사용하는 용어이며, 전력량은 계약된 설비용량을 기준으로 실제 거래하는 재생에너지양에 주로 활용되는 용어이다. 2가지 개념은 앞으로도 계속 언급될 내용이며, RE100에 관심이 있다면 반드시 이해를 하고 있어야 한다.

RE012.
재생에너지
발전소 설비용량과 발전량

앞서 재생에너지 발전소는 외부 환경(날씨 등)의 변화에 따라, 생산할 수 있는 전력량이 크게 차이가 난다고 했다. 이처럼 태양광, 풍력 등의 재생에너지 발전소의 실시간 생산 전력의 차이가 큰 특성을 '간헐성(Intermediates)'이라 부른다.

재생에너지 발전소는 간헐성으로 인하여, 설비용량만큼의 출력을 유지하면서 꾸준히 전기를 생산할 수가 없다. 태양광의 경우, 밤에 햇빛이 없어서 발전을 하지 못하기 때문에 실제 설비용량 대비하여 생산할 수 있는 전력량은 턱없이 낮은 편이다. 풍력도 마찬가지인데, 적절한 바람이 불지 않으면 전력생산이 불가능한 한편, 바람이 너무 강해도 전력생산을 할 수 없어서 설비용량 대비 생산할 수 있는 전력량은 적은 편이다.

이에 따라, 재생에너지 같은 경우는 재생에너지 발전소의 설비용량은 확실히 알 수 있지만, 해당 발전소가 생산하는 전력량이 얼마일지 정확히 예측하는 것은 불가능하다. 그러나, 그동안 오랜 사례의 축적을 통하여 각 국가, 지역별로 재생에너지를 1년에 얼마나 생산하는지에 대한 통계치가 존재하는 데, 이를 이용률이라고 부른다. 이용률은 해당 발전소가 얼마나 가동될지를 나타내는 지표로, 예를 들어 50%라고 한다면 24시간 중 12시간 동안은 해당 발전소의 최대출력(설비용량)으로 전기를 생산한다는 의미이다.

이 이용률을 통해 재생에너지 발전소의 발전량을 대략적으로 예측할 수 있다. 계산하는 방식은 다음과 같다. 태양광 100MW가 A 국가에 설치될 예정이며, A 국가의 평균 태양광 이용률을 20%라고 가정해 보자. 이때 해당 태양광 발전소의 예상 연간 발전량은 '100MW ×24시간×20%×365일'이 되며, 결과적으로 이 태양광 발전소는 175,200MWh(175.2GWh)만큼의 전력량을 매년 생산할 것을 추정할 수 있다.

한국의 경우, 태양광 발전소의 평균 이용률은 15%이며, 육상풍력은 25%, 해상풍력은 35% 내외로 간주된다. 물론 해당 이용률이 100% 정확한 것은 아니며 각 발전소가 위치한 환경적 특성에 따라 크게 달라지게 되나 업계에서는 대략 위 이용률을 토대로 발전소의 설비용량을 발전소의 연간 발전량으로 환산하여 계산을 한다. 매번 계산하는 것이 힘들기 때문에 아예 전환된 숫자를 외우기도 하는데 다음과 같다.

한국 재생에너지 발전원별 연간 이용률/발전량

발전원	이용률	설비용량 1MW 기준 연간 발전량	약식으로 환산할 경우의 연간 발전량
태양광	15%	1,314MWh	1,300MWh
육상풍력	25%	2,190MWh	2,200MWh
해상풍력	35%	3,066MWh	3,100MWh

※ 본 이용률/발전량은 업계에서 사용하는 대략적인 숫자이며, 개별 발전소별로 상이함

한편, 태양광에 대해 발전사업자와 이야기를 하다 보면 발전시간이라는 용어가 많이 사용된다. 발전시간은 이용률과 동일한 개념이다. 발전소가 하루 평균 생산한 전력량에 대해, 만일 발전소가 최대출력으로 생산했다면 몇 시간 동안 가동했을지로 환산한 지표이기 때문이다. 가령 4시간/일의 발전시간을 가지고 있다 한다면, 태양광 발전소가 하루 평균 생산한 전력량과 이 발전소가 최대출력(설비용량)으로 4시간 동안 생산한 전력량이 동일하다는 의미이다. 발전시간을 이용률로 환산하는 것은 간단한데, '발전시간÷24시간'을 하면 된다. 참고로 3.6시간/일은 태양광 이용률 15%와 동일하다.

발전시간이라는 개념은 풍력에서는 잘 사용하지 않기 때문에, 장기적으로 풍력 발전까지 RE100 자원으로 고려한다면 이용률 개념을 활용해서 설비용량을 발전량으로 전환하는 것에 익숙해져야 한다.

RE013.
전력산업의 가치사슬(Value Chain)

발전사업을 이해하는 데 있어서 기본이 되는 것 중 하나는 전력산업의 가치사슬(Value Chain)이 어떻게 구성되어 있으며, 어떤 사업자들이 존재하는가이다. 전력산업은 크게 '발전−송전−배전−판매'의 4가지 가치사슬로 구성된다. 이때, 이 가치사슬은 정확히 말하면 전기의 물리적 흐름에 따라 구분한 것으로, 실질적으로 경제적 흐름(돈의 흐름)에 따라 구분하면 조금 더 복잡해진다. 즉, 전력산업의 물리적 구조에 더해, '시장'이라는 개념이 더해짐에 따라 보다 복잡한 산업 구조가 형성되는 것이다. 이번 「RE013」에서는 우선 물리적 구조에 따라 구분을 하고, 이후에 시장에 대해서도 이야기하겠다.

• **발전**

발전은 말 그대로 발전소가 전기를 생산하고 전력계통(송전망, 배전망)으로 전기를 송출하는 것까지를 의미한다. 일반적으로 발전소는 어떤 연료를 사용해 전기를 생산하느냐에 따라 구분되는데 이를 발전원이라고 부른다.

예를 들어 원자력 발전소라고 하면 우라늄을 원료로 하여, 핵분열을 일으켜 증기를 만들고 이 증기를 통해 터빈을 돌려 전기를 생산하는 발전소이다.

석탄 발전소는 석탄을 연소시켜 증기를 만들어 전기를 생산하는 것이고, 천연 가스 발전소는 천연가스를 연소시켜 전기를 생산한다. 한편 재생에너지의 경우는 '연료'라는 개념이 없으며 자연으로부터 얻어지는 산물을 통해 전기를 만든다.

일반적으로 발전원에 따른 구분은 원자력, 석탄, 천연가스, 디젤, 재생에너지 5가지로 구분한다. 다만, 연료원의 특성이 조금씩 달라짐에 따라 보다 세부적으로 구분하기도 한다.

한편, 발전소의 역할에 따라 기저발전, 첨두발전 2가지로 구분한다. 원자력과 석탄 발전소는 발전소가 한번 꺼지면 다시 가동하여 최대출력을 내기까지 굉장히 오랜 시간이 걸린다(6시간 이상). 반면, 천연가스 발전소나 디젤 발전소는 빠르게 시동을 걸어 가동될 수 있으며, 최대출력까지 도달하는 데 1시간 내외로도 가능하다(특히 디젤 발전소는 훨씬 더 빠르다).

전력수요는 굉장히 빠르게 변화하는데, 이렇게 빠르게 변화하는 전력수요에 대응하여 실시간으로 전력공급을 조절하는 발전소를 첨두발전이라고 부른다. 반면, 전력수요가 변한다 하더라도 낮이나 밤이나 일정 수준 이상의 전력 수요는 항시 존재하는데, 이들 수요에 맞게 안정적으로 공급하는 발전소를 기저발전이라고 한다.

따라서 일반적으로 기저발전이라고 하면 원자력 발전소와 석탄 발전소가 되며, 첨두발전이라고 하면 천연가스 발전소와 디젤 발전소가 된다. 재생에너지는 전력수요에 대응할 수 있는 자원이 아니기 때문에 어디에도 속하지 않는다.

발전의 경우, 각 발전소별로 별도의 사업자가 있는 경우가 많다. 이를 발전사업자라고 부르며 국영기업에서 운영하는 경우도 있으며 민간사업자가 발전소를 운영하기도 한다. 이때 이러한 민간사업자를 IPP(Independent Power Producer)라고 별도 명칭으로 부른다.

• 송전

　송전은 발전소로부터 생산된 전기를 먼 거리로, 대규모로 전달할 때 사용하는 전력 수송망이라고 할 수 있다. 발전소로부터 생산된 전기를 수용가 인근의 변전소까지 전달하는 선로를 의미하는데, 차를 타고 지나가다 보이는 대규모 철탑들이 바로 이 송전선로이다.

　발전소에서 생산된 전기가 송전선로를 통해 배전망까지 이동하는 과정은 다음과 같다. 우선적으로 발전소에서 생산된 전기가 발전소 내의 변압기로 보내지게 된다. 변압기에서는 전기가 송전선로를 통해 수송될 수 있을 정도로 전압을 승압한다. 승압된 전기는 송전선로를 타고 이동하게 되는데, 전압에 따라 다양한 규모(전압)의 송전선로가 존재하기 때문에 전압 조절이 필요할 때마다 변압기를 통해 전압을 변화시키면서 이동하게 된다. 그러다 최종적으로는 수용가 인근에 있는 변전소에 도착하게 되고, 변전소에서 배전망을 통해 각 수용가로 분배된다.

　발전소에서 생산된 전기가 송전선로를 통해 수송되는 과정에서 '승압'이라는 용어가 등장한다. 승압은 전압을 기존 대비 높이는 것으로, 발전소 생산 전기는 10~20kV의 전압을 가지고 있는데 이를 154kV 이상으로 높이는 것을 말한다. 이렇게 전압을 높이는 이유는 전력손실을 줄이기 위함이다. 전기는 이동할 때 전선의 저항 때문에 열에너지로 일부 전환되며 손실된다. 이때 전력이 손실되는 양은 전압의 제곱에 반비례한다. 따라 전압을 2배 높이면 전력손실은 1/4로 줄어들게 되기에 장거리로 전기를 수송할수록 전압을 높이는 것이다.

　참고로 변전소는 송전선로와 배전선로의 전기적 이동이 원활히 될 수 있도록 조절해 주는 역할을 하며, 변전소 내에는 변압기, 차단기 등이 설치되어 있어 승압과 강압(전압을 낮추는 것)을 하게 된다.

송전망의 경우, 대규모 설비투자가 필요하기 때문에 다수의 업체가 있기보다는 1개의 업체가 독점하거나 소수의 업체가 참여하는 형태로 시장이 형성되어 있다. 일반적으로는 해당 국가의 국영기업이 독점하여 운영하는 경우가 많다. 송전망 사업자들은 전기 수송의 대가로 송전망 이용요금을 받아 이득을 얻는다.

• 배전

배전은 송전선로에서 수송된 전기가 변전소를 거친 후, 각 수용가로 분배되는 전력계통을 의미한다. 우리가 흔히 지나가다가 볼 수 있는 전봇대의 전선들이 모두 배전망이라고 보면 된다. 배전망의 전압은 송전망의 전압보다 낮기 때문에 전력손실이 더 크다는 단점이 있다.

배전망의 전압도 일반 가정에서 사용하기에는 워낙 높기 때문에, 별도의 전압을 강하시키는 과정을 거쳐서 각 가정으로 공급된다. 대규모 건물, 아파트 등의 경우는 자체 전기실에 변압기가 있어서 전압을 강하시키며, 단독주택 같은 경우에는 별도 변압기가 없는 경우가 많아 전봇대에서 전압을 강하시킨 후 각 가정으로 공급된다.

배전망의 경우, 1개 지역에 중복으로 설치하게 되면 투자의 비효율성이 발생한다. 예를 들어 A라는 건물에 2개의 배전망을 설치할 필요는 없는 것이다. 따라서 일반적으로 배전망 사업자는 특정 지역에 대해 배전망 구축에 대한 투자를 진행하고, 이를 독점적으로 운영할 수 있는 권한를 가진다. 국영기업이 배전망 사업을 영위하는 경우도 있지만 민간사업자에게 개방된 사례도 많다. 송전망 사업자와 마찬가지로 배전망을 이용하는 수용가 또는 판매사업자들로부터 배전망 이용요금을 수취하며 이득을 얻는다.

• 판매

판매는 말 그대로 배전망을 통해 전기가 수용가로 흘러가게 하고 나서 전기사용에 대한 대가로 금전적 이득을 취하는 행위를 말한다. 쉽게 말해 전기를 수용가에 판매하는 것이다(이들을 판매사업자 또는 소매사업자라고 한다).

많은 경우는 배전망 사업자가 판매까지 같이하는데, 시장 개방이 활발하게 진행된 국가에서는 배전망 사업자와 판매사업자가 나뉘기도 한다. 이런 경우에는 판매사업자는 배전망 사업자의 배전망을 이용해 전기를 공급하되, 송전망 및 배전망 사업자에게는 별도의 송배전망 이용요금을 지불한다. 한편, 다수의 판매사업자가 시장에서 활동하기 때문에, 각 수용가에게 경쟁력 있는 요금으로 전기를 공급하기 위해 치열한 경쟁을 벌이기도 한다.

전력산업의 구조는 오랜 기간 발전-송전-배전-판매 4가지로 고착화되어 왔다. 그렇기에 전 세계 어느 국가를 가더라도 이 구조 자체가 다른 경우는 거의 없다. 다만 국가별로 전력산업에 대한 민간 시장 개방도가 다르기 때문에, 각 가치사슬별로 어떤 사업자가(민간 or 국영), 어떻게 사업을 할 수 있을지는 국가의 제도와 규제에 따라 다르다는 점을 이해해야 한다.

한국에서는 기본적으로 발전사업은 민간에 개방되어 있으며, 송전-배전-판매는 국영기업인 한국전력만 영위할 수 있다.

RE014.
전력시장

　어느 국가나 그렇겠지만, 각 국가의 전력시장은 크게 도매시장과 소매시장으로 나뉜다.

　전력 도매시장은 발전소에서 생산한 전기를 사고파는 시장이라고 생각하면 된다. 전력 도매시장에서 전기를 판매하는 주체는 발전사업자이며, 전기를 구매하는 사업자는 전기 소매사업자가 된다. 다만 국가별 제도와 정책에 따라 발전사업자와 소매사업자 외에도 전력시장에 참여할 수 있는 경우가 있다. 일반 기업이 직접 전기를 사고팔 수 있도록 하는 국가도 있으며, 발전사업자와 소매사업자 외에도 별도의 자격(License)을 가진 기업이 전력을 거래(Trading)할 수 있도록 하는 국가도 있다.

　전력 도매시장도 여러 가지로 구분되는데, 하루 전 시장(Day Ahead)이라고 하여 다음날 거래될 전기를 사고파는 시장이 기본이 된다. 그 외에 실시간으로 전기를 판매하는 실시간 시장과 3개월 이후의 전기를 거래하는 선물시장 등이 존재한다. 이렇게 시장이 세분화된 이유는 수요를 정확히 예측하기 어렵기 때문이다. 전기라는 재화는 실시간으로 수요와 공급이 일치해야 하는데, 아무리 전기수요를 잘 예측한다 하더라도 미래의 실시간 수요를 100% 맞추기란 불가능에 가깝다. 그래서 필연적으로 하루 전 시장에서 구매했던 것보다 더 적게 구매하거나 아니면 더 많이 구매하는 경우가 생기는데(반대로 발전소 역시 하루 전 시장에서 판매한 것보다 더 많이 공급하거나 더 적게 공급하는 경우도 있다), 이때 수요에 맞게 전기를 추가 구매 또는 재판매할 수 있도록 여러 개의 시장으로 시장을 세분화한 것이다.

소매시장은 「RE013」 판매에서 설명했듯이, 전기를 도매시장에서 구매하여 수용가에 판매하는 시장이다. 다양한 소매사업자들이 존재할 경우, 더 많은 고객을 확보하기 위한 경쟁이 발생하며 그 과정에서 고객들이 필요로 하는 다양한 요금제를 만들기도 한다.

다만 소매사업의 경우는 각 국가의 정책에 따라 크게 좌지우지된다. 전기는 현대사회에서 필수 재화이기 때문에, 가격이 크게 상승하게 되면 기업이든 가계든 재정적인 어려움을 겪을 수밖에 없다. 따라서 각국의 정부는 전기 소매요금을 통제하는 경우가 많은데, 최근 사례로는 2022년 우러 전쟁을 들 수 있다. 우러 전쟁이 발발함에 따라 러시아가 유럽으로 향하는 천연가스 공급을 중단시켰다. 천연가스 공급 중단으로 천연가스 가격이 폭등함에 따라 천연가스 발전소의 전기 생산 가격도 덩달아 크게 상승하였다. 첨두발전인 천연가스 발전소의 전기생산 가격의 상승은 곧 전력 도매시장의 전기 가격 상승으로 이어졌는데, 프랑스, 독일 등 EU의 주요 국가들은 도매요금 상승을 소매요금, 특히 일반 주택용 소매요금에 전가시키지 못하도록 하기도 했다. 이로 인해 일부 소매사업자는 파산을 하거나 국영기업에 인수합병되기도 했다.

소매사업은 결과적으로 전기를 얼마나 싸게 조달해서 비싸게, 많이 공급하느냐가 경쟁력이며 이 과정에서 시장환경 변화에 따른 전기 도매가격 변동성을 어떻게 잘 관리하느냐가 중요하다. 그러다 보니, 소매사업자는 전력 도매시장 외 거래인 PPA 등을 통해 일정 비율만큼 자신의 적정 공급물량과 가격 변동을 헤징(Hedging)시키는 경우가 많다(참고로 PPA는 고정가격이 경우가 많아 계약 체결 시, 전력 도매시장 가격과 무관하게 전기 구매가 가능하다).

RE015.
한국 전력시장의 개요

한국에서도 외국과 마찬가지로 전력 도매시장과 전력 소매시장이 존재한다. 그러나 대부분의 경우는 한국에서는 전력 도매시장이 없다고 생각하는 경우가 많다. 이는 「RE013」에서 언급했듯이 한국전력이 전력산업 Value Chain의 대부분을 독점하고 있기 때문에 그렇다.

즉, 일반적인 수용가 입장에서는 한국전력이 모든 전력을 생산해서 판매하는 줄 알지 전력 도매시장이 있다고는 생각하지 못한다. 외국의 경우, 기업이 직접 전력 도매시장에서 전기를 구매하기도 하고 기업이 전력 도매시장에서 활동하는 다양한 전력구매자(트레이더, 소매사업자)로부터 전기를 구매하기도 한다. 전력 도매시장 가격에 따라 기업이 구매하는 전기 비용이 달라지기 때문에, 한국 기업이라고 할지라도 해외에 공장을 두고 있는 기업들은 전력 조달을 위해서 국내 전력 도매시장보다는 외국의 전력 도매시장에 대해 알고 있는 경우가 있다.

한편, 한국의 소매시장의 경우, 한국전력이 전기 수용가들에 대한 판매 권한을 독점적으로 가지고 있기에 한국전력 외에 별도의 소매사업자는 존재하지 않는다(한국에서는 소매사업자를 전기 판매사업자라고 부른다). 다만, 예외적으로 전기를 판매할 수 있는 사업자들이 존재하는데 이들을 구역전기사업자라고 한다. 구역전기사업자는 정부(산업부)가 정해진 지역에서 전기를 판매할 수 있도록 허가를 내준 사업자로, 특정 지역을 벗어나서는 전기를 판매하지 못한다. 또한 전기요금을 한국전력과 동일하게 책정하고 있어서 사실상 한국의 전력 소매시장에서는 '경쟁'이 없는 것이나 마찬가지이다.

뒤에 설명하겠지만, 국내에 재생에너지 PPA 제도가 도입됨에 따라, 국내 전력 소매시장에서 완고해 왔던 한국전력의 독점에 균열이 일어나고 있다는 의견들도 있다. 재생에너지에 한정되어 민간 기업들이 전기를 수용가에게 판매하는 것이 가능해졌기 때문이다. 본 책은 RE100을 이해하고, 국내에서 RE100을 이행하는 데 필요한 정보를 제공하기 위해 쓰여졌기 때문에 한국의 전력 소매시장이 개방된 것인지 아닌지까지 다루지는 않을 것이다. 또한 실질적으로 재생에너지로 구매하지 못하는 전기는 한국전력으로부터 구매해야 하므로, '소매시장'을 설명하지도 않을 것이다. 다만, 발전사업자들의 생태를 이해하기 위한 도매시장에 대한 설명과 기업들이 어떻게 전기요금을 납부하는 것인지를 다룰 예정이다.

한국의 전력 도매시장 - 구조

2024년 7월 현재 운영되고 있는 한국의 전력 도매시장은 2000년대 초에 만들어졌다. 2000년까지만 해도, 한국의 전력산업은 한국전력이 송전 · 배전 · 판매뿐만 아니라 발전도 대부분 소유 및 과점을 하고 있었다(발전 쪽에 아주 일부의 IPP 사업자들이 존재했다). 과거 경제개발이 활발했을 당시에는 한국전력의 독점적 체제가 빠른 경제성장의 밑거름이 되어왔으나, 시간이 지남에 따라 한국전력의 독점적 체계는 비효율성에 노출되는 등 여러 부작용들을 만들어 냈다. 이에, 1990년대 말부터 정부가 전력산업 구조개편에 대한 논의를 착수했고, 2001년 4월, 구조개편의 첫 번째 단계로서 발전 부문에 대한 경쟁을 도입하였다.

발전 부문에 대한 경쟁 도입은 다음과 같이 이루어졌다. 먼저 한국전력이 가지고 있던 발전 부문을 6개 자회사로 분할시키는 것이었다. 그렇게 해서 만들어진 회사가 한국수력원자력, 한국서부발전, 한국중부발전, 한국동서발전, 한국남부발전, 한국남동발전으로 모두 한국전력이 100% 지분을 소유하고 있는 자회사들이다. 한국수력원자력은 국내 원자력 발전을 독점적으로 운영하고 대규모 수력 발전소에 대한 운영/관리를 담당하고 있다. 한편 5개 발전회사들은 석탄 발전소와 천연가스 발전소를 중심으로 운영하고 있으며 이들 5개 회사를 묶어 GENCO(Generation Corporation)라고 부른다.

한편, 한국전력의 발전 부문들이 6개 회사로 나누어 지면서 각 발전소들의 시장 경쟁을 촉진하기 위하여 국내 발전 부문에 대해 '도매시장'이라는 것도 함께 도입되었다. 전력 도매시장에는 기본적으로 6개 GENCO와 함께, 신규로 발전소를 건설/운영하는 민간 발전사업자(IPP)들이 발전사업자로 참여를 하도록 되어 있으며, 구매자(수요자)로는 한국전력을 기본으로 구역전기사업자까지 참여하고 있다.

참고로, 이전에는 한국전력이 발전을 대부분 독점하고 있었으므로 딱히 '가격'을 결정할 필요가 없었기 때문에 시장이 없어도 무관했다. 일부 존재하는 민간 발전사업자(IPP)의 경우에는 한국전력이 해당 발전소에 대해 전력구매계약(PPA)을 맺어주는 형태로 운영되고 있었다. 즉 IPP 사업자가 생산한 전기를 kWh당 고정가에 사주는 계약을 함으로써 IPP 사업자들이 적정 수익을 확보할 수 있도록 해준 것이다.

한국전력 발전 부문의 분할, 도매시장의 도입과 함께 새롭게 설립된 주체가 있는데 바로 한국전력거래소(KPX, Korea Power exchange)이다. 한국전력거래소는 전력 도매시장을 운영하는 시장운영자(Market Operator)이자 국가 전력계통에 대한 감시/운영을 담당하고 있다. 만일 전력 도매시장이 한국전력에 의해 운영된다면 공정한 시장 경쟁이 이루어질 수 없으므로 한국전력거래소와 같이 독립적인 운영자를 만든 것이다.

한국전력과 한국전력거래소 모두 송배전망에 대한 운영을 담당한다는 이야기를 많이 듣게 되는데, 두 주체가 하는 역할이 다르다. 한국전력은 송배전망에 대한 물리적인 유지/보수를 담당하는 반면, 한국전력거래소는 계통 운영을 담당한다. 여기서의 계통 운영이란 국내 공급되는 전력에 대한 적절한 품질(주파수, 전압)을 유지하고 특정 지역에 대한 전기공급이 넘치지 않도록 관리하는 것을 의미한다.

도매 전력시장의 구성

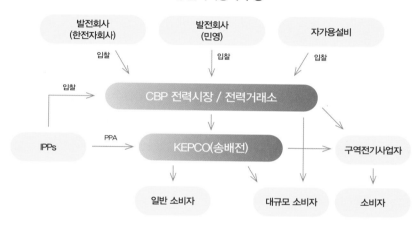

※ 출처: BNEF, New Energy Outlook 2019

RE017.
한국의 전력 도매시장 - PBP

전기는 원자력 발전소에서 생산하든, 석탄 발전소에서 생산하든 실질적으로는 계통에 들어가면 동일한 물리적 효과를 갖는 재화이다. 따라서 특별한 경우를 제외하고는 발전소의 종류와 관계없이 모두 단일한 시장에서 거래되기 때문에 전력 도매시장에서는 거래되는 전기에 대한 가격을 결정해야 한다.

우리나라에서 전기 도매가격을 결정하는 방식을 CBP(Cost Based Pool)라고 부른다. 이름에서 알 수 있듯이, CBP 시장은 비용(Cost), 그중에서도 특히 발전소의 변동비를 중심으로 전기 도매가격을 결정하는 방식이다. CBP 시장에 대한 원활한 이해를 위해서는 일반적인 시장과 유사하면서 CBP와 대비되는 PBP(Price Based Pool) 시장에 대해 먼저 이해하는 것이 좋으므로, PBP부터 설명하고자 한다.

PBP 시장이란 주식시장이랑 비슷하다고 생각하면 된다. 각 발전소는 전력을 판매하고자 하는 시간대에, 전기 가격과 전력량을 시장운영자(Market Operator, 한국의 경우 한국전력거래소)에게 제출한다. 한편, 전기를 구매하는 수요자(판매사업자 등)는 전기를 구매하지 않을 수 없으므로 (비싸다고 전기를 안 살 수는 없으므로) 일반적으로는 자신의 필요량을 제출하게 된다. 이때, 결국 낮은 가격을 제출한 발전소부터 전기를 판매하는 것으로 결정되며, 발전소의 공급량이 쌓이다가 수요와 동일해지는 발전소의 제출 가격이 해당 시간대의 전체 전력 가격이 된다.

PBP 시장의 특징은 발전소가 자신의 전기 판매 가격에 대해 입찰을 낼 수 있다는 점이다. 가령 A 발전소가 120원/kWh 이하로는 전기를 판매하지 않는 것이 더 이득이라고 판단할 경우, 120원/kWh 이상에서만 전기를 판매하도록 가격을 제출할 수 있는 것이다.

PBP 시장에서는 가격을 '-(마이너스)'로 제출하기도 한다. 즉, 돈을 받는 것이 아니라 돈을 내고서라도 전기를 팔겠다고 할 수도 있다. 실제로 재생에너지 같은 경우는 이와 같은 사례가 자주 발생한다. 재생에너지 발전소는 전기를 생산하면 재생에너지 인증서를 발급받는데, 이 인증서를 기업들과 거래하면서 전기 판매 외에 2차적인 매출을 올릴 수 있다. 만일 '-(마이너스)'로 전기를 판매하는 비용과 인증서를 판매해 얻는 이익을 비교했을 때 인증서를 판매하는 이익이 더 큰다면 충분히 '-(마이너스)'로 전기를 판매할 이유가 있는 것이다.

RE018.
한국의 전력 도매시장
- CBP와 SMP

　「RE017」에서 언급했던 것처럼, 한국의 전력 도매시장은 PBP가 아니라 CBP이다. PBP의 경우, 각 발전소가 ① 각 시간대별로 전기를 판매할 수 있는 물량과 ② 판매하고자 하는 가격을 도매시장에 입찰했던 것이라면, CBP에서 각 발전소가 해야 할 일은 가격 입찰이 아니라 ① 연료비용 신고와 ② 각 시간대별로 공급 가능한 물량을 입찰하는 것이다.

　이는 CBP 시장에서는 발전소의 공급 우선순위를 발전소가 원하는 판매 가격 수준으로 결정하는 것이 아니라 발전소의 연료비용으로 결정하기 때문이다. 즉, 발전소가 전기를 생산하는 데 필요한 연료비용을 기준으로, 가장 저렴한 발전소부터 전기를 생산할 수 있도록 하는 것이다.

　CBP 시장에서 전력 도매가격이 결정되는 과정은 다음과 같다. 우선 전력 도매시장에 참여하는 각 발전소는 다음 달에 전기를 생산하는 데 필요한 연료비용(정확히는 열량단가라고 하는데, 편의상 연료비용이라고 하겠다)을 한국전력거래소에 제출한다. 일반적으로 대규모 발전소들은 많은 양의 연료를 구입해 놓기 때문에 연료비용이 매시간 단위로 바뀌지는 않는다. 따라서 1달에 한 번 연료비용을 신고하게 되며, 해당 연료비용은 다음 달 전기공급 우선순위에 큰 영향을 미치게 된다. 그다음으로, 발전소들은 하루 전 시장(Day Ahead Market)에서 각 발전소들이 시간대별로 생산 가능한 전기의 양을 입찰한다. PBP 시장에서는 가격과 양을 입찰했다면, CBP 시장에서는 가격은 전 달에 연료비용으로 입찰한 것과 같으므로, 발전소가 생산할 수 있는 양(Quantity)만 입찰을 하게 된다.

각 발전소로부터 전기생산 가능량에 대해 입찰을 받은 한국전력거래소는 다음 날의 수요를 예측하여, 가장 연료비용이 낮은 발전소부터 다음 날에 전기를 생산할 수 있도록 '가동발전기 결정'을 하게 된다. 이때, 연료비용이 낮은 발전소가 생산 가능하다고 한 전력량을 수요에 맞게 쌓아 올리며, 최종적으로 수요와 일치되는 발전기의 연료비용을 해당 시간대의 전력 도매가격으로 결정한다. 일반적인 상황에서 연료비용은 원자력 발전소가 가장 저렴하고, 그다음 석탄, 천연가스, 유류 순이다. 낮 시간대에는 천연가스 발전소 또는 유류 발전소가 주로 전력 도매가격을 결정하는데, 수요가 적은 밤 시간대에나 주말에는 석탄 발전소가 전력 도매가격을 결정하는 경우도 많다.

이때 각 시간대별로 결정된 전력 도매가격을 SMP(System Marginal Price)라고 부른다. 한국에 있는 모든 발전소는 각 시간대별 SMP로 전기를 판매한다고 보면 되며, 발전소의 매출에 가장 직접적으로 영향을 주기 때문에 SMP 변동에 발전사업들은 매우 민감하게 반응을 한다. 앞으로는 전력 도매가격을 모두 SMP라 부를 것이므로 SMP가 무엇인지 이해하고 있어야 한다.

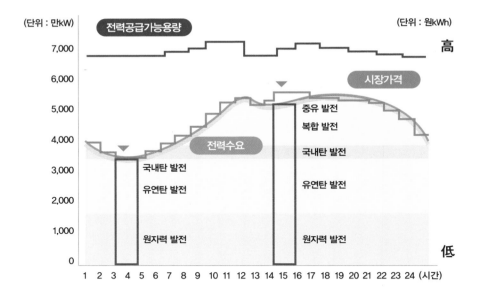

구분	1시	4시	9시	12시	16시	19시	21시	24시
전력수요(만kW)	3,730	3,320	4,770	5,500	5,690	5,420	5,420	4,470
시장 가격(원/kWh)	70.41	32.67	131.89	142.21	142.21	138.4	142.21	118.65

한국의 전력 도매시장
- 하루 전 시장(Day Ahead Market)

앞서 한국의 전력 도매시장은 CBP 시장으로, 각 발전소의 연료비용, 발전소의 전기공급 가능량과 수요에 따라 전력 도매가격이 결정된다고 설명했다. 이때, 하루 전 시장에서 시간대별로 가격이 결정된다고 언급을 했는데, 「RE019」에서는 간단히 하루 전 시장에 대해 다루고자 한다.

하루 전 시장은 말 그대로 다음 날의 전력 도매가격을 결정하는 형태이다. 하루 전 시장은 1시간 단위로 쪼개져 있다. 즉 5월 9일에 대

2024년 1월 10일(수) 하루 동안의 SMP(원/kWh)

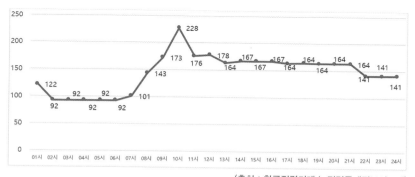

(출처 : 한국전력거래소 전력통계정보시스템)

한 하루 전 시장이라고 하면, 5월 9일 00~01시, 01~02시로 구분되어 있으며 결과적으로 24개의 별도 시장이 존재한다고 보면 된다. 이는 각 시간대별로 입찰하는 발전소의 공급량과 해당 시간대의 수요가 다르기 때문으로, 하루 전 시장을 통해 만들어지는 SMP도 매일 24개가 된다.

2024년 1월 1달간의 주말/공휴일 및 평일 SMP 평균

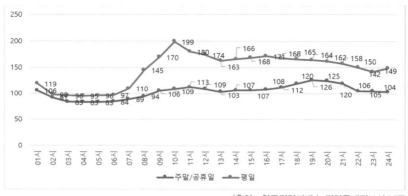

(출처 : 한국전력거래소 전력통계정보시스템)

CBP 시장의 특징상, 전력 도매가격은 수요에 따라 공급의 양이 결정되고, 수요가 줄어들수록 공급 가격이 감소하는 형태이기 때문에 일반적으로 하루 24시간의 SMP 분포를 보면 낮 시간대에는 SMP가 높고, 밤 시간대에는 SMP가 낮은 경향이 있다. 한편, 주말과 평일을 비교해 보면 전기수요가 많은 평일 SMP가 전기수요가 적은 주말 SMP보다 높게 형성된다.

RE020.
한국의 전력 도매시장
– 용량요금(Capacity Price)

한국의 전력 도매시장인 CBP를 뜯어보면, 한 가지 이상한 의문이 든다. 발전소의 연료비용이 저렴한 원자력 발전소나 석탄 발전소 같은 경우는 문제가 없겠지만, 발전소의 연료비용이 SMP와 거의 유사한 천연가스 발전소 같은 경우는 고정비를 고려하면 적정 이익을 확보하기 어렵지 않은가 하는 부분이다. 왜냐하면 고정비를 고려하지 않은 채 변동비로 전력판매 가격을 결정하기 때문이다.

사실 CBP의 가장 큰 문제점 중 하나가 바로 이 점이다. 즉, 연료비가 낮은 원자력 발전소나 석탄 발전소는 과도한 이익을 확보할 수 있는 반면, 연료비가 높은 천연가스 발전소나 유류 발전소는 단순 전기판매만으로는 적정 이익을 얻을 수가 없다. 따라서, 발전소가 적정 고정비를 확보할 수 있도록 한국전력거래소는 전력시장에 입찰을 하는 발전소를 대상으로 용량요금(Capacity Price)을 지급한다.

용량요금은 kWh 단위가 아니라 kW 단위로 지급하며, 가동할 수 있는 상태로 있을 경우에 주는 요금이다. 전기라는 것은 실시간으로 수요가 변하기도 하고, 한국전력거래소가 정교하게 예측한다 하더라도 갑작스러운 발전소 고장 또는 날씨 변화로 인해 공급과 수요에 변화가 생길 수 있다. 이때 이에 빠르게 대응하기 위해서는 발전소가 언제든 전기를 공급할 수 있도록 대기하고 있어야 하는데, 이러한 발전소들을 공급예비력이라고 부른다. 공급예비력 발전소들은 실제 발전소의 가동 여부와 관계없이 국내 전력계통의 안정성에 기여를 하고 있다는 점에서 계통 운영에 있어서 꼭 필요한 자원들이다. 따라서 해당 발전소들이 계속적으로 사업을 영위할 수 있도록 한국전력거래소가 용량요금을 지급하는 것이다. 따라서 가동발전기 결정에 포함되는지와 무관하게 하루 전 시장에 입찰한 발전소들은 모두 용량요금을 수취하게 된다(발전소 정비 등으로 하루 전 시장에 입찰하지 못한 발전소는 가동 준비 상태가 아니기 때문에 공급예비력으로 간주되지 않아서 용량요금을 수취하지 못한다).

RE021.
한국의 전력 도매시장
- 재생에너지 발전소

지금까지 설명한 CBP 시장에서의 발전소 매출은 크게 2가지이다. 첫 번째는 전기를 판매하는 것. 두 번째는 발전소가 가동 가능 상태를 유지함에 따라 받는 용량요금. 그렇다면 CBP 시장에서 재생에너지 발전소들은 어떻게 되는 것일까?

CBP 시장은 연료비용으로 발전소의 가동 순위를 결정한다고 했다. 그런데 재생에너지 발전소의 연료비용은 없다! 햇빛에 비용을 부과하는 것도 아니고, 바람을 이용한다고 해서 비용을 지불하는 것도 아니다. 때문에 CBP 시장에서 재생에너지 발전소의 연료비용은 0원/kWh로 취급된다. 연료비용이 0원인 재생에너지 발전소는 다른 발전소 대비 가장 저렴하므로(연료비용이 0이므로) 다른 발전소보다 가장 먼저 전력시장에서 판매될 수 있다는 것을 의미한다. 따라서 현재 국내 CBP 시장에서는 재생에너지 발전소가 생산된 전기를 100% 구매해 주고 있다.

한편, 재생에너지 발전소는 각 시간대별로 얼마나 전기를 생산할 수 있을지 정확하게 예측하는 것은 어렵다(앞서 설명했던 재생에너지 발전소의 간헐성 때문이다). 재생에너지 발전사업자가 각 CBP 시장의 하루 전시장에 참여하여 얼마나 전기를 생산할지 입찰을 하기 어렵기 때문에, 현재 한국 CBP 시장에서는 재생에너지 발전사업자는 입찰을 하지 않고 있다. 같은 이유로, 재생에너지 발전소는 전력계통에서 전기를 필요로 할 때 전기를 더 많이 생산하거나, 감산할 수 없어서 실질적으로 전력계통에 기여하는 바가 없는 편이다. 따라서 재생에너지 발전소에 대해서는 한국전력거래소가 별도의 용량요금을 지급하지 않고 있다(참고로 2024년부터 제주도 전력 도매시장에는 재생에너지도 CBP 입찰에 참여하는 입찰제가 시범적으로 운영되고 있다).

이것이 의미하는 바는, 전력시장 내에서만 보면 재생에너지 발전소의 매출은 '전기 판매'를 통한 이익인 SMP뿐이라는 것이다. SMP는 결국, 기본적으로는 천연가스 발전소 또는 유류 발전소의 연료비용이라 볼 수 있고 수요가 적은 시간대에는 석탄 발전소의 연료비용이라 할 수 있다. 재생에너지 발전소가 화석연료의 연료비용 수준에 전기를 판매하여 투자비 이상의 수익을 내야 하는 구조인 것이다.

RE022.
재생에너지 발전소의 원가(LCOE)

국내 전력 도매시장에서 재생에너지는 사실상 석탄 발전소 또는 천연가스 발전소의 연료비를 전기 판매 매출로 수령한다고 설명했다. 태양광, 풍력 등 재생에너지 발전원이 석탄 발전소와 천연가스 발전소의 연료비용만으로도 충분히 투자비 회수 및 적정 수익을 확보할 수 있을지 확인하려면 재생에너지에 대한 원가를 분석해야 한다. 전력산업에서 발전소에 대한 원가를 분석하는 방식 중 하나는 바로 LCOE다.

LCOE는 Levelized Cost of Electricity의 약자로, 한국말로는 균등화발전원가라고 부르기도 한다(이하 LCOE라고 부를 것이다). LCOE는 발전소의 전체 사용 기간에 들어가는 총비용을 해당 발전소가 사용 기간 동안 생산하는 전력량을 나눈 값이다. 즉 쉽게 말하면 발전소가 최소 이익을 확보하려면 얼마에 전기를 판매해야 하는지를 나타내는 지표이다.

전통적인 발전소의 경우는 초기 발전소 건설 비용, 금융조달 비용(대출 비용)뿐만 아니라 장기간에 걸친 연료비용까지 포함되나 재생에너지는 연료비가 없기 때문에 초기 투자비용, 금융조달 비용 및 유지관리 비용 정도가 LCOE 분석 시의 비용으로 산정된다.

발전소의 LCOE는 각 국가별로 크게 차이가 난다. 그 이유는 국가별로 발전소 설치, 운영 등에 대한 조건이 다르기 때문이다. 가령 한국의 경우 태양광 이용률이 15% 정도밖에 되지 않기 때문에 1년간 1MW당 1,300MWh를 생산하게 되지만 미국 텍사스 같은 경우는 태양광 이용률이 30% 이상 나오는 경우도 있어 1MW당 2,600MWh 이상의 전력량을 생산하기도 한다. LCOE 분석식을 단순화시켜 보면 '총비용÷총발전량'이 되므로, 미국 텍사스의 태양광은 한국보다 2배 발전량이 많기 때문에 다른 조건이 모두 동일하다면 미국 태양광의 LCOE는 한국의 절반 수준이 된다. 한편, LCOE는 국가뿐만 아니라 각 사업별로도 다르게 나타난다. 예를 들어 같은 태양광이라고 할지라도 비싼 땅에 지은 태양광과 저렴한 땅에 지은 태양광의 LCOE는 토지 구매 또는 임대 비용의 차이로 다를 수밖에 없다.

LCOE는 발전소를 운영하는 발전사업자가 받아야 하는 이익을 나타내기 때문에 LCOE가 전력 도매가격보다 높으냐 낮으냐에 따라 해당 전력 도매시장에 발전사업자가 진출할 매력도가 있는지 없는지를 판단할 수 있다.

앞서 언급한 것처럼, 한국에서 재생에너지 발전사업자의 매출은 곧 석탄 발전소와 천연가스 발전소의 연료비용인 SMP다. 따라서 한국 재생에너지 발전소의 LCOE가 SMP보다 높으냐 낮으냐가 결과적으로 발전사업자들이 국내에서 재생에너지 사업을 추진하느냐 마느냐를 결정하는 데 중요한 부분인 것이다.

최근에는 국제유가 및 천연가스 가격의 상승으로 인해 SMP가 많이 비싸졌기는 했지만 과거에는 SMP가 70~80원/kWh 수준을 기록한 적도 있었다(2017~2020년에 특히 그랬다). 반면 그나마 가장 저렴하다는 태양광 LCOE의 경우, 에너지경제연구원이 2020년에 추정한 수준은 111.7원/kWh ~ 133.3원/kWh[03]이었다. 단순하게 이 숫자만 본다면, 발전사업자들은 재생에너지 사업을 추진할 필요가 전혀 없게 된다. 재생에너지 사업자가 받아야 하는 최소 매출은 135원/kWh인데 실제 시장에서 받을 수 있는 매출은 70~80원/kWh라 오히려 손해만 발생하기 때문이다.

과거 재생에너지에 대한 투자비가 비쌌을 때는 전 세계적으로 모두 동일한 상황이었다. 즉 LCOE보다 전력 도매시장 가격이 저렴했기 때문에 발전사업자들이 재생에너지 사업을 진행할 유인이 부족했던 것이다. 그러나 각 국가의 정부 입장에서는 에너지 자급자족, 기후위기 대응을 위해 재생에너지가 필요하였고 발전사업자에게 재생에너지에 대한 투자 유인을 줄 필요가 있었다. 그렇게 해서 정부의 재생에너지 보조금 시장이 만들어지게 된 것이다. 부족한 매출을 정부가 보전해 주는 형태로 말이다.

각 국가별로 재생에너지 보조금을 어떻게 주는지는 국가의 정책에 따라 다르다. 또한 같은 보조금 정책이라 하여도 세부적인 제도에서는 차이가 존재하여 모두 파악하기란 쉽지 않다. 따라서 본 책에서는 한국의 보조금에 대해서만 다룰 계획이다.

---

03 이근대 · 김기환, 「재생에너지 공급확대를 위한 중장기 발전단가(LCOE) 전망 시스템 구축 및 운영 (1/5)」, 2020, 에너지경제연구원

RE023.
한국의 재생에너지
보조금 제도 - FIT

　한국에서 처음 도입된 재생에너지 보조금 제도는 발전차액지원제도로, 일명 FIT(Feed in Tariff)라고 불린다. FIT는 재생에너지 보조금 제도의 초기 모델로, 아직 재생에너지들끼리 경쟁을 하기 어려울 때 많이 사용하는 제도이다.

　FIT 제도에서 보조금을 지급하는 방법은 간단하다. 재생에너지 발전사업자가 재생에너지 발전소를 설치하고 전력을 생산하게 되면 시장 상황과 관계없이 특정 가격에 정부가 무조건 전기를 매입해 주는 형태이다.

　예를 들어, 정부가 태양광 발전소에 대해 200원/kWh에 매입해 주기로 했다고 할 경우, SMP가 100원/kWh이든 150원/kWh든 해당 발전소가 생산하는 전력량 모두에 대해 200원/kWh를 지급해 주는 형태이다. 그렇다고 발전소 운영 기간 동안 모두 매입해 주는 것은 아니며 특정 기간(12년, 15년 등) 동안만 구매해 준다.

　FIT 제도하에서 재생에너지 발전소는 SMP와 관계없이 전력을 판매할 수 있기 때문에 자신의 LCOE가 FIT 판매 가격보다 낮다면 충분히 진입할 유인이 생기게 된다. 특히, 정부가 재생에너지 발전소 설치

전에 구입해 주는 전력 단가를 발표('고시')했기 때문에, 발전사업자들은 재생에너지 발전소를 개발하기 이전부터 경제성 분석을 할 수 있어 재생에너지 보급에 유리한 편이었다.

한국에서는 2002년에 FIT 제도가 도입되어 운영되다가 2011년부로 폐지되었다. 한국에서 FIT 제도가 도입될 때에 태양광, 풍력, 수력 등 다양한 재생에너지원의 활성화를 기대했으나 실질적으로는 태양광 중심으로 빠르게 보급이 되었다. 또한 FIT는 정부가 무조건적으로 전기를 구매해 준다는 점에서 재생에너지 보급에는 큰 기여를 할 수 있었지만, 경쟁이라는 요소가 없다 보니 재생에너지 가격을 낮추는 유인은 다소 부족했다. 때문에 FIT 제도를 통해 재생에너지 보급이 확대될수록 정부의 재정적 부담이 크게 늘어나게 됨에 따라 재생에너지 가격 하락 유인, 효율적 보조금 시장 조성 등을 위하여 FIT 제도는 2011년에 폐지되었다.

FIT 제도가 폐지되기는 했지만, 현재도 한국 시장에서 FIT 제도를 적용받는 재생에너지 발전소들이 여전히 존재하고 있다. FIT 대상 발전소들의 FIT 보조금 지급 기간이 끝나는 시점은 대부분 2023년 이후로, 해당 발전소들은 민간 시장으로 유입될 것으로 예상되고 있다.

한편, 정부는 FIT 제도를 폐지한 이후 새로운 보조금 제도이자 시장인 RPS를 도입하였다. RPS에 대해서는 다음 장에서 자세히 설명하고자 한다.

RE024.
한국의 재생에너지
보조금 제도 - RPS

  한국에서 2011년에 재생에너지 보조금 제도인 FIT가 폐지되었지만, 재생에너지 LCOE가 SMP보다 낮았기 때문은 아니었다. 여전히 재생에너지 LCOE는 SMP보다 높았고, 재생에너지 보급을 확대하기 위해서는 정부 보조금이 필요했다. 다만, FIT와 같이 시장 경쟁을 유발하지 않는 제도보다는 재생에너지 LCOE를 빠르게 낮추기 위한 요소로서 '경쟁'을 도입하는 것이 필요했으며, 결과적으로 FIT 제도가 폐지되고 RPS 제도가 도입되었다.

  RPS는 Renewable Portfolio Standard의 약자로서, 발전사업자 또는 전기 소매사업자에게 자신이 발전/판매하는 전력 일부를 재생에너지로 충족시키도록 하는 제도이다. 말뜻에서부터 알 수 있듯이, 발전사업자 또는 전기 소매사업자가 재생에너지 발전소를 '포트폴리오(Portfolio)'로 가지고 있어야 한다는 기준(Standard)을 부여하는 규제로 미국 캘리포니아주, 한국 등에서 재생에너지 보급 확대를 위한 정책으로서 활용하고 있다.

  RPS 제도하에서, 발전사업자 또는 전기 소매사업자는 재생에너지 보급을 해야 하는 법적인 의무를 부담한다. 이때 정부는 발전사업자 또는 전기 소매사업자가 생산/공급해야 하는 재생에너지 비율을 매년 상향시킴으로써 재생에너지 보급을 촉진하며, 의무를 이행하는 대상자는 의무비율을 충족시키기 위해 재생에너지를 계속적으로 설치하거나 인력 및 재정적 여유가 부족하면 외부 재생에너지를 구매함으로써 재생에너지 의무를 이행한다.

한국에서는 한국전력이 유일한 전기 소매사업자이므로, '경쟁'이라는 유인이 없다는 점에서 소매사업자에게 RPS 의무를 부여하지 않았다. 단일 소매사업자가 RPS 의무를 부여받으면 재생에너지를 싸게 구매하려는 노력을 하지 않을 가능성이 높기 때문이다. 대신 발전사업자에게 재생에너지 보급 의무를 부여했는데, 신·재생에너지 발전소의 설비용량을 제외하고 500MW 이상의 발전소를 갖고 있는 발전사업자들을 RPS 의무이행 대상자로 선정하였다.

여기서 한 가지 알고 있어야 할 것은 한국의 RPS 제도에서 RPS 의무이행 대상자들은 '재생에너지'뿐만 아니라 '신에너지'를 통해서 전력을 공급해도 된다는 것이다. 한국 RPS 제도의 정확한 국문 명칭이 '신·재생에너지 공급의무화 제도'인 것을 봐도 이는 RPS 의무이행 대상자들이 재생에너지뿐만 아니라 신에너지로도 전력을 공급하여도 의무이행을 한 것으로 간주하고 있음을 알 수 있다.

신에너지는 연료전지(수소를 통한 전력생산), 석탄액화 발전소 등이 있는데, 우리가 생각하는 자연으로부터 계속적으로 에너지원을 얻는 방식이 아니라 전통적인 화석연료(석탄, 천연가스 등)를 다른 형태로 발전하는 것을 말한다.

또한, RPS 제도에서 규정하고 있는 재생에너지와 Global RE100의 재생에너지에는 미세한 차이가 존재한다. 한국 RPS 제도는 애초에

RE100이라는 캠페인이 도입되기 전에 만들어진 것이기 때문에 한국 실정에 맞게 설계된 것이며, 다양한 에너지원을 보급하는 것을 중점으로 만들어져서 우리가 아는 재생 가능(Renewable) 에너지원이 아닌 것도 포함되어 있다.

RE100의 재생에너지	RPS의 재생에너지
태양광 풍력 지열 해양 지속 가능한 수력 지속 가능한 바이오에너지	태양광 풍력 지열 해양 수력 바이오 재생 가능 폐기물

RPS는 현재 국내 재생에너지 산업의 핵심 제도이다. 특히 재생에너지 발전사업자들은 의사결정 기준을 RPS 제도 중심으로 두고 있는 상황이라 발전사업자와의 원활한 소통을 하면서 서로 간의 합의점을 찾아가려면 RPS 제도를 잘 이해하고 있어야 한다. 「RE033」까지 RPS 제도에 대해 상세히 설명할 계획이니 잘 이해해 두기를 바란다.

RE025.
RPS 의무이행 대상자들과 RPS 의무비율

「RE024」 RPS에서 간단히 언급했듯이, 한국은 발전사업자들에게 RPS 의무이행을 부여하였다. 다만 모든 발전사업자한테 부여한 것이 아니라 일정 규모 이상 발전사업을 하고 있는 대상자들에게만 의무를 부여했는데, 그 기준은 '신·재생에너지 발전설비를 제외하고 500MW 이상의 발전소를 보유하고 있는 발전사업자'이다.

이 사업자 외에도 시행령(대통령령)으로 정한 RPS 의무이행 대상자들이 있는데 바로 수자원공사와 한국지역난방공사이다. 참고로 발전사업자의 범위에는 단순 전기만 생산하는 사업자들뿐만 아니라 열과 전기를 함께 생산하는 집단에너지 사업자들도 포함이 된다.

2012년 RPS 제도가 처음 시행될 당시만 해도, RPS 이행 의무를 부여받은 발전사업자의 수는 13개뿐이었다. 하지만 제도 시행 이후, 대규모 민간 발전소들이 신규 가동을 시작함에 따라 2023년 기준 RPS 의무이행 대상자들의 수는 25개로 거의 2배로 증가하였다. 500MW 이상의 석탄 또는 천연가스 발전소를 가동하는 사업자의 수가 많이 늘어난 것이다.

한편, RPS 제도하에서 발전사업자들이 공급해야 하는 재생에너지 발전량의 양도 매년 증가하고 있다. 한국 RPS 제도는 500MW 이상의 발전사업자들이 전년도에 생산한 전력량의 일정 비율만큼을 다음해에 재생에너지로 공급하도록 하고 있다. 이때 적용받게 되는 비율을 'RPS 의무비율'이라고 부른다.

RPS 의무비율은 「신에너지 및 재생에너지 개발·이용·보급 촉진법」에서 그 상한을 25%로 정하고 있으며, 25% 범위 내에서 연도별 의무이행량은 대통령이 정하도록 하고 있다(시행령으로 확정). 이에 따라 어떤 정부냐에 따라 RPS 의무비율이 25% 한도 내에서 달라지게 되는데 재생에너지 보급을 보다 적극적으로 추진하려는 정부일수록 RPS 의무비율을 높이는 경향이 있다.

2024년 5월 현재 연도별 RPS 의무비율은 다음과 같다.

2012년	2013년	2014년	2015년	2016년	2017년	2018년	2019년	2020년	
2.0%	2.5%	3.0%	3.0%	3.5%	4.0%	5.0%	6.0%	7.0%	
2021년	2022년	2023년	2024년	2025년	2026년	2027년	2028년	2029년	2030년 이후
9.0%	12.5%	13.0%	13.5%	14.0%	15%	17%	19%	22.5%	25%

※ 출처 : 「신에너지 및 재생에너지 개발·이용·보급 촉진법」 시행령 별표 3(2024년 06월 기준)

RPS 의무비율은 해가 지날수록 상승하는 것으로 나타나는데, 이는 한국의 온실가스 감축을 위해서 그렇다. 한국은 2030년까지 2018년 국가 온실가스 배출량의 40%를 감축하겠다는 '국가 온실가스 감축목표(National Determined Contribution)'를 UN에 제출했다. 2018년 한국 전체 온실가스 배출량은 약 7억 2천 8백만 톤으로, 40%인 2억 9천 1백만 톤을 감축하여 '30년에는 약 4억 3천 7백만 톤만 배출해야 한다.

이렇게 대규모의 온실가스를 감축하려면 석탄 발전과 같이 대규모 온실가스를 배출하는 발전원을 재생에너지와 같은 무탄소 · 저탄소 발전원으로 전환해야 한다. 이를 위하여 국가적으로도 재생에너지 보급을 촉진할 수 있도록 RPS 의무비율을 계속 상향해 나가고 있다.

신·재생에너지 공급인증서
(REC, Renewable Energy Certificates)

한국 RPS 제도하에서, 대규모 발전사업자들이 재생에너지에 대한 '공급' 의무를 부담한다고 하였다. 그렇다면 재생에너지 공급을 얼마나 했는지 어떻게 판단할까? 그 판단의 근거가 되는 것이 바로 '신·재생에너지 공급인증서', 소위 말하는 REC(Renewable Energy Certificate)이다.

신·재생에너지 공급인증서는 정부가 인위적으로 만든 재화(Asset)로서, 재생에너지 발전소가 생산한 전력량(MWh)에 대해 정부가 발급해 주는 인증서이다. RPS 의무이행자들은 자체적으로 재생에너지 발전소를 설치하고 운영하는 과정에서 REC를 발급받게 되는데 이 REC를 정부에 제출함으로써 RPS 의무를 이행하게 된다. 즉, 자신이 올해 이행해야 할 RPS 의무이행량이 200개라고 한다면, REC를 200개 제출하면 된다.

한편, RPS 의무이행사들이 여러 개 존재한다고 하나, 이들의 자본력과 인력은 제한적일 수밖에 없다. 따라서 재생에너지 보급을 보다 빠르게 확대하기 위해서는 RPS 의무이행사들 외에 다른 사업자들도 재생에너지를 설치 및 보급해야 하는데, 이때 REC가 유용하게 활용된다.

RPS 의무이행사들은 REC를 제출함으로써 RPS 의무를 이행한다고 하였는데, 자체 설치한 발전소로부터 발급받은 REC 외에도 외부 사업자로부터 REC를 구매하고, 이를 정부에 제출하는 형태로도 RPS 의무이행이 가능하다. 즉 RPS 의무이행량이 200개일 때, 80개는 자체 생산을 하고 120개는 외부 재생에너지 발전사업자에게 구매하여 RPS 의무이행량을 충족시킬 수 있는 것이다.

재생에너지 발전사업자 입장에서는 SMP 매출만으로는 LCOE를 충족시킬 수 없었는데, 여기에 REC 판매 매출까지 더해지다 보니 LCOE보다 높게 매출을 일으킬 수 있는 기회가 열리게 된다. RPS 시장하에서 결과적으로 발전사업자의 매출은 SMP 판매가+REC 판매가가 되며, 이 두 값의 합이 자신의 LCOE보다 높다면 충분히 재생에너지에 대한 투자 유인이 생기게 된다.

앞서 재생에너지 발전소의 연료비용은 0원이기 때문에, CBP 시장에서 재생에너지는 전력을 생산하는 대로 무조건 SMP로 판매가 된다고 했다(다른 말로 하면 전력판매에 대한 걱정이 없는 것이다). 한편 REC의 경우도 자유롭게 거래할 수 있는데, 한국전력거래소가 RPS용 REC 거래시장을 운영하는 중이다. 매주 화요일과 목요일 2회에 걸쳐 REC 거래시장이 열리며, REC 거래는 주식을 거래하는 것처럼 단일 시장으로 구성되어 있어 매수호가와 매도호가에 따라 거래하게 된다. 따라서 REC 가격은 매주 화요일과 목요일마다 변하게 되며, 이 가격 역시 수요와 공급에 따라 오르기도 하고 내리기도 한다.

RPS용 REC 거래시장에 참여할 수 있는 사업자들은 재생에너지 발전사업자와 RPS 의무이행사들로, 재생에너지 발전사업자는 매도자로서, RPS 의무이행사들은 매도자이자 매수자로서 시장에 참여하게 된다. 그 외 주체들은 REC 거래에 대한 조작 등을 방지하기 위해 시장 참여가 엄격히 제한되어 있다.

결론적으로 보면, RPS 제도는 정부가 재생에너지 보급을 확대하는 한편 시장 내 경쟁을 일으키기 위해 만든 인위적인 재생에너지 '시장'이다. RPS 의무이행사들은 정부로부터 재생에너지 보급 의무를 부담함으로써 REC에 대한 '수요'이자 부분적인 공급자(자체적으로 발전소 설치를 하므로) 역할을 하고, 이를 기반으로 재생에너지 발전사업자들은 재생에너지를 보급하되 자신의 REC가 보다 잘 팔리게 하기 위해 싸게 보급을 하는 '공급자' 역할을 하고 있는 셈이다.

REC 가중치

RPS 제도하에서 기본적으로 REC는 재생에너지 발전소가 1MWh 를 생산할 때 1개 발급된다. 하지만 모든 재생에너지 발전원에 대해 이와 같이 동일한 개수의 REC가 발급될 경우 다양한 재생에너지를 보급하기 어렵다는 문제가 생긴다.

예를 들어, 태양광의 LCOE가 150원/kWh이고 육상풍력의 LCOE 가 160원/kWh이라고 해보자. 이때 태양광과 육상풍력 모두 1MWh를 발전했을 때, SMP가 100원/kWh이고 REC 가격이 1개당 55,000원 (1MWh 기준)이라고 가정하자. 태양광과 육상풍력 모두 1MWh 생산을 통해 100원/kWh×1,000kWh+55,000원/MWh=155,000/MWh원의 매출을 얻는 데 비해, LCOE의 차이로 인해 태양광은 이익을 보지만 육상풍력은 적자를 면하지 못하게 된다.

따라서 같은 1MWh라도 발전원에 대해 동일한 개수의 REC를 발급해 주게 되면, RPS 의무이행사들은 저렴한 태양광 REC만 구매하려 할 것이고, 재생에너지 발전사업자들도 경쟁력 있는 태양광만 보급하게 되어 다양한 재생에너지 보급을 할 수 없게 된다.

그래서 정부는 각 재생에너지 발전원들이 일정 수준의 수익률을 확보할 수 있도록, 발전원들마다 차등적으로 REC를 발급해 주고 있다. 예를 들어 현재 가장 LCOE 경쟁력이 있다고 하는 대규모 태양광에 대해서는 1MWh 생산 시에 0.8개의 REC를 발급해 주는 반면, 수상 태양광에는 1MWh당 1.2개의 REC를 발급해 준다. 각 발전원에 따라 REC를 다르게 발급해 주는 것을 'REC 가중치'라고 말하며 REC 가중치는 3년에 한 번씩, 각 발전원들의 기술 발전과 투자 경제성 등을 고려하여 정부에서 조금씩 조정해 나가고 있다.

대표적으로, 2018년에는 3MW 이상의 대규모 수상태양광에 대해서 1.5 REC 가중치를 부여했는데, 수상태양광 설치 가격이 계속적으로 하락함에 따라 2021년부터는 1.2 REC 가중치를 부여하는 것으로 개정되었다.

결과적으로 보면 REC 가중치가 높을수록 LCOE 값이 높은 발전원이고, REC 가중치 값이 낮을수록 LCOE 값이 낮은 발전원으로 보아도 무방하다. 추후에 설명하겠지만, RE100에서는 RPS와 달리 REC 가중치라는 개념이 없다. 즉 대규모 태양광에서 생산한 1MWh나 해상 풍력에서 생산한 1MWh나 모두 동일한 효과를 지니게 된다. 그럼에도 불구하고 REC 가중치에 대해 알고 있어야 하는 이유는, RPS 시장에서 발전사업자들이 요구하는 전력판매 가격이 'SMP+REC×가중치'이기에, REC 가중치가 낮은 발전원들을 목표로 해야 기업 입장에서는 보다 저렴하게 재생에너지를 구매할 수 있기 때문이다.

태양광 및 풍력 REC 가중치

대분류	소분류		REC 가중치
태양광	일반부지	소규모(100kW 미만)	1.2
		중규모(100kW~3MW)	1.0
		대규모(3MW 초과)	0.8
	건축물 등 기존 시설물 활용	소규모(100kW 미만)	1.5
		중규모(100kW~3MW)	1.5
		대규모(3MW 초과)	1.0
	수상태양광	소규모(100kW 미만)	1.6
		중규모(100kW~3MW)	1.4
		대규모(3MW 초과)	1.2
	임야		0.5
	자가용		1.0
풍력	육상		1.2
	해상(법률상 바다 및 바닷가 중 수심이 존재)		2.5
	연안해상(해상풍력 중 간석지 또는 박조제 내측)		2.0
	수심 5m, 연계거리 5km 증가 시 마다 (수심 20cm 초과, 연계거리 5km 초과인 해상풍력 및 연안해상풍력에 적용)		+0.4(복합)

※ 출처 : 신·재생에너지 공급의무화제도 및 연료 혼합의무화제도 관리·운영지침(2024년 7월 기준)

SMP와 REC 그리고 Market Risk

지금까지 RPS 시장에서 재생에너지 발전사업자들이 어떻게 매출을 올리는지를 살펴보았다. 재생에너지 발전사업자들이 생산한 전기는 전력 도매시장에 SMP로 판매하여 1차적인 매출을 확보하고 정부가 발급해 준 REC를 RPS REC 거래시장에 판매함으로써 2차적인 매출을 얻게 된다. 결과적으로 재생에너지 발전사업자의 매출은 1MWh 기준으로 보면 SMP(원/kWh)×1,000(kWh/MWh)+REC가중치×REC 판매가(원/개)가 된다

이 매출 식을 살펴보게 되면, 재생에너지 발전사업자가 투자를 하는 데 불확실성이 크다는 문제점이 나타난다. 앞서 LCOE 부분에서 설명했 듯이, 재생에너지 발전소에 대한 모든 비용이 초기에 집중되어 있다. 즉 재생에너지 발전소는 별도의 연료비용이 없기 때문에 사실상 초기 투자 비가 전체 발전사업을 하는 데 필요한 대부분의 비용을 차지한다. 그리 고 이 LCOE를 기준으로 내가 얻을 수 있는 매출(SMP+REC 가중치×REC 판매가)과 비교하여, LCOE보다 매출이 크면 투자를 진행하게 된다.

그런데 SMP와 REC는 시장 상황에 따라 계속적으로 가격이 변하 는 요소이다. 즉, SMP는 석탄, 천연가스 및 디젤 발전소의 연료비용 에 따라 변하고, REC 역시 수요와 공급에 따라 가격이 변화는 재화이

다. 재생에너지 발전사업자 입장에서는 매출을 담당하는 SMP와 REC에 대한 장기간의 추정치를 바탕으로 투자 의사결정을 해야 하는데 2가지 재화에 대한 가격을 정확하게, 그리고 장기간 예측한다는 것은 불가능에 가깝다. 즉, 한국 RPS 제도하에서 재생에너지 산업은 재생에너지 발전사업자의 매출이 시장환경 변화에 노출되어 있는 Market Risk를 내재적으로 가지고 있다는 문제점이 존재하는 셈이다.

이에 비해, 전통적인 화석연료 발전소들은 용량요금을 지급 받음으로써 적정 고정비를 회수할 수 있으므로 적어도 내가 투자한 돈을 회수하지 못할 것이라는 점에 대한 불확실성은 적은 편이다.

다른 국가들에서는 재생에너지 발전사업자가 안정적으로 재생에너지를 보급 확대하고, 투자를 계속해 나갈 수 있도록 고정가(Fixed Price) 형태의 재생에너지 보조금을 도입하고 있다. 대표적으로 FIP(Feed in Premium)인데, 이는 재생에너지 발전사업자가 전력 도매시장 가격이나 재생에너지 관련 인증서 시장 가격에 영향을 받지 않도록, 무조건 kWh당 정해진 고정가로 전기를 구매하게 하는 방식이다. FIT와 차이가 있다면, FIT는 정부가 가격을 결정하고 그 가격으로 모두 돈을 받는 반면, FIP에서는 정부가 지정된 물량에 대해 고정가격에 대한 입찰을 받아 낮은 가격을 제출한 사업자부터 보조금을 지급하기 때문에 시장 경쟁을 유발하게 된다.

한국의 경우, 2012년에 RPS가 도입되었으나, SMP와 REC 가격 변동으로 인하여 재생에너지 발전사업자들이 제대로 된 수익 예측을 할 수 없었고 이로 인해 재생에너지 보급이 크게 확대되지는 못하였다. 때문에 재생에너지 보급을 보다 확대하기 위하여 FIP와 유사한 방식의 계약을 도입했는데 이것이 바로 'SMP+REC 고정가 계약'이다.

RE029.

SMP+REC 고정가 계약
- Market Risk가 없는 자산으로…

「RE028」에서 설명했듯이, 재생에너지 발전사업자의 비용은 투자 시 대부분 확정되는 반면, 매출은 장기간 동안 시장환경에 노출되어 있으므로 재생에너지 발전소에 대한 민간 투자가 크게 활성화되지 못 하였다고 설명했다.

한국 정부도 이와 같은 SMP, REC 시장 변동에 대한 문제점을 파악하고 2017년부터 'SMP+REC 고정가' 장기계약을 RPS 제도에 도입하였다. SMP+REC 고정가 방식은 RPS 의무이행사와 발전사업자 간 SMP와 REC를 합산한 고정가 계약을 맺고, SMP 변화에 따라 REC 가격을 다르게 함으로써 발전사업자에게 판매 가격을 일정하게 유지시켜 주는 형태이다.

예를 들어, A 발전소와 '가' 의무이행사가 150,000원/MWh에 고정가격 계약을 맺었다고 가정해 보자. 이때 SMP가 100,000원/MWh라면 '가' 의무이행사는 REC를 50,000원에 구매해 가는 것이고, SMP가 80,000원/MWh라면 '가' 의무이행사는 REC를 70,000원에 구매하는 것이다. 이렇게 되면 SMP와 REC 가격이 어떻게 변하든지 간에 재생에너지 발전소는 무조건 1MWh당 150,000원의 매출을 얻을 수 있게 된다.

한편 여기서 말하는 SMP는 시장 평균 SMP가 아니라 발전사업자가 실제 전력 도매시장에 판매한 SMP를 말한다. 전기는 전력 도매시장에서 실시간으로 거래된다고 설명했는데, 개별 발전소가 어느 시간대에 얼마큼 판매하느냐에 따라 발전소의 가중평균 전력판매 단가는 달라지게 된다. 따라서 RPS 의무이행사들이 구매해 가는 REC의 가격은 '고정가격−실제 발전소 가중평균 전력판매 단가'이다.

예를 들어, A 발전소와 B 발전소가 있고, A 발전소는 11~12시에 2MWh와 12~13시에 1MWh를 판매했다고 해보자. 그리고 B 발전소는 11~12시에 1MWh, 12~13시에 2MWh를 판매했다고 가정하고, 11~12시 SMP는 100원/kWh, 12~13시 SMP는 50원/kWh라 하자. A 발전소의 가중평균 전력판매 단가는 (2MWh×100원/kWh+1MWh×50원/kWh)÷3MWh=83.3원/kWh가 된다. 한편 B발전소의 가중평균 전력판매 단가는 (1MWh×100원/kWh+2MWh×50원/kWh)÷3MWh=66.6원/kWh로, 같은 3MWh의 전력을 판매하였지만 A 발전소와 B 발전소의 가중평균 전력판매 단가는 다르게 된다.

구분		A 발전소		B 발전소	
시간	SMP 가격	판매량	판매금	판매량	판매금
11~12시	100원/kWh	2MWh	200,000원	1MWh	100,000원
12~13시	50원/kWh	1MWh	50,000원	2MWh	100,000원
가중평균 전력판매단가		83,333원/MWh		66,667원/MWh	
150,000원/MWh 고정가 시 REC 거래 가격		66,667원/MWh (150,000원/MWh − 83,333원/MWh)		83,333원/MWh (150,000원/MWh − 66,667원/MWh)	

이때 두 발전소 모두 '가' 의무이행사와 150원에 SMP+REC 고정가 계약을 맺었다면 각 발전소가 받아야 하는 REC 가격은 A의 경우 150원-83.3원/kWh=66.7원/kWh이며 B의 경우는 150원/kWh-66.6원/kWh=83.4원/kWh가 되어 두 발전소의 REC 가격이 다르게 거래된다. 하지만, 결과적으로 두 발전소가 얻는 1MWh당 매출은 150,000원으로 동일하다.

SMP+REC 고정가 계약은 1~2년과 같이 단기로 끝나지 않는다. 정부는 재생에너지 발전소에 대해 이와 같은 고정가 계약을 20년간 맺는 형태로 제도를 도입했다. 「RE028」에서 이야기한 것처럼 발전사업자에게 부담인 것은 SMP와 REC에 대한 가격을 장기간 예측해야 한다는 점이었다. 그러나 SMP+REC 고정가 계약을 통해 20년간 가격을 고정시킴으로써 사업 기간 동안 가격 불확실성이 사라지게 된다.

계속적으로 이야기하고 있지만 재생에너지 발전사업자들은 LCOE보다 나의 매출이 높아야 발전소 투자/설치에 대한 의사결정을 하게 된다. 그리고 LCOE는 투자 시점에 결정이 되지만, SMP와 REC 변동으로 매출은 장기간 불확실성으로 남게 된다고 했다. 이제 'SMP+REC 고정가' 계약의 도입으로 인해 매출을 결정하는 P×Q 중에서 적어도 P에 대한 불확실성이 사라지게 된 것이다(Q는 사실상 발전사업자가 얼마나 유지보수를 잘하느냐 혹은 자연환경이 얼마나 좋으냐에 달려 있다).

이렇게 정부가 재생에너지 발전사업자들에게 판매 가격에 대한 불확실성을 해소하는 제도를 도입함에 따라 2017년부터 한국의 재생에너지 사업은 변곡점을 맞이하게 된다.

RE030.

금융과의 만남

SMP+REC 고정가 계약이 도입되면서부터 재생에너지 발전사업은 더 이상 Market Risk가 없는 사업이 되었다. 대부분의 비용도 투자 시점에 결정이 되는 한편, SMP+REC 고정가 계약만 투자 시점 전까지 체결되면 사실상 판매 가격도 모두 결정되는 사업이 되니, 매년 얼마나 돈을 벌 수 있을지 비교적 정확하게 예측할 수 있다.

재생에너지 발전사업의 수익성은 그렇게 높은 편은 아니다. 정부가 재생에너지 발전사업을 인프라 사업으로 간주하고 과도한 이익이 발생하지 않도록 REC 가중치 등을 통해서 조절하고 있기 때문이다. 대략적으로 내부수익률(IRR) 기준으로 약 7~9% 수준에서 형성되는 것이 일반적이다. 하지만 SMP+REC 고정가 계약이 된다면 장기간, 그리고 매우 안정적으로 수익을 확보할 수 있다는 점에서 장기 채권보다 투자 가치가 높을 수 있다.

이로 인해 2017년 SMP+REC 고정가 계약이 도입되면서부터 금융권의 재생에너지 투자가 굉장히 활발해졌다. 특히 장기간의 투자가 필요한 손해보험사 등이 재생에너지 발전사업자에게 굉장히 활발하게 대출을 제공해 주었다. 대출의 형태도 다양하여 개별 사업을 대상으로 하는 프로젝트 파이낸싱(Project Financing)뿐만 아니라 우선 자금을 모집해 놓고 투자 가이드라인에 맞는 재생에너지 발전소를 대상으로 그때마다 대출을 진행해 주는 블라인드 펀드(Blind Fund)도 만들어졌다. 그 외에 일반 시중은행이나 새마을금고, 신협 등에서 시설물담보대출이라 하여 재생에너지 발전소에 대한 즉각적인 대출 상품도 출시되었다.

재생에너지 발전소에 대한 이러한 금융권의 투자는 재생에너지 발전사업의 보급 확대에 큰 역할을 하였다. 재생에너지 발전사업자 입장에서 보면, 태양광 1MW 설치에 20억 원이 소요된다고 했을 때 자신의 돈이 40억밖에 없다면 2MW까지만 설치하는 것이 한계일 것이다. 하지만 금융권으로부터 80%의 대출을 받는다고 한다면 40억으로도 200억 자산(40억 자기자본+160억 원 대출)까지 설치할 수 있으므로 10MW의 재생에너지 발전사업을 할 수 있다. 그리고 이 과정에서 대규모 기자재 구입 등을 통해 재생에너지 발전소에 대한 LCOE도 낮출 수 있다는 장점도 있다. 결과적으로 재생에너지 발전사업이 Market Risk가 없는 사업이 되면서부터, 금융권의 적극적인 투자와 재생에너지 발전사업자의 필요가 맞아 떨어져 재생에너지 보급이 크게 늘어나게 되었다.

이제는 재생에너지 발전사업을 하는 데 있어서 금융조달은 대부분 필수적으로 고려하고 있으며 금융조달을 받기 위해 금융권이 요구하는 사항을 재생에너지 발전사업자들이 충족시키기 위해 노력하고 있는 상황에 이르렀다. 따라서 지금 재생에너지 발전사업자들이 요구하는 많은 조건들은 금융권으로부터 대출을 받기 위해 필요한 조건들이 많으며, 가격이 약간 높다 하여도 금융권의 요구조건을 충족하지 못하는 계약은 잘 하지 않는 것이 발전사업자들의 특징 중 하나이다.

결과적으로 금융권이 재생에너지 발전사업자에게 어떤 요구를 하고 있느냐를 이해하는 것이 재생에너지 발전사업자와 원활한 협의를 해나가는 데 핵심인 셈이다.

금융권의 요구사항

 그렇다면 금융권이 발전사업자에게 요구하는 사항은 무엇일까?

 금융권이 재생에너지 발전소에 투자하는 가장 큰 이유는 SMP+REC 고정가 계약을 바탕으로 장기간(일반적으로 20년) 동안 일정 수준의 매출과 비용을 비교적 정확하게 예측할 수 있기 때문이라고 설명했다. 비용의 경우, 초기 투자 시점에 대부분 확정되므로 사실상 변동이 없는 편이고, 매출은 P×Q인데 P는 SMP+REC 고정가 계약에 따라 상수(Constant Number)이므로 Q만 변할 가능성이 있다.

 그렇다면 재생에너지 발전사업자에게 Q란 무엇일까? 자신이 생산한 전력과 REC 개수일 것이다. 근데 여기서 전력과 REC 개수라고 하는 것은 발전사업자가 실제 생산한 전력량이면서 발전사업자가 실제 '판매한 양'이 될 것이다. 즉, 내가 생산을 하기는 했는데 구매하는 주체가 SMP+REC 고정가로 사 갈 수 없는 상황이라면 아무 의미가 없다.

 SMP+REC 고정가 계약에서 실제 생산한 물리적 전기를 전력 도매시장에서 SMP로 판매할 때, 그 전기를 SMP로 구매하는 주체는 한국전력이다. 한국전력이라는 회사가 망해서 전기를 구매하지 못하지 않는 이상 전기를 판매하지 못할 가능성은 0에 가깝다(업계에서는 농담처럼,

삼성전자와 SK텔레콤은 망할 수 있어도 한국전력이 망하는 것은 상상하기 어렵다고 한다).

그렇다면 REC는 어떨까? 앞서 설명했듯이, REC는 RPS 의무이행 사들이 구매를 해간다. RPS 의무이행사들은 한국전력이 100% 지분을 가지고 있는 발전공기업들과 정부가 50% 이상의 지분을 소유한 한국 지역난방공사, 한국수자원공사가 있는 한편, 민간 기업이 지분을 소유 한 민간 발전사(IPP)들도 있다. 정부가 지분을 소유한 공사(公社)가 재 정난으로 REC를 구매하지 못할 가능성을 논하는 것은 어렵다.

그러나 민간 발전사는 다르다. 이들은 기업의 상황에 의해 재정난 에 빠지면 REC 구매 대금을 지불하지 못할 가능성도 있으며, 이 경우 발전사업자는 열심히 재생에너지 발전소를 운영하여 REC를 발급받 더라도 SMP+REC 고정가 형태로 REC를 판매하지 못할 수 있다. 결 국 발전사업자는 SMP+REC 고정가 계약이 없었던 시절처럼, REC를 현물시장에 팔아야 하므로 Market Risk에 노출되는 결과를 가져오게 된다.

금융권 입장에서는 Market Risk가 없어졌기 때문에 대출을 해주 었던 것인데, 장기간 운영을 하다 보면 기업의 파산으로 인해 재생에 너지 발전소도 Market Risk가 생길 가능성을 아예 배제하기는 힘든 꼴이다. 그러다 보니, 금융권에서는 SMP+REC 고정가 계약 형태로 REC를 구매해 가는 기업이 계약 기간 20년 동안 존속(Survival)할 수 있을지를 따지는데, 이를 따지는 데 활용하는 지표가 바로 기업의 신 용등급이다.

현재 대부분의 금융권들은 SMP+REC 고정가 계약을 맺을 때, 구 매해 주는 RPS 의무이행사들의 신용등급 수준을 AA- 이상으로 요구한다. 이때 신용등급은 국내 3대 신용등급사(한국기업평가, NICE신용평가, 한국신용평가)가 해당 기업에 대해 평가한 등급을 주로 사용하는데, 회사채 발행 이력이 있다면 회사채를 가장 우선적으로 고려하게 된다.

그렇다면 AA-보다 낮은 신용등급을 가진 기업들에 대해서는 어떻게 하는가? RPS 제도하에서는 AA-보다 신용등급이 낮은 RPS 의무이행사가 SMP+REC 고정가 계약을 통해 구매할지라도 판매 대상 발전소에 대출을 해주는 경우가 존재한다. 다만 일반적이지는 않으며 별도의 해당 기업을 타깃으로 금융대출 상품을 만들거나 하는 작업들이 필요하며, 돈을 빌려주는 금융기관들도 선호하지 않고 대출 조건(ex 금리)도 일반적인 상품 대비 좋지는 않다.

결국 다시 정리하자면, 재생에너지 발전사업자들은 규모의 경제를 이루고 대규모 발전사업을 하기 위해서 재생에너지 발전소 설치 시에 대출을 받고자 한다. 이때 대출을 해주는 금융권들은 ① 발전사업자의 매출이 안정적일 수 있도록 가격이 고정되도록 요구하며(SMP+REC 고정가 계약을 요구), ② 계약 기간 동안 존속하면서 해당 계약을 이행할 수 있는 주체(신용등급 AA- 이상)에게 팔 것을 요구하는 것이다. 이 2가지 조건은 RPS뿐만 아니라 재생에너지 발전사업자들이 RE100으로 판매할 때에도 동일하게 적용이 되므로 이해하고 있어야 하는 필수적 요건이다.

RE032.
알아야 할 RPS 제도
① 태양광/풍력 고정가격 입찰

재생에너지 발전사업자는 금융권으로부터 대출을 받기 위해 SMP+REC 고정가격 계약을 맺어야 한다. SMP+REC 고정가격이 높을수록 재생에너지 발전사업자의 수익은 많아지는 것이기 때문에, 재생에너지 발전사업자들은 SMP+REC 고정가격을 보다 높은 가격에 체결하기 위해 분주히 움직인다.

RPS 제도하에서 SMP+REC 고정가격은 2가지 방식으로 체결할 수 있다. 첫 번째는 한국에너지공단에서 주관하는 태양광·풍력 고정가격 입찰이고, 두 번째는 RPS 의무이행사들에서 자체적으로 진행하는 입찰 또는 수의계약이다. RPS 의무이행사들이 진행하는 입찰과 수의는 회사별로, 시기별로 절차와 물량, 가격 등이 모두 상이하기도 하고, 외부에 비공개로 진행하는 경우도 있기 때문에 본 책에서는 다루지 않을 계획이다.

한국에너지공단에서는 재생에너지 발전사업자들이 원활하게 SMP+REC 고정가 계약을 체결할 수 있도록 매년 태양광과 풍력을 대상으로 SMP+REC 고정가격에 대한 공개 입찰을 진행한다. 태양광과 풍력이 별개로 구분되어 있는 까닭은 통합하여 진행하면 태양광만 낙찰되기 때문이다. 앞서 REC 가중치 때에도 설명했던 것처럼, 태양광 발전소와 풍력 발전소의 LCOE가 다르고(태양광이 더 낮다), 이에 따라 풍력에 부여되는 REC 가중치는 1보다 크다고 언급했다. 한국에너지공단의 고정가격 입찰은 체결할 물량을 정해놓고 가격요소와 비가격요소(패널 종류 등)를 점수화하여 점수가 높은 발전소부터 계약을 체결하여 모집물량까지 다 체결하면 그 이하 점수는 모두 낙찰되지 않는 형태로 진행이 된다. 따라서 태양광 풍력을 동시에 입찰하면 가격적인 측면에서 더 낮게 입찰할 태양광이 모든 물량을 가져가게 되므로 별개로 진행하는 것이다(본래 태양광만 입찰을 받았으나, 2022년부터 풍력도 시행하였다).

태양광은 매년 2회씩 진행하는데 상반기 1회, 하반기 1회로 진행하여 6개월마다 이루어진다. 풍력은 연 1회 시행하며 육상풍력과 해상풍력 함께 진행되고, 매년 9~10월 중에 진행하는 것으로 계획된다. 한편, 한국에너지공단의 고정가격 입찰의 매수자로 참여하는 사업자들은 RPS 의무이행사 중에서도 발전공기업 6개사이다. 이렇게 발전공기업 6개사만 진행하게 된 것도 사연이 있다. 최초 태양광 고정가격 입찰제가 시행됐을 때만 해도, 민간 발전사업자들도 본 입찰의 구매자로서 참여할 수 있었다. 그러나 문제는 태양광 발전소가 민간 발전소와 계약을 체결하고 나서였다. 발전공기업의 신용등급은 AA였던 것에 비해, 민간 발전사 중 몇몇은 신용등급이 A+였고 이로 인해 민간 발전사와 계약한 태양광 발전소들이 금융권으로부터 대출을 받기 어려운 상황에 처해진 것이다. 동일한 입찰에 참여했음에도 불구하고, 어떤 재생에너지 발전소는 대출을 원활하게 할 수 있었던 반면, 어떤 재생에너지 발전소는 대출을 받지 못하는 일이 발생하면서 형평성 문제가 대두되었고 결과적으로 현재는 발전공기업만 구매자로 참여하는 것으로 변경됐다.

한편, 고정가격 입찰에는 '상한가' 개념이 존재한다. 상한가라는 것은 재생에너지 발전사업자들이 입찰에 참여할 때 최고로 쓸 수 있는 가격으로, 해당 가격보다 더 비싸게는 입찰/판매가 불가능하다. 따라서 재생에너지 발전사업자들에게 상한가가 매력적인 가격이 아니거나, LCOE가 상한가보다 높다면 입찰을 포기하고 RPS 의무이행사들과 별도 협의를 통해 수의계약을 진행하거나 아니면 RE100 시장으로 눈을 돌리기도 한다.

한국에너지공단의 고정가격 입찰은 RPS 제도하에서 이루어지는 계약이므로, 엄밀히 이야기하면 RE100 기업과 연관이 있지는 않다. 그러나, 업계에서는 한국에너지공단의 태양광 및 풍력 고정가격 입찰 결과를 매우 유심히 보는데, 그 이유는 입찰 결과가 재생에너지 시장 상황을 아주 잘 나타내 주는 지표로 간주되기 때문이다. 예를 들어 고정가격 입찰의 낙찰 평균가에 대해서, 재생에너지 업계는 해당 가격을 시장가(Market Price)로 생각하고 해당 시장 가격보다 얼마나 더 받을 수 있을지, 그리고 받을 수 있는 가격이 낮다면 계약 조건이 더 좋은 것일지 등을 따진다. 또한 한국에너지공단 고정가격 입찰에 대해 경쟁률, 입찰률과 낙찰률 등을 보면서 현재 시장이 공급자 우위인지 수요자 우위인지를 판단하기도 한다.

가장 최근에 진행한 2023년 하반기 태양광 고정가격 입찰 결과를 보면, 전체 모집물량 1GW 중에서 약 60MW만 모집이 되었다. 그만큼 태양광 발전소에 대한 공급이 부족하다는 것을 나타내기도 하고, 시장에서 보기에 한국에너지공단이 제시한 '상한가'가 매력적인 가격이 아니라는 것을 보여주는 것으로 해석할 수도 있다. 또한 재생에너지 발전사업자 입장에서 RPS를 통한 장기계약보다 현물시장(현물 SMP와 현물 REC로 판매) 또는 RE100 시장이 더 매력적이라 생각했을 수도 있다.

만일 2023년 하반기 태양광 고정가격 입찰에서 경쟁률이 높고, 낙찰 평균가도 낮은 편이었다면 RE100 기업 입장에서는 현재 시장에 공급물량이 많다고 판단하여 재생에너지 발전사업자들과 보다 우위에서 협상을 시작할 수 있을 것이다.

따라서 태양광과 풍력에 대한 고정가격 입찰 공고와 결과를 계속적으로 모니터링하면서, 재생에너지 구매 방안에 대한 방향성을 잡아야 한다.

알아야 할 RPS 제도
② SMP가 고정가보다 높을 경우

SMP+REC 고정가격 계약을 보면, SMP와 REC 판매한 대금이 MWh(or kWh)당 동일하게 된다. 그리고 SMP에 따라 REC 가격이 달라진다고 언급했다. 그렇다면 만일, SMP 가격이 계약한 SMP+REC 고정가격 계약보다 높을 경우에는 어떻게 되는 걸까? 예를 들어, SMP+REC 고정가격이 150원/kWh인데, SMP가 160원/kWh가 됐을 때이다.

이럴 때, 기존 RPS 제도하에서는 REC 가격은 0원이 되고, SMP 160원/kWh에 대한 이익은 모두 발전사업자가 수취하였다. 즉 재생에너지 발전사업자 입장에서 SMP+REC 고정가격 계약은 SMP가 상승하면 상승할수록 자신의 이익은 커지는 한편, SMP가 하락했을 때는 무조건 고정가격은 수취할 수 있는 계약인 것이다. 업계에서는 재생에너지 발전사업자의 Upside Potential(추가적인 이익을 확보할 수 있는 확률)은 존재하는 반면, Downside Risk(내가 손해를 볼 위험)는 없는 계약이라고 말한다.

현실적으로 보면, SMP가 하락하면 하락할수록 RPS 의무이행사들은 REC를 더 비싼 가격에 구매해야 하므로, SMP가 상승했을 때 추가적인 수익을 확보할 수 있어야 하는 주체는 RPS 의무이행사들이 되어야 한다. 즉, SMP가 하락하는 것에 대한 위험을 안고 있는 주체가 RPS 의무이행사이므로, SMP가 상승했을 때에 대한 이익도 RPS 의무이행사가 가져가야 하는 것이 합리적이기는 하다.

그럼에도 불구하고 이와 같은 형태로 제도가 만들어지지 않은 것은, 다른 말로 하면 RPS 의무이행사들이 현재와 같은 불합리한 제도에 대해 불만을 제기하지 않는 이유는 RPS 의무이행사들이 구매하는 REC에 대해 정부가 일정 수준 비용을 보전해 주기 때문이다.

정부는 RPS 의무이행사들이 구매하는 REC 가격에 대해 해당 연도의 전체 구매 평균가를 도출하고, RPS 의무이행사들에게 1REC당 평균가격인 정부 정산가를 지급하여 비용을 보전해 주고 있다(실질적으로는 SMP+REC 고정가격과 REC 현물가격 2개에 대해 별개 평균가를 산정하고, 각각 평균가를 적용해 별도의 비용을 지급하는 데 그렇게까지 깊이 아는 것은 불필요하여 기재하지는 않았다). 그러다 보니 RPS 의무이행사들은 SMP가 떨어져서 더 비싼 값에 REC를 구매한다 하더라도, 다른 RPS 의무이행사들 역시 동일한 상황이기 때문에 RPS 의무이행사들에게는 큰 피해가 가지는 않는다. 결과적으로 RPS 의무이행사들이 SMP 하락 시 '위험'을 지는 것이 없기 때문에 SMP가 상승했을 때의 '추가 이익'을 가져오지 않아도 불만이 없었던 것이다.

REC 가격은 한국에너지공단의 공급인증서 관련 규칙(「공급인증서 발급 및 거래시장 운영에 관한 규칙」)에 따라 0원 미만으로 거래될 수는 없다. 때문에 실제 SMP가 SMP+REC 고정가 계약보다 높을 경우, RPS 의무이행사들이 REC를 '-(마이너스)'가 아니라 0원에 구매한다.

한편, 2023년 4월부터 체결하는 RPS SMP+REC 고정가 계약의 경우, SMP가 고정가보다 높다 하더라도 재생에너지 발전사업자들이 SMP 상승 Upside를 가져가지 못하도록 제도가 변경되었다(단, 2023년 상반기 태양광 고정가격에 낙찰된 발전소들은 2023년 4월이 넘어가서 계약을 하더라도 기존 제도대로 적용받는다). 이렇게 제도가 변경된 사유는 정부가 재생에너지 발전사업자들이 과도한 이익을 얻는다고 간주했기 때문이다. 2022년 우러 전쟁으로 인해 에너지 가격이 크게 상승하면서 국내 SMP 가격도 200원/kWh 이상을 기록했는데, 재생에너지 발전사업자는 기존 고정가격보다 훨씬 큰 이익을 수취하는 반면 한국전력은 해당 가격을 주고서 전력을 구매해야 했다. 앞으로 이러한 사태를 발생시키지 않도록 하기 위해 SMP가 SMP+REC 고정가격보다 높다 하더라도 딱 고정가격까지만 정산해 주는 '고정가격 상한제'라는 제도를 도입했다.

그러나 본 제도는 RPS하에서 이루어지는 것이므로, RE100으로 계약하는 발전소에는 적용되지 않는다. 따라서 발전사업자들 중에서 장기적으로 SMP가 상승할 것으로 보는 기업과 개인은 RE100 시장에서 기존 SMP+REC 고정가 계약과 유사한 형태로 계약 체결을 희망하고 있다. 이에 대해서는 추후 자세히 설명하도록 하겠다.

RE034.
재생에너지 발전사업의 추진
① 부지

　지금까지는 재생에너지 발전소가 국내 전력시장에서 어떻게 전기와 REC를 판매하는지, 그리고 어떤 부분들을 중요하게 생각하고 의사결정을 내리는지를 살펴보았다. 이제부터 이어지는 내용들은 재생에너지 발전소를 건설하고 운영할 때까지 어떤 식으로 진행이 되는지 간략히 이야기하고자 한다. 재생에너지 발전소는 하루 이틀 만에 만들어질 수 있는 자산이 아니다. 공장처럼 년 단위의 시간이 소요되는 일이다. 때문에 재생에너지 전기를 지금 당장 구매하고 싶어도 구매하지 못하는 것이 현실이며, 재생에너지 전기 구매에 대한 제안을 받았다 하더라도 어느 단계에 이 사업이 있는지 알고 있어야 공급받는 시점을 예상할 수 있다. 따라서 실제 재생에너지 발전소를 자체적으로 설치하지 않더라도 어떤 과정을 거쳐서 만들어지는지 이해하고 있어야 한다.

　재생에너지 발전사업을 추진할 때, 가장 먼저 하는 것은 바로 부지를 찾는 일이다. 재생에너지 발전소를 설치할 수 있는 땅은 정해져 있다. 그리고 어떤 부지에 어떤 발전소(태양광, 풍력 등)를 설치할 수 있는지는 각 기초지자체의 「계획 조례」에 담겨 있다. 이 「계획 조례」란, 「국토의 계획 및 이용에 관한 법률(이하 국계법)」에 근거하여 기초지자체별로 만드는 것이기 때문에 A 지역과 B 지역의 조례 내용이 다를 수가 있다(참고로 기초지자체란 도 산하의 '시(市)', 광역시 또는 도 산하의 군(郡), 특별시 또는 광역시 산하의 구(區)를 의미한다).

각 기초지자체 조례에는 태양광과 풍력을 설치할 수 있는 부지를 지정해 놓았는데, 여기서 말하는 부지란 '지역'을 의미한다. 「국계법」에 따라, 대한민국의 각 토지는 기초지자제에서 관리계획에 따라 특정 용도지역으로 지정되어 있다. 용도지역이란 해당 토지를 어떻게 이용하겠다는 것으로서, 각 기초지자체는 조례를 통해 자신의 관할 행정구역 내에 각 용도지역별로 어떤 건축물 또는 공작물을 설치할 수 있는지(혹은 어떤 건축물 또는 공장물을 설치할 수 없는지)를 지정해 놓았다. 태양광, 풍력과 같은 발전시설(발전소)도 공작물의 하나로서 지정되어 있기 때문에, 어떤 부지에 태양광 또는 풍력 발전소를 설치할 수 있을지 확인하려면 해당 토지에 대한 관할 기초지자체 조례를 확인해 보아야 한다.

이렇게 토지에 발전시설을 설치할 수 있을지 확인하는 이유는 태양광 또는 풍력 발전소는 건설하기 전에 기초지자체로부터 개발행위허가를 받아야 하기 때문이며, 만일 조례에 따라 태양광 또는 풍력 발전소를 설치할 수 없는 곳이라면 애초에 개발행위허가를 받을 수 없기 때문에 피해야 한다. 개발행위허가에 대해서는 인허가 설명할 때 한 번 더 언급하도록 하겠다.

RE035.
재생에너지 발전사업의 추진
② 계통

　기초지자체 「계획 조례」를 확인한 결과, 어떤 토지에 재생에너지 설치를 할 수 있다고 나와 있다면 그다음 할 일은 한국전력의 송배전망에 대한 계통이 남아 있는지를 확인해야 한다. 한국전력은 송전망과 배전망을 통해 전기를 생산지로부터 사용지까지 전달하고 있다. 그런데 전력계통, 즉 전선은 한 번에 흐를 수 있는 전력량이 정해져 있다. 일반적으로 전압이 높게 표시된 전선일수록 더 많은 양의 전력을 송출할 수 있는데, 22.9kV의 배전망보다 154kV의 송전망이 더 많은 양의 전류를 흘려보내는 것이 가능하다.

　그런데 최근 들어 전력계통이 포화가 되는 경우가 많아지고 있다. 예를 들어 전선이 최대 수용할 수 있는 전기의 양은 100인데, 그 수준만큼 발전소가 계통에 연계되어 있는 것이다. 전선이 수용할 수 있는 양보다 더 많은 전력을 전선에 밀어 넣게 되면 블랙아웃(대규모 정전)이 발생할 우려가 있으므로, 계통을 담당하고 있는 한국전력과 한국전력거래소는 계통이 수용할 수 있는 수준보다 더 많은 발전소를 계통에 연계시키지 않는다.

　따라서, 재생에너지 발전사업을 할 수 있는 토지를 찾았다 하더라도, 인근 전력 인프라(송배전망, 변압기, 변전소)에 추가로 연계할 수 있는 용량이 부족하다면 당장에 재생에너지 발전소를 설치할 수 없다. 이런 경우에는 2가지 방식으로 진행하는데, 계통의 여유가 있는 변압기/변전소까지 송배전망을 설치하는 비용을 직접 지불하거나 아니면 인허가를 모두 받아놓고 한국전력이 계통을 증설해 줄 때까지 대기하는 형태이다. 계통을 직접 설치하는 경우, 비용도 많이 들 뿐만 아니라 송배전망을 설치하는 과정에서 대규모 민원이 발생할 수도 있으므로 대규모 재생에너지 발전설비가 아니면 추진하지 않는다.

참고로, 국내 전력계통이 이렇게 빠르게 포화되고 있는 이유 중 하나가 바로 재생에너지 때문이다. 앞서 이야기했듯이, 태양광 발전소의 국내 평균 이용률은 15%에 불과하다. 그리고 태양광 발전소가 생산하는 전력량도 모두 낮 시간대에 집중되어 있다. 그러다 보니 같은 용량의 석탄/천연가스 발전소 대비 계통을 이용하는 효율성이 떨어지게 된다. 예를 들어 계통에 접속 가능한 용량이 100MW라고 했을 때, 태양광 발전소 100MW를 접속하게 되면 해당 계통을 통해 송전할 수 있는 전력의 양은 연간 $100MW \times 15\% \times 8760 = 131,400MWh$ 정도이다. 반면 이용률 90%의 석탄 발전소 100MW를 접속하게 되면 $100MW \times 90\% \times 8760 = 788,400MWh$의 전력량을 송전할 수 있으므로 태양광 대비 6배나 더 많은 양을 이동시킬 수 있다. 태양광 발전소를 가동할 때 석탄 발전소의 생산량을 줄이고, 태양광 발전소의 발전량이 줄어들 때 다시 석탄 발전소의 발전량을 늘리는 형태로 운영할 수도 있기도 하지만, 일반적으로 석탄 발전소와 원자력 발전소는 발전소 On/Off를 전환하는 데 많은 시간이 필요하기에 유연하게 운영하는 것이 쉽지가 않다.

그렇다고 전력계통을 대규모로 확대하자니 여러 가지 문제가 발생한다. 기본적으로 송배전망을 확대하는 데에는 대규모 투자비가 필요하여 전기요금을 크게 인상시킬 우려가 존재하고, 설치를 계획하고 실행하는 과정에서 너무나 많은 시간이 소요되어 즉각적인 대응을 할 수 없다는 문제도 있다. 또한 환경적 영향(전자파 등), 송전탑의 경관 훼손 등으로 인해 지역 주민들의 반대가 크다는 것도 송배전망의 대규모 확대를 어렵게 하는 요인이다.

때문에 ESS(Energy Storage System)나 수소와 같이 전력을 저장하고 운반할 수 있는 수단들에 대한 관심도가 높아지고 있는 중이다.

RE036.
재생에너지 발전사업의 추진
③ 인허가

재생에너지 발전소를 설치하기 위해 부지를 선정하였다면 그다음 해야 할 일은 재생에너지 발전사업을 위한 인허가를 받는 것이다. 재생에너지 발전사업을 위한 큰 틀에서는 2가지가 있다. 첫 번째는 발전사업허가이고, 두 번째는 개발행위허가이다.

- **발전사업허가(전기사업허가)**

  엄밀한 법적 용어는 전기사업허가이기는 하지만, 시장에서는 일반적으로 발전사업허가라고 부르는 인허가다. 발전사업허가는 모든 발전사업을 하기 위한 첫 단계로서, 사업자가 해당 토지에 발전사업, 즉 전기를 생산하여 판매사업자 등에게 전력을 공급하는 사업을 하기 위해 받는 인허가이다.

  발전사업허가는 설치하는 설비용량에 따라 허가를 받는 절차가 달라진다. 설비용량 3MW를 기준으로, 3MW 초과하는 발전사업을 하려는 사업자는 산업통상자원부(산업부)의 승인을 받아야 하며, 산업부는 해당 승인을 전기위원회라는 별도의 독립된 기관을 통해 처리하고 있다. 한편, 설비용량 3MW 이하는 해당 토지가 위치한 기초지자체로부터 허가를 받도록 되어 있다(『전기사업법 시행규칙』).

풍력의 경우, 한 번 설치할 때 10MW 이상씩 하는 것이 일반적이므로 대부분 전기위원회에 발전사업허가를 신청하게 된다. 반면 태양광의 경우, 소규모 (3MW 이하) 발전소들이 많기 때문에 기초지자체에 발전사업허가를 신청하는 경우가 대부분이다.

어느 곳에 신청하느냐가 인허가 측면에서 유리하다고 할 수는 없다. 3MW 초과 발전소에 대한 발전사업허가 권한이 전기위원회에 있다고 하더라도, 전기위원회에서는 기초지자체의 의견과 지역 주민 동의 등을 요구하기 때문에 기초지자체와의 협의가 필수적이다.

발전사업허가를 신청할 때, 기본적인 발전소에 대한 설계 도면 등이 필요하다. 이에 따라 발전사업허가를 받게 되면 발전사업을 할 수 있는 기간, 잠재적으로 설치할 수 있는 설비용량 등이 기재되며 일반적으로 발전사업허가증을 발급받은 이후부터 발전사업자들은 장기계약을 체결할 수 있는 조건이 된다고 본다(RPS 제도하에서는 발전사업허가증이 있어야만 계약을 체결하여 한국전력거래소 시스템에 업로드할 수 있다). 그래서 빠르게 계약 체결을 원하는 발전사업자들의 경우, 발전사업허가증이 나오자 마자 체결하기도 하는데, 보통은 공급지연에 대한 페널티 등이 있기 때문에 어느 정도 인허가가 진척되는 경과를 보고서 장기계약을 체결하는 편이다.

한편 계통이 부족한 경우, 기초지자체에서 한국전력에 의견을 구하고, 그 의견을 반영한 발전사업허가증이 나오기도 한다. 예를 들어, A라는 부지에 전력계통이 부족한 상황이고 2028년에 계통보강이 예정되어 있다면, 기초지자체가 한국전력으로부터 본 의견을 받아 사업자에게 2028년부터 발전사업을 할 수 있도록 하는 조건부 발전사업허가증을 발급할 수도 있다.

• 개발행위허가

개발행위허가는 재생에너지 발전사업의 꽃이다. 왜냐하면 일반적인 경우, 개발행위허가 과정에서 환경영향평가 등 까다로운 절차들을 진행해야 하여 가장 오래 걸리기 때문이다.

우선 발전사업허가를 받았음에도 개발행위허가라는 인허가를 또 받는 것에 대해 많은 기업들이 궁금해하는데, 그 이유는 두 인허가가 다루는 사안이 다르기 때문이다. 발전사업허가는 토지에 전기를 판매하는 사업을 할 수 있도록 정부와 지자체의 허락을 받는 절차라면, 개발행위허가는 해당 토지에 발전소를 설치할 때 문제가 없는 것인지를 지자체가 검토하고 승인을 해주는 절차라는 점에서 차이가 있다. 즉 발전사업허가는 전기를 판매하는 데 필요한 인허가라면, 개발행위허가는 발전소를 설치하는 데 필요한 인허가이다.

개발행위허가는 기본적으로 '토지'를 중점적으로 본다. 즉 해당 토지에 특정 건축물 또는 공작물을 세우는 데 있어서 토지의 형태를 변경하는 데 문제가 없도록 하는지 확인한다. 때문에 토지를 변경하고 이용하는 과정에서 주변 환경에 어떤 악영향을 주는 것이 없는지를 확인하는 '환경영향평가' 역시 개발행위허가를 받기 위해 진행해야 하는 절차이다.

따라서 애초에 개발행위허가를 받을 수 없는 부지라면 재생에너지 발전소 설치를 검토하는 최초 단계에서 제외시켜야 하는 것이며, 그래서 부지를 선정할 때 기초지자체 「계획 조례」를 봐야 하는 것이다. 기초지자체 「계획 조례」에는 어떤 부지에 재생에너지 발전소를 설치할 수 있는지 그 조건이 적혀 있다. 예를 들어, 태양광과 풍력 발전소에 대한 개발행위허가에는 '이격거리'를 따진다. 이격거리란 설치할 발전소가 주요 도로, 주거지로부터 일정 거리 이상 떨어져 있어야 한다는 조항으로, 해당 이격거리 안에 부지가 위치하면 해당 부지에는 재생에너지 발전소 설치가 불가능하며 만약 토지 중 일부가 이격거리에 포함된다면 해당 부분은 제외하고 발전소를 설치해야 한다.

뿐만 아니라 개발행위허가를 받기 위해 지켜야 할 사항들도 기재되어 있다. 예를 들어 '경관' 조항이라고 하여, 발전소 주위에 나무를 식재해야 한다든가, 발전소와 타 토지 간의 구분을 위하여 펜스 등을 설치할 수 있도록 요구를 한다든가 하는 조항들도 있다.

물론 이 조항들은 모두 기초지자체별로 다르기 때문에, 획일화하여 언급할 수는 없으며 재생에너지 발전소 설치 부지에 맞게 그때그때 확인을 해야만 한다.

이처럼 개발행위허가 과정에서 여러 가지 사유로 인해 발전소를 설치할 수 있는 부지가 줄어들기도(간혹 늘어나기도 한다) 하는데, 만일 발전사업허가를 받았을 때보다 설치할 수 있는 설비용량이 10% 이상 변경이 된다면 다시 발전사업허가를 받아야만 한다. 따라서 발전사업허가를 받았을 때의 설비용량이 최종적으로 설치할 수 있는 용량이 아니며, 개발행위허가까지 확정이 되어야 최종 설치할 수 있는 설비용량이 확정되게 된다.

일반적으로 개발행위허가가 완료되고, 한국전력과 계통 접속에 대한 확약까지 받게 되면 재생에너지 발전사업을 추진할 모든 제반 여건이 끝났다고 평가한다. 이 이후는 이제 금융조달이며, 혹여 장기계약이 되지 않았다면 장기계약을 체결한다(장기계약 없이도 사업 진행은 가능하다).

RE037.
재생에너지 발전사업의 추진 ④ 장기계약과 금융조달

RPS 제도 기준으로 보면, 재생에너지 발전소는 발전사업허가를 확보한 이후부터 장기계약을 체결할 수 있다. RE100의 경우, 민간 간의 계약이기 때문에 발전사업허가 이전에도 계약을 체결할 수는 있지만 대부분은 발전사업허가가 나오기 전에는 계약을 체결하지 않는다.

일반적으로 재생에너지 발전소 장기계약에는 공급지연 페널티, 영어로는 Delay Damage 혹은 Delay Penalty라는 부분이 있다. 이는 재생에너지 발전사업자가 어느 시점까지 공급을 개시하지 못하면 구매자에게 일정 수준의 손해배상금을 지급하도록 하는 항목으로, 재생에너지를 제때 구매해야 하는 구매자가 제때 공급받지 못했을 때를 대비하여 설정하는 계약 주요 항목이다.

이렇게 공급지연 페널티가 있다 보니, 재생에너지 발전사업자 입장에서는 개발행위허가를 받는 과정에서 얼마나 걸릴지 모르는 불확실성을 갖고 계약을 체결하기 부담스러워 한다. 따라서 발전사업허가 받기 전 또는 발전사업허가를 받은 직후에 계약을 체결하기보다는, 발전사업허가를 받고 나서 개발행위허가 절차를 진행하다가 어느 정도 개발행위허가 확보에 대한 확신이 들었을 때 장기계약을 체결하는 편이다(아니면 개발행위허가까지 모두 완료되고 계약을 체결하기도 한다).

장기계약 체결을 준비하면서 함께 병행하는 것이 바로 금융조달이다. 금융권에서는 발전사업허가, 개발행위허가 및 한국전력의 계통 연계까지 모두 확보된 발전사업에 대해서만 대출을 해주는 편이다(일부, 지분을 투자한다든가 아니면 인허가 기간 동안의 단기 대출을 한다든가 하는 형태도 있기는 하다). 개발행위허가 막바지부터 장기계약을 준비하면서, 동시에 금융조달을 할 수 있는 금융기관을 찾아다니는 것이 일반적이다. 규모가 작은 소규모 발전소의 경우는 2가지 형태로 많이 대출을 받는데 하나는 일반 시중은행(제2금융권 중심)으로부터 시설물담보대출을 받는 것이고, 다른 하나는 증권사 등에서 만든 블라인드 펀드(Blind Fund)를 사용하는 것이다.

시설물담보대출은 재생에너지 발전소가 건설할 때 들어가는 건설자금을 대출해 주는 것으로, 토지와 시설물에 대한 담보를 잡고 빌려주는 것이기 때문에 발전소 부지가 발전사업자의 부지여야만 가능하다(즉, 임대부지는 불가한 금융조달 형태이다. 아니면 임대부지에 대한 근저당권이 설정될 수 있어야 한다). 시설물담보대출은 은행의 각 지점마다 대출 규모와 금리가 상이하기 때문에 발전사업자들이 직접 찾아다니거나 많이 거래한 은행 지점을 주로 활용하는 편이다. 특히나 장기계약이 없어도 대출을 받을 수 있는 경우들이 있어서 SMP와 REC 현물시장 가격이 좋은 경우에는 시설물담보대출을 많이 활용한다. 특히 소규모(100kW 이하) 개인사업자들이 시설물담보대출의 주 고객이다.

블라인드 펀드는 쉽게 말에 주머니 통이다. 블라인드 펀드는 일반적인 시설물담보대출이나 대규모 금융조달과 다르게 대출을 할 프로젝트가 없는 상태로 우선 대출을 할 자금을 모집한다. 대신에 펀드를 만들고 운영하는 영사(GP)와 펀드에 투자하는 투자사(LP) 간에 해당 편드가 어떤 가이드라인을 가지고, 어떤 사업에 투자할지를 미리 정해놓은 다음에 그러한 기준에 맞는 프로젝트가 금융조달을 요청하면 모집된 자금을 활용해 대출을 해주는 형태이다.

블라인드 펀드는 일반적으로 발전소의 현금흐름을 기반으로 대출을 해주기 때문에 임대부지에 지어지는 발전소에도 대출이 가능하며, 이 때문에 임대부지에 소규모로 사업을 하는 발전사업자들은 블라인드 펀드를 찾는 편이다. 대신에 대출 금융기관이 발전소에 대한 현금흐름을 매우 엄격하게 관리하며, 일정 수준 이상의 현금흐름이 발생하지 않을 것 같으면 대출을 해주지 않거나 장기계약 가격을 높여오라는 형태로 요구하고는 한다.

따라서 블라인드 펀드를 사용하려는 사업자는 블라인드 펀드의 조건을 우선 확인하고, 그다음 장기계약에 대해 협의를 진행하는 형태로 발전사업을 추진한다. 또한 이 과정에서 발전소의 건설과 사후 유지보수를 누가 할 것인지에 대해서도 블라인드 펀드는 까다롭게 본다. 소규모나 신용도가 부족한 건설사 또는 유지보수 회사가 EPC(공사), O&M을 하게 된다면 거절되는 경우가 많다. 그래서 블라인드 펀드를 통과한 발전사업은 금융권에서 인정한 발전사업이라고 평가되고 발전사업 전반(인허가, 건설, 사후 운영 등 전 Life Cycle)에 대해 안정성과 신뢰도가 높다고 간주되는 편이다.

소규모가 아닌 대규모 사업 같은 경우는 금융조달을 위한 주선사/자문사를 선정하고, 해당 주선사/자문사가 투자사들을 모집하면서 여러 가지 협의를 진행해 나가는 편이다. 쉽게 이야기하면, 블라인드 펀드가 가이드라인을 만들고 기준에 맞는 발전사업을 모집하는 것이라면, 이 대규모 금융조달은 정해진 발전사업을 하나 두고 발전사업자, 금융권 간 협의를 진행하며 금융조달을 시행하는 형태이다. 태양광 발전사업은 10~20MW 이상일 때 이와 같은 대규모 금융조달은 시행하고, 풍력은 애초에 규모가 커서 모두 대규모 금융조달 형태로 사업을 진행한다.

블라인드 펀드와 대규모 금융조달은 모두 장기계약을 전제 조건으로 한다. 그리고 장기계약의 가격에 따라 금융조달 가능 금액이 달라지며, 장기계약의 계약서가 어떻게 쓰여 있느냐에 따라 금융조달 가능 여부가 판단되기도 한다. 그래서 장기계약에 대한 계약서 초안에 대해 대주단(금융조달을 해주는 금융사들)에서 요구하며 대주단이 보았을 때 위험도가 있는 조항이 들어가 있다든가, 혹은 그러한 조항이 빠져 있다든가 하면 계약서 초안에 대한 수정과 변경을 요청한다.

발전사업자 입장에서는 금융조달을 받지 않으면 사실상 사업을 통해 높은 수익률로 추진하기 어려우므로, 대주단이 요구한 조항들에 대해서는 계약서에 반영하기 위해 노력한다. 이때 장기계약의 구매자가 이를 거절하게 되면 계약서 협의가 어려워지게 되므로, 대주단이 요구하는 항목이라고 한다면 수용 불가를 언급하기 전에 심도 있게 고민해야 한다.

참고로 대주단이 요구하는 사항은 결국 '면책 상황을 제외하고, 어떤 상황이 생겨도 발전소의 매출 혹은 자신의 원금을 보장해 달라'는 것이다. 계약서상에서 이를 물 샐 틈 없이 막는 것이 대주단이 계약서를 보는 관점이므로 실제로 재생에너지 구매자 입장에서는 '발전소에 대해 매출을 보장해 주겠다 혹은 발전소에 대해 발전량에 대해 전량 구매해 주겠다'는 생각을 가지고 있다면 대주단 요청을 수용하기는 어렵지 않다. 물론, 이러한 관점을 갖지 못한다면 재생에너지 장기구매는 불가능하다는 것과 마찬가지이다.

장기계약과 금융조달까지 마쳤다면 이제는 착공이고, 착공 이후는 상업운전이다.

RE038.
재생에너지 발전사업의 추진
⑤ 상업운전

상업운전이라고 하면 발전소가 실제 가동되는 것을 말한다. 발전소가 상업운전을 시작하는 날짜를 상업운전일, 영어로는 COD (Commercial Operation Date)라고 부른다. 상업운전일은 발전소 가동을 하는 첫 날짜이다 보니 발전소가 재생에너지를 공급하는 시점의 하나로서 상업운전일을 많이 사용하고는 한다. 한국에서는 RPS 제도에 대한 영향으로 상업운전일에 대한 개념이 따라 2가지로 구분될 수 있으며, 두 시점에는 분명한 차이가 있으므로 개념상의 차이를 알고 있어야 한다.

• 전기 판매로서의 상업운전일(계량기 봉인일)

상업운전일의 가장 기본적인 개념은 전기를 실제 전력 도매시장 혹은 한국전력에 판매하는 시점을 지칭 일자이다. 재생에너지 발전소에 대한 설치를 완료하게 되면, 해당 발전소에서 생산된 전기가 계통으로 잘 들어가는지, 생산하는 데 문제는 없는지 등을 확인해야 한다. 한국전기안전공사에서 나와 검사를 하게 되는데, 이를 '사용전검사'라고 한다. 사용전검사를 완료하면 한국전력 또는 한국전력거래소의 계량기 봉인을 하게 되는데 이 계량기 봉인을 하기 전까지 발전소는 계통에 전력을 공급/판매할 수 없으며 계량기 봉인이 완료되는 시점부터 실제 전기를 판매하게 된다.

계량기 봉인일은 발전소가 전기를 판매할 수 있는 시점을 지칭하는 것이기에 계량기 봉인일을 상업운전일로 사용하는 경우가 종종 있다. 특히나 이는 재생에너지 구매 수단 중에서도 '직접 PPA'에서 많이 지칭한다(재생에너지 구매 수단에 대해서는 추후 언급할 예정이다).

• REC 발급 기준일로서의 상업운전일(RPS 설비확인일)

RPS 제도는 RPS 의무이행사들이 발전소로부터 REC를 구매하여 정부에 제출하는 것이라고 하였다. 즉 RPS는 전기가 아니라 REC를 구매하는 것이므로, RPS 제도하에서 장기계약의 중요한 공급 시점은 바로 REC 발급이 언제부터 되느냐이다.

재생에너지 발전소가 REC를 발급받기 위해서는 한국에너지공단으로부터 'RPS 설비확인'을 받아야 한다. RPS 설비확인이란 재생에너지 발전소가 REC를 발급받을 수 있는 설비가 맞는지 확인하는 것이며, RPS 설비확인을 받을 때 해당 발전소에 대한 최종적인 REC 가중치도 정해지게 된다(이때 정해진 가중치로 계속적으로 REC를 발급받는 형태이다). RPS 설비확인은 사용전검사를 완료한 이후 1개월 이내에 신청하여야 하며 보통 신청 후 3개월 이내에 모두 완료되는 편이다. 한국에너지공단에서는 RPS 설비확인을 완료하게 되면 그때부터 REC가 발급되는데 계량기 봉인~RPS 설비확인 완료 때까지 생산 및 판매한 전력에 대해서도 REC를 소급하여 한꺼번에 발전소에게 발급해 준다. 결국 대부분의 경우는 계량기가 봉인된 일자부터 생산된 전력에 대해 REC가 발급되는 셈이다.

RPS 제도하에서는 RPS 의무이행사들이 장기계약을 맺을 때 계약 시점으로부터 일정 기간 이내에 이 RPS 설비확인을 완료해야만 하도록 발전사업자에게 의무를 부여하는 것이 일반적이다. REC가 소급됨에도 불구하고 공급 시점을 계량기 봉인일이 아니라 RPS 설비확인일으로 하는 이유 역시, RPS 의무이행사들이 REC를 공급받는 시점이 RPS 설비확인일 이후이기 때문이다.

그래서 많은 발전사업자들이 상업운전일이라고 하면 RPS 설비확인일이라고 생각하는 경우가 많다. 재생에너지 구매 수단 중에서 제3자 PPA와 REC 구매 같은 경우는 RPS 설비확인이 된 발전소만 거래에 참여가 가능하기 때문에 실제로 상업운전일 시점, 즉 재생에너지 공급 시점을 RPS 설비확인일로 간주하고 협의에 임해야 한다.

CHAPTER 3

전기요금에 대한 이해

RE039.
전기요금의 구성

　우리는 가정과 회사에서 매월 전기를 구매하고 있음에도 전기요금이 어떻게 산출되는지 잘 알지 못한다. 그냥 한국전력이 청구하는 고지서를 보고 그 값에 맞게 납부할 뿐 요금이 이번 달에는 왜 높게 나왔는지, 혹은 왜 적게 나왔는지 분석하려고 하지 않는다. 어차피 한국전력 외에는 전기를 구매할 방법이 없어서 분석할 필요가 없기 때문이다. 청구하는 대로 납부하다 보니 전기를 사용하는 것에 대해, '세금'이라고 인식하는 경우도 많다. 전기요금이 아니라 '전기세'라고 잘못 부르기도 하는 정도이니 말이다.

　RE100을 이행하기 위해서는 전기요금에 대한 이해도가 그 바탕에 있어야 한다. RE100이 재생에너지 인증서를 구매하고 제출함으로써 이행하는 것은 맞다. 하지만 PPA처럼 실제 한국전력으로부터 구매하는 전기 자체를 재생에너지로 대체하는 경우도 있다. 이 경우에는 한국전력에 납부하고 있는 전기요금을 정확히 알아야 경제성 검토와 구매 의사결정이 가능하다. 재생에너지 가격이 160원/kWh라고 한다면 이 가격이 기업 비용에 얼마나 영향을 줄 것인지는 알아야 제대로 된 재생에너지 구매를 할 수 있다.

계속해서 설명해 왔지만, 국내 전력 소매시장은 한국전력의 독점하에 운영되고 있다. 따라서 현재 구매하고 있는 전기요금을 분석한다는 것은 한국전력에 납부하는 요금, 즉 한국전력이 전기요금을 어떻게 부과하고 있는지를 분석해서 이해한다는 말과 동일하다.

한국전력이 전기요금을 부과할 때는 5가지 항목으로 구분되는데 각각의 항목은 ① 기본요금 ② 전력량요금 ③ 기후환경요금 ④ 연료비조정요금 ⑤ 기타 부담금이다. 여기에서 ①~④까지는 부가세 10%가 붙게 되므로, 실질적인 요금의 형태는 (①+②+③+④)×10%+부담금이 된다. ① 기본요금은 kW당 부과되는 요금이며, ②~④은 kWh당 부과되는 요금이다. 앞에서 MW와 MWh의 차이점에서 MW(kW)는 수도꼭지의 크기, MWh(kWh)는 수도꼭지에서 흘러나오는 물의 양이라고 했다. 한국전력의 전기요금도 마찬가지이다. kW 단위로 부과되는 기본요금은 기업이 한국전력으로부터 전력을 받는(이를 '수전(受電)'이라고 한다) 수도꼭지의 크기에 대한 요금이며, kWh당 부과되는 요금은 한국전력으로부터 받는 전력의 양(즉 수도꼭지로부터 나오는 물의 양), 즉 실제로 기업 사용하는 전력의 양에 따라 부과받는 요금이라고 보면 된다. 그 외 부담금은 정부가 전기요금에 더해 추가적으로 걷는 요금이다.

기본요금과 전력량요금은 계약종별, 전기사용자의 선택 등에 따라 다르다. 여기서 계약종별이란, 전기를 사용하는 고객에 대해 한국전력이 분류해 놓은 형태를 말한다. 집에서 사용하는 전기요금의 계약종은 주택용이라 하며, 상업용 건물이나 상가가 사용하는 요금은 일반용이고, 산업체의 공장 등이 사용하는 요금은 산업용이다.

RE100을 이행해야 하는 주체들은 일반적으로 '기업'이나 '기관'인 경우가 많기 때문에 거의 대부분은 일반용과 산업용 전기요금을 사용하고 있을 것이다. 한편, 각 계약종별 내에서도 한국전력 고객의 상황과 선택에 따라 전기요금이 굉장히 세분화되어 있기에 같은 상황이라도 요금이 다를 수 있다. 앞으로 기본요금과 전력량요금 등에 대해 알아볼 것이며, 세부적인 것은 기억하지 못하더라도 큰 틀에서 전기요금 체계를 이해하는 것이 필요하다.

RE040.
기본요금 [1] 계약전력

    지금부터는 「RE042」까지는 기본요금에 대해 알아볼 것이다. 기본요금은 앞서 이야기했던 것처럼 kW 단위로 부과되는 요금으로, 기업이 한국전력으로부터 얼마나 큰 수도꼭지 구멍을 통해 수전을 받는지에 따라 요금이 달라진다. 그러나 실제 기본요금은 수도꼭지 크기로 결정되는 것이 아니라 수도꼭지에서 가장 많은 양이 나온 순간을 기준으로 부과가 된다. 이를 이해하기 위해서는 먼저 수도꼭지의 크기인 계약전력부터 알아둘 필요가 있다.

    계약전력은 한국전력과 기업이 맺는 전기 수전 계약의 기준이 되는 전력으로, 기업이 순간적으로 최대 어느 정도의 전력을 받을지에 대해 한국전력과 기업이 체결하는 기준값이다. 즉, 실질적인 기업의 수도꼭지 크기인 셈인데, 이 수도꼭지의 크기를 결정하는 방법은 3가지가 있다.

    첫 번째는 수전을 받는 고객의 전기설비가 사용하는 전기용량(kW)을 더한 값으로 하는 경우다. 예를 들어 A 기업에 ①~③까지의 설비가 있고, 각각 전기설비가 10kW의 사용용량을 가졌다면 이 기업이 사용하는 최대 전기용량은 10kW×3개=30kW이므로, 30kW로 계약전력을 정하는 방식이다. 이 방식은 일반적으로 전기를 많이 사용하지 않는 전기사용자들이 사용하는 것으로, RE100을 이행해야 할 정도의 기업들은 이 방식으로 계약전력을 정하지는 않는 편이다.

두 번째 방식은 한국전력으로부터 수전을 받는 곳의 변압기 용량으로 계약용량을 정하는 형태이다. 기업의 공장이나 건물의 경우, 수전받을 수 있는 전기용량은 변압기 용량과 동일하다. 따라서 이를 준용하여 변압기 용량을 계약전력으로 하는 것이다. 다만 대규모로 전기를 사용하는 기업일수록 향후 공장 증설 또는 사용량이 늘어날 것을 대비하여 실제 사용하는 양보다 더 큰 변압기를 설치하는 경우가 많다. 그런 기업들은 변압기 용량으로 계약하게 되면 계약전력이 높게 설정될 가능성이 있다. 자신이 당장 쓸 사용할 전기 규모는 10MW인데, 변압기 용량을 50MW로 해놓고 이를 계약전력으로 한다면 40MW만큼의 불필요한 비용이 발생한다. 이에 대한 대비책으로서 대규모로 전기를 사용하는 기업 또는 건물에 대해서는 세 번째 방식을 활용한다.

세 번째는 배전망을 통하지 않고 154kV 이상의 송전망을 통해 전기를 수전 받는 기업들이 선택할 수 있는 사항으로, 한국전력과 기업간 협의하에 계약전력 용량을 정하는 방식이다. 154kV 이상의 송전망으로 수전을 받는 전기사용자들은 배전망으로는 필요한 전력을 전부수전 받지 못하는 전기사용처를 가지고 있는 기업들이다. 대규모 전기사용처인 제조 공장, 데이터센터 등이 이에 해당한다고 할 수 있다.

154kV 이상의 송전망을 통해 수전 받는 기업이 나중을 대비하여 200MW 규모의 변압기를 설치했다 해보자. 지금 당장은 사용하는 양이 100MW라고 한다면 우선은 한국전력과 100MW로 계약전력을 정하고 향후 공장 증설 또는 전기사용량이 증가했을 때 한국전력과 계약전력을 더 높게 설정하는 형태로 운영하게 된다.

앞선 3가지의 계약전력을 정하는 형태를 보면, 계약전력보다 기업이 전기를 적게 사용할 가능성이 많다는 것을 알 수 있다. 예를 들어, 1번과 같이 전기설비가 사용하는 전기용량으로 계약을 한다고 해보자. 앞서 썼던 예를 그대로 들면 해당 기업은 30kW의 계약전력을 가지지만 실제로 설비 3개 중 1개는 가동하지 않는다고 한다면 기업은 20kW의 전력을 계속 사용하나 30kW의 비용을 지불해야 하는 경우가 생길 수 있다.

이러한 불합리함을 줄이기 위하여 한국전력은 '요금적용전력'이라는 개념을 도입하여 사용하고 있다. 즉, 기본요금을 부과할 때 계약전력을 기준으로 부과하는 것이 아니라 요금적용전력을 기준으로 부과하는 방식이다. 요금적용전력에 대해서는 「RE042」에서 설명할 것이며 그 전에 요금적용전력에 대해 이해하기 위한 사전 지식으로서 최대수요전력을 알고 있어야 한다. 다음 장인 「RE041」에서 최대수요전력에 대해 설명하겠다.

참고로, 한국전력이 계약전력을 설정하는 이유는 한국전력이 전기를 공급해야 하는 양을 관리하기 위함이다. 가령 전체 계약전력의 합이 100MW라고 한다면, 실제로 100MW까지 매 순간 전기를 사용하지 않는다 하더라도 어느 순간 100MW를 사용할 가능성이 있다는 것을 의미하기 때문에 100MW의 발전소가 가동할 수 있도록 준비를 시켜놓아야만 할 것이다. 또한 100MW에 맞게 전기를 공급할 수 있도록 각종 전력 관련 설비들을 마련해 놓아야 할 것이다. 이 때문에 한국전력이 계약전력을 만들어 전기사용자랑 계약을 진행하는 것이다.

기본요금 (2) 최대수요전력

　최대수요전력이란 기업이 특정 기간 또는 특정 시간 동안, 순간적으로 얼마나 가장 많이 전기를 사용했는지를 나타내는 수치이다. 순간적으로 사용하는 전기를 측정하기 때문에 시간 단위로 표현하는 전력량(kWh)이 아니라 용량을 나타내는 kW나 MW를 단위로 사용한다. 예를 들어, A 기업에서 오늘 하루 내내 100kW씩 사용했는데 딱 한 번 11시경에 냉방기 가동으로 110kW로 부하가 올라갔다가 고장으로 인해 냉방기가 바로 꺼져서 100kW로 내려왔다면, 이때 A 기업의 최대전력수요는 100kW가 아니라 110kW가 된다.

　최대수요전력이 중요한 이유는 이 최대전력수요를 기반으로 한국전력에서 전기요금의 기본요금을 부과하기 때문이다. 앞서서 한국전력이 기본요금을 부과하는 이유에 대해, 그만큼의 인프라를 준비해야 하기 때문이라고 이야기했다. 다시 언급하면, 한국전력은 안정적인 전력공급을 위하여 고객들이 사용할 것으로 예상되는 전기를 공급할 수 있도록 발전소 가동을 준비하고, 변전소 내 변압기 용량을 증설하는 등의 준비를 해놓아야 한다. 이 과정에서 발전소에게 지급해 주어야 하는 용량요금(CP)이나 송배전망 설비투자비 등이 소요되기 때문에 한국전력에서는 실제 고객이 전기를 사용하지 않더라도 일정 수준의 전기요금을 걷어야 한다.

기업이 전기를 얼마나 사용할지를 나타내는 단위가 계약전력이라고 하였다. 그러나 계약전력은 기업이 전기를 사용할 것으로 예상되는 혹은 최대치의 수도꼭지 크기를 나타낼 뿐, 실제로 그만큼 사용하지 않는 경우가 대부분이다. 대규모 공장 신설 시 변압기 용량을 크게 하면 계약전력이 높아지는데, 높은 계약전력으로 기본요금을 부과하면 기업은 사용하지도 않는 너무 큰 요금을 내야만 하고, 한국전력도 불필요한 설비 유지비용을 지불해야 하므로 모두에게 비효율적인 상황이 발생한다.

그래서 한국전력에서는 계약전력이 아니라 최대수요전력을 기반으로 기본요금을 부과한다. 즉 계약전력과 무관하게, 실제 기업이 가장 많이 사용한 전력을 기준으로 기본요금을 부과함으로써 기업과 한국전력 모두에게 생길 수 있을 비효율성을 줄이는 것이다

한국전력에서 사용하는 최대수요전력은 '15분 단위 최대수요전력'이다. 즉, 기업이 15분 동안 사용한 전력량의 평균값으로 최대수요전력을 정하는 방식이다. 예를 들어 A 기업이 5분 동안은 600kW로 전기를 사용하고, 10분 동안은 300kW로 사용했다 해보자. 이때 단순 최대수요전력을 말하라고 하면 가장 많이 전기를 수전 받은 양인 600kW가 되어야 한다. 하지만 15분 단위로 환산하면, (600kW×5분 +300kW×10분)÷15분=400kW가 된다. 이처럼 '15분 단위 최대수요전력'으로 최대수요전력을 산정하면 최대수요전력의 크기가 순간 최대치로 하는 것보다 낮아지게 되는 효과가 있다.

그러나, 최대수요전력과 실제 기본요금을 부과하는 요금적용전력과는 상이할 수 있는데, 다음은 요금적용전력에 대해서 설명하겠다.

기본요금 (3) 요금적용전력

　요금적용전력은 말 그대로 기본요금을 부과할 때, 그 부과의 기준이 되는 전력(kW)을 말한다. 계약전력이 수도꼭지의 크기를 말한다고 했고, 한국전력이 기본요금을 부과할 때는 수도꼭지 크기가 아니라 기업의 최대수요전력을 토대로 청구한다고 했으므로, 기본요금의 기준이 되는 전력인 요금적용전력도 kW 단위로 나타낸다.

　요금적용전력은 최대수요전력을 기본으로 측정된다. 다만, 모든 최대수요전력이 항상 요금적용전력이 되는 것이 아닌데 다음과 같은 기준에 의해서 최대수요전력 중 어느 한 값이 요금적용전력이 된다.

① 요금적용전력은 중간부하 시간대와 최대부하 시간대의 최대수요전력 중 큰 것을 대상으로 한다.

② 공휴일의 최대수요전력은 요금적용전력에서 제외한다.

③ ①과 ②를 만족하는 최대수요전력 중에서 전기를 사용한 당월을 포함하여, 직전 12개월 중 12월분, 1월분, 2월분, 7월분, 8월분, 9월분 및 당월분의 최대수요전력 중 가장 큰 값이 요금적용전력이 된다.

우선 중간부하 시간대, 최대부하 시간대라는 개념은 추후 전력량요금에서 보다 자세히 설명할 예정이나 이해를 위해 간단히 설명하자면, 한국은 전기수요가 몰리는 시간대를 경부하, 중간부하, 최대부하 3개로 구분하여 일반적으로 수요가 높은 시간대(최대부하, 중간부하)의 전력량요금이 높게 책정된다.

위 요금적용전력이 결정되는 기준인 ①과 ②를 보면, 중간부하와 최대부하 시간대에서만 최대수요전력이 결정된다. 중간부하와 최대부하 시간대에 전력수요가 집중되는 한국의 상황상, 경부하 시간대에는 최대수요전력이 높게 기록하여도 한국전력이 전력을 공급하는 데 부담이 없는데, 이를 반영하여 최대수요전력을 측정할 때 경부하 시간대는 제외한 것이다(참고로 일요일/공휴일은 모든 시간대가 경부하 시간대로 간주된다). 한편 ③은 12~2월, 7~9월과 당월의 최대수요전력을 요금적용전력으로 간주하겠다는 이야기이다. 이는 난방수요가 높은 12~2월, 냉방수요가 높은 7~9월에 전기사용량이 크게 증가하므로 이때의 최대수요전력을 요금적용전력으로 적용하겠다는 의미이다. 다른 말로 하면, 그 외의 달에는 전기수요가 많이 몰리지 않으므로 최대수요전력이 높더라도 기본요금에 대한 부과 기준으로 삼지 않겠다는 것이다.

결과적으로 한국전력의 요금적용전력을 적용하는 기준을 보면, 시간대별로 전기수요가 몰리는 시점, 그리고 계절별로 전기수요가 증가하는 때에 전기사용자가 사용한 전력의 최고치인 최대수요전력을 요금적용전력으로 간주하여 기본요금을 부과하겠다는 의도임을 알 수 있다.

한국전력이 이렇게 전기수요, 즉 전기 부하가 몰리는 때를 기준으로 요금적용전력을 결정하는 이유는 앞서 설명한 기본요금을 부과하는 이유와 같다. 안정적인 전력공급을 위해서는 가장 전기를 많이 사용할 때를 기준으로 모든 설비들을 갖춰야 하는데, 그 시간대와 때가 바로 요금적용전력의 기준이 되는 시간과 계절인 것이다. 따라서 기본요금을 낮추기 위해서는 12~2월, 7~9월 중 중간부하 및 최대부하 시간대에 전기를 적게 사용해야 하는 것으로서 기업에게 해당 계절/시간대의 기본요금 인하를 통한 에너지 비용 절감 서비스를 제공하는 사업자들도 있다.

한편, 계산된 요금적용전력이 너무 낮다면 어떻게 될까? 예를 들어, 계약전력은 100MW인데, 요금적용전력이 10MW와 같이 계산될 경우이다. 한국전력에서는 계약전력의 30% 이하로 요금적용전력이 계산되면, 계산된 요금적용전력과 무관하게 계약전력의 30%를 요금적용전력으로 간주하고 기본요금을 부과한다. 이는 한국전력이 해당 전기사용자에게 전기를 공급하기 위해 투입한 설비들의 고정비를 회수하기 위한 목적이며, 만일 기업에서 이와 같은 비용이 부담이 되거나 낭비라 생각한다면 계약전력의 규모를 낮추어야 한다.

요금적용전력은 15분 단위로 최대수요전력을 측정할 수 있는 계량기가 설치된 전기사용자들만 적용받는 값이다. 그렇다면 15분 단위로 최대수요전력을 측정할 수 있는 계량기가 설치되지 않은 전기사용자들은 어떻게 될까? 그런 기업들은 계약전력을 요금적용전력으로 간주하고 기본요금을 부과받게 된다.

이렇게 산정된 요금적용전력(kW)에 대해, 각 계약종별-선택요금제별 산정되어 있는 기본요금 단윗값(원/kW)을 곱하여 매월 기본요금을 한국전력에 납부하게 된다.

월 기본요금(원)=요금적용전력(kW)×기본요금 단윗값(원/kW)

    예를 들어, A라는 전기사용자의 이번 달 요금적용전력이 1,000kW 이고 기본요금이 8,000원/kW/월이라면 A의 이번 달 기본요금은 8,000,000원(1,000kW×8,000원/kW)이 된다.

RE043.
전력량요금 (1) 계시별 요금제

전력량요금은 전기사용자가 한국전력으로부터 전기를 구매할 때, 구매하는 양(전력량)에 따라 지불하는 요금이다. 한국전력은 계약종별(산업용, 일반용, 주택용 등)로 전력량요금에 대한 단가(원/kWh)를 정해놓았다. 따라서 전력량요금의 총액을 간단히 표현한다고 하면 사용한 '전력량(kWh) × 전력량요금 단가(원/kWh)'가 되며, 기본요금과 함께 매달 이전 달의 전력량요금에 대해 한국전력에 납부하게 된다.

가정에서의 전력량요금 단가에는 흔히 말하는 '누진제'가 적용된다(참고로 누진세가 아니라 누진제이다). 누진제란 전기사용자의 전기사용량에 따라 전력량요금 단가가 달라지는 것으로 일반적으로 전력사용량이 많을수록 요금이 비싸지는 형태로 설계되어 있다.

다음 표는 주택용 전력 저압 고객의 전기요금표이다. 300kWh까지 사용했을 때의 전력량요금은 120원/kWh이지만, 301~450kWh를 사용하게 되면 300kWh를 넘는 전력량에 대해서는 214.6원/kWh의 요금을 내게 되어 있다. 이렇게 전기요금이 설계된 이유는 전기요금의 차등을 두어 전기사용량을 적절한 수준으로 유도하기 위함이 크다.

적용일자 : 2024년 01월 01일

	구간	기본요금(원/호)	전력량 요금(원/kWh)
1	300kWh 이하 사용	910	120.0
2	301~450kWh	1,600	214.6
3	450kWh 초과	7,300	307.3

※ 출처 : 한전ON(online.kepco.co.kr)

한편, 누진제를 적용받는 주택용과 다르게, 기업에서 사용하는 산업용과 일반용 전기요금의 경우에는 계시별 요금제가 도입되어 있다. 계시별 요금제는 '계절'과 '전기사용 시간대'에 따라 전력량요금을 달리하는 요금제도이다. 다음 표는 계시별 요금제가 적용되는 표인데, 계절은 크게 '봄·가을', '여름', '겨울' 3가지로 나누고 있으며, 시간대는 '경부하', '중간부하', '최대부하' 3가지로 나누고 있다. 계절이 3개, 시간대가 3개이므로 결과적으로 산업용 및 일반용 요금제는 1개 요금에 대해 총 3×3=9개의 서로 다른 전력량요금 단가가 있는 것이다.

계절별 시간대별 구분

※ 1.일반용전력(갑)Ⅱ, 산업용전력(갑)Ⅱ, 일반용전력(을), 산업용전력(을), 교육용전력(을)

구분	여름철 (6월~8월)	봄·가을철 (3월~5월,9월~10월)	겨울철 (11월~2월)
경부하	23:00~09:00	23:00~09:00	
중간부하	09:00~10:00 12:00~13:00 17:00~23:00	09:00~10:00 12:00~17:00 20:00~22:00	
최대부하	10:00~12:00 13:00~17:00	10:00~12:00 17:00~20:00 22:00~23:00	

※ 출처 : 한전ON(online.kepco.co.kr)

한국전력에서 이렇게 산업용과 일반용 계약종에 계시별 요금제를 도입한 것은 적정 이익을 확보하기 위함이다. 계절과 시간대별로 전기 수요가 달라지고, 높은 수요가 있는 계절과 시간대(ex 겨울철 최대부하)에는 SMP도 높게 형성된다. 따라서 해당 시간대에는 판매 가격을 높여서 일정 수준의 이익을 안정적으로 확보하기 위하여 이와 같이 요금제를 만들어 놓았다.

한편, 계시별 요금제에는 2가지 특수 조항이 존재한다. 첫 번째는 공휴일(일요일 포함)의 전기사용량은 모두 '경부하' 시간대로 간주된다는 것이다. 예를 들어 5월 5일(어린이날)에 전기를 사용한 기업이 있다면, 설사 12~13시까지 전기를 사용하더라도 계시별 요금제 표대로 최대부하 시간대에 사용한 것으로 간주되지 않고 경부하 시간대에 사용한 것으로 간주된다. 두 번째는 토요일이다. 토요일 최대부하 시간대에 사용한 전력량에 대해서는 중간부하 시간대에 사용한 것으로 간주하고, 중간부하 시간대의 전력량요금을 적용하여 계산하게 된다.

계시별 요금제로 인해, 기업은 PPA를 할 때, 자신의 전력량요금을 분석하는 데 많은 혼란을 겪는 편이다. 추후 설명하겠지만 PPA에는 실시간 정산이라고 하여 재생에너지 발전소가 전력을 생산한 시점에 기업에게 공급된 것으로 간주하는 방식이 있다. 한국전력의 계시별 요금제는 시간대별로 전력량요금이 다르기 때문에, 결국 PPA가 어느 시간대에 공급하느냐에 따라 대체되는 한국전력의 전력량요금이 달라지게 된다. 그러나 이와 같은 내용을 모르고 단순하게 한국전력의 연간 전기요금 평균값과 비교를 함에 따라 잘못된 비용 분석 결과를 도출하는 경우들이 자주 발생한다.

앞서 이야기했던 것처럼, 기본요금은 요금적용전력에 따라 달라진다. 요금적용전력 역시 전력량요금과 같이 최대수요전력이 발생한 계절과 시간대에 영향을 받으므로 한국전력의 전기요금을 구성하는 가장 큰 요소인 기본요금과 전력량요금 모두 계시별 요금제를 명확히 인지하고 있어야만 분석이 가능하다.

RE044.
전력량요금 [2] 요금의 산정과 분석

계시별 요금제가 복잡하나, 결과적으로 보면 특정 월의 한국전력의 전력량요금은 다음과 같이 산정되게 된다.

경부하 시간대 사용 전력량(kWh)×해당 월의 경부하 시간대 전력량요금 단가(원/kWh)

+중간부하 시간대 사용 전력량(kWh)×해당 월의 중간부하 시간대 전력량요금 단가(원/kWh)

+최대부하 시간대 사용 전력량(kWh)×해당 월의 최대부하 시간대 전력량요금 단가(원/kWh)

= 해당 월의 기업의 전력량요금(원)(부가세 제외 금액)

한국전력으로부터 전력을 공급받는 기업들은 한국전력의 고객번호가 있을 것이고, 이 고객번호를 통하여 한국전력이 제공하는 전기사용 및 요금에 대한 데이터베이스인 '파워플래너(pp.kepco.co.kr)'에 접속하면 지난 과거에 사용한 매월 경부하, 중간부하, 최대부하 시간대 전기사용량을 확인할 수 있다. 따라서 해당 데이터를 토대로 기업들은 자신의 전기요금 규모를 파악하고 재생에너지 구매 비용과 비교할 수 있다.

한편, 한국전력에 이야기하면 지난 365일 동안의 15분 단위 혹은 30분 단위의 실시간 전기사용량 데이터를 받을 수 있다(파워플래너를 통해 다운로드받을 수 있지만 하루 단위로 다운로드받아야 하기 때문에 365일 치를 받으려면 많은 시간이 필요하여 한국전력에 요청하는 것을 추천한다). 이 데이터를 토대로 계시별 요금제를 적용하여 각 월/일/시간별로 요금제를 달리하도록 설정해 보다 세부적으로 전기요금을 분석하는 기업들도 있다.

이와 같은 분석 툴을 만들기에는 많은 시간이 소요되므로 월 단위 경부하/중간부하/최대부하 전기사용량 데이터를 가지고 분석하는 것이 일반적이기는 하나, 향후 PPA 요금과 비교를 위해서는 실시간 전기사용량 데이터 기반의 분석이 필요하다. 따라서 초기 세팅이 어렵기는 하지만, 가급적 세부 데이터까지 분석할 수 있는 실시간 전기사용량 기반의 전기요금 분석 툴을 만드는 것이 향후 두세 번 일하는 것을 막을 수 있는 길이다.

RE045.
기후환경요금

    기후환경요금은 한국전력에서 매년 산정하고 있는 요금으로, 사용한 전력량(kWh)에 대해 일률적으로 부과하기 때문에 요금 계산 자체는 매우 간단하다.

월 기후환경요금＝월에 사용한 전력량(kWh)×기후환경요금 단가(원/kWh)

*한국전력이 매년 산정

    전기요금의 기본요금과 전력량요금에 대해서는 많이 들어봤겠지만, 기후환경요금에 대해 잘 모르는 경우가 많다. 이에 비록 기업 입장에서 기후환경요금을 계산하는 방식은 간단하지만, 한국전력이 이를 수취하는 사유를 언급하고 넘어가고자 한다.

    기후환경요금은 그 이름에서 알 수 있듯이, 전기사용과 관련한 온실가스 및 대기오염 물질 감축을 위해 필요한 비용을 충당하기 위하여 수취하는 항목이다. 한국전력은 국내 유일의 전기 판매사업자(전기 소매사업자)로서, 전기생산과 관련한 정부의 여러 가지 정책에 영향을 받게 된다. 대표적인 예가 「CHAPTER 2」에서 이야기한 RPS 제도이다.

앞서 RPS 제도를 설명하면서, 정부가 재생에너지 보급을 위하여 재생에너지 발전소에 대해 REC 형태로 보조금을 지급하고 있으며, RPS 의무이행사들이 REC를 구매하고 정부에 제출함으로써 RPS 의무를 이행한다고 이야기했다. 그러면서 RPS 의무이행사들은 구매한 REC에 대해 정부로부터 일정 수준의 비용을 보전받는다고 했다. 그렇다면 과연 정부는 어떻게 이 보전 비용을 충당하는 것일까? 바로 기후환경요금이 비용을 충당하는 수단이다. 한국전력이 전기소비자에게 '기후환경요금' 명목으로 돈을 받아서 RPS 의무이행사들에게 비용 보전을 하고 있는 것으로서, 우리 모두가 (알지는 못했지만) 재생에너지 발전소의 보급 확산에 기여하고 있던 셈이다.

RPS 외에도 기후환경요금에 들어가는 3가지 항목이 더 있는데, 바로 배출권 거래제에 따른 비용과 석탄 발전 감발에 따른 비용, 그리고 에너지 캐시백 비용이다. 배출권 거래제에 따른 비용은 한국전력이 전기를 구매하여 공급하는 과정에서 탄소배출이 생기게 되고, 한국전력은 부족한 배출권을 시장에서 구매해야 하는 상황에 놓일 수 있는데 이를 구매하기 위해 필요한 금액을 확보하는 목적으로 포함되어 있다. 석탄 발전 감발은 미세먼지 발생량이 많은 석탄 발전소의 발전량을 줄이는 것으로서, 석탄 발전소가 CBP 시장에서 충분히 가동이 될 수 있음에도 불구하고 가동되지 못하여 발생하는 기대 이익의 상실을 보전하기 위한 비용이다. 에너지 캐시백 지원금은 주택용 전기소비자가 전월 대비 이번 달의 전기사용량을 줄이면 전기소비자에게 지급하는 금액으로, 에너지 절약 및 온실가스 감축 등을 주택용에서도 유도하기 위하여 도입되었다.

한국전력은 지난해 발생한 4가지 비용의 총합(원)을 지난해 판매한 전력량(kWh)으로 나누어 올해의 기후환경요금 단가(원/kWh)를 산정하고 있다.

2023년 기후환경요금
=

$$\frac{[2022년RPS비용+2022년ETS비용+2022년석탄발전감발비용+2022년에너지캐시백지원금]}{2022년한국전력의전력판매량}$$

이를 한 해 동안 거두고, 거두어들인 금액의 총합과 실제 거두어야 할 금액 간의 차이에 대해서는 다음 연도 기후환경요금 산정 시에 반영하여 사후정산을 하도록 한다. 예를 들어, 올해 거두어야 할 금액이 1억 원인데, 1억 2천만 원이 모였다면 차년도 기후환경요금 산정 시 2천만 원만큼은 4가지 비용의 총합에서 제외하고 올해의 발전량으로 나누는 것이다.

2023년 기후환경요금
=

$$\frac{[2022년RPS비용+2022년ETS비용+2022년석탄발전감발비용+2022년에너지캐시백지원금-\textbf{2천만 원}]}{2022년한국전력의전력판매량}$$

참고로 2023년의 기후환경요금 단가는 9원/kWh이다. 앞으로 국가 온실가스 감축목표 달성을 위해 더 많은 탄소배출을 줄여야 하고, RPS 의무이행 비율도 늘어날 것으로 예정되어 있기 때문에 기후환경요금은 장기적으로 우상향할 것으로 예상된다.

RE046.
연료비조정요금

한국전력은 기본요금과 전력량요금을 통해서 전기소비자에게 전기를 공급하기 위한 비용들을 회수한다. 기본요금은 전력공급을 위해 필요한 인프라(발전소, 송배전망 등) 설치, 투자 등을 위해 들어간 고정비를 회수하는 것이 그 목적이고 전력량요금은 전기생산 및 공급에 필요한 변동비를 회수하는 요금이다. 따라서 한국전력은 기본요금과 전력량요금을 통해 모든 비용을 전부 회수하고 적정 이익을 확보할 수 있어야 한다.

하지만 현실은 그렇지 못하다. 우리나라 전기요금은 경제적으로 결정되는 것이 아니라 '정책적'으로 결정된다 해도 과언이 아닐 정도로 정부의 영향을 많이 받는다. 한국전력이 독점적으로 판매를 하다 보니, 한국전력의 전기요금 인상이 서민 물가에 악영향을 줄 수 있다는 판단하에 전기요금 인상을 정부가 막아서는 경우가 종종 있기 때문이다. 한국전력 역시 산업부의 인가 없이는 전기요금을 인상할 수 없는 구조로 되어 있다.

한국전력의 비용 회수 메커니즘에서 보면, 기본요금 같은 경우는 큰 변화가 없다. 기존에 투자한 설비들이 존재할 것이고, 신규 투자의 규모가 기존 투자 규모보다 월등히 크기는 어렵기 때문에 설비투자를 대대적으로 확대하지 않는 이상 고정비 자체가 크게 증가할 일이 적기 때문이다. 반면, 전력량요금의 경우는 다르다. 앞서 「CHAPTER 2」에서 우리나라 전력 도매시장에 대해 설명했던 것을 돌이켜 보면, 한국전력은 전력 도매시장에서 SMP를 기본으로 하여 전력 도매시장에서 전기를 구매하고 전기 소매요금으로 판매하는 구조를 가지고 있다. 이때, SMP는 대부분 천연가스 발전소의 연료비에 의해 결정된다고 하였다. 따라서 한국전력이 전기를 구입하는 비용은 결과적으로 국제 천연가스 가격에 큰 영향을 받게 된다.

그러다 보니, 천연가스 가격이 크게 상승할 경우에는 한국전력은 비싼 값에 전기를 구매하여 시장 상황과 관계없이 정해진 전기 소매요금으로 판매를 해야 하는 상황에 놓인다. 일반적인 시장 경제 논리라면, 이런 경우 한국전력은 전기 소매요금을 시장 상황에 맞게 탄력적으로 인상 또는 인하할 수 있어야 하는데, 우리나라 전기요금은 '정책'과 밀접하게 관련되어 있다 보니 쉽사리 변경하기 어려워 그 비용을 모두 한국전력이 떠안게 된다. 그래서 2022년, 우크라이나와 러시아의 전쟁으로 인해 국제 천연가스 가격이 10배 이상 상승했을 때 한국전력의 전기 구매 비용이 크게 늘어났지만 전기요금은 동일하게 상승하지 못했고, 그 결과 한국전력은 약 34조 원의 영업손실을 기록했다 (별도 재무제표 기준).

이렇게 급격한 국제 에너지 가격의 변동에 조금이라도 탄력적으로 대응할 수 있도록 하기 위하여 도입한 것이 바로 연료비조정요금이다. '월 연료비조정요금(원)=연료비조정단가(원/kWh)×월 전기사용량(kWh)' 으로 청구되며, 연료비조정단가는 매 분기 별로 한국전력이 산정하여 발표하고 있다.

참고로 연료비조정단가는 굉장히 복잡한 식에 의해 산정된다. 우선 산정되는 시점을 기준으로 가장 최근에 발표된 1년간의 유연탄(석탄), 천연가스, BC유 연료비를 기반으로 한 '기준연료비'를 도출한다. 그리고 산정 시점을 기준으로 2~4개월 전의 3가지 연료비를 기준으로 한 '실적연료비'를 도출하여 그 값의 차이에 따라 단가를 도출한다. 만일 실적연료비가 기준연료비보다 높다면 연료비조정단가는 '+(플러스)'가 되어 전기소비자에게 추가요금을 지불하도록 하고, 실적연료비가 기준연료비보다 낮다면 연료비조정단가는 −가 되어 전기소비자는 전기요금을 덜 내게 된다.

한편, 연료비조정단가는 그 상한과 하한이 존재하는데, 상한은 +5원/kWh이며 하한은 −5원/kWh이다. 아무리 연료비가 많이 오르거나 낮아진다 하더라도 전기소비자에게 −5원~+5원/kWh 이내에서 부과하도록 되어 있는 것으로서 국제 에너지 가격에 완전히 탄력적으로 대응할 수 있는 전기요금 제도는 아니다.

참고로, 2024년 7월 현재 적용되고 있는 연료비보정단가는 +5원/kWh로 상한선에 와 있는 상태이다.

부담금(전력산업기반기금)

전기요금 청구서를 보면 기본요금, 전력량요금 외에 전력기금이라는 항목이 있다. 전력기금은 실질적으로 전기를 사용하는 데 지불하는 비용은 아니나, 법(「전기사업법」)에 따라 모든 전기소비자가 전기요금의 일정 비율로 내고 있는 금액이다.

이 전력기금의 정확한 명칭은 전력산업기반기금이다. 「전기사업법」 제48조에 따르면, 전력산업의 지속적 발전과 전력산업의 기반(인프라) 조성에 필요한 재원을 확보하기 위해 정부가 전력산업기반기금을 설치하도록 하고 있다. 이 기금은 신·재생에너지(신에너지+재생에너지)에 대한 지원, 전력수요 관리, 오지에 대한 전력공급 지원 등을 위하여 사용되도록 하고 있는데, 이 기금을 조성하는 데 주요한 재원이 바로 '부담금(전력기금)'이다.

부담금은 모든 전기사용자에게 징수하고 있는 금액으로, 2024년 7월 전체 전기요금의 3.2%를 부담금으로 부과하고 있다. 여기서 전기요금이라 함은 '기본요금+전력량요금+기후환경요금+연료비조정요금'을 의미하며, 부가세는 고려하지 않고 있고 부담금에 대해서도 부가세는 부과하지 않는다. 사실상 기업 입장에서는 이 부담금으로 인해 전체 전기요금의 3.2%를 더 내는 꼴이다.

한편, 부담금에 대한 요율, 3.2%는 「전기사업법 시행령(대통령령)」으로 정해진다. 「전기사업법」상으로는 6.5% 이내에서 대통령이 정하도록 하고 있기에 정부 정책에 따라 이 기금의 요율은 변할 수 있는 여지가 있다.

국내에서 매년 거두어지는 전력기금의 규모는 약 2조 원으로, 2020년 1조 9,718억 원, 2021년 2조 1,479억 원, 2022년 2조 816억 원 규모이다.[04] 이렇게 대규모로 전력기금이 모이다 보니, 기금의 사용처와 기금 징수 요율이 적정한지에 대해서는 계속적인 논란이 있는 상황이다. 이러한 논란에 따라 정부는 2024년 7월 이전에 3.7%였던 부담금 비율을 2024년 7월부터 3.2%로 하향 조정했으며, 2025년 7월부터는 2.7%로 보다 더 하향 조정하기로 했다.

04   김부미, "전력산업기반기금 정상화 요구 커진다", 「전기신문」, https://www.electimes.com/news/articleView.html?idxno=310594, 2022. 10. 28.

RE048.

전기요금제 갑/을과 고압A/B/C

지금까지 전기요금이 어떻게 구성되는지, 그리고 각 항목들에는 어떤 것들이 있는지 살펴보았다. 크게 보면 기업이 내는 전기요금의 총액은 (기본요금+전력량요금+기후환경요금+연료비조정요금)×(100%+전력기금 요율 3.2%+부가세 10%)가 된다. 물론, 기타 사항으로 TV 수신료, 인터넷 할인 등이 있으나 비중이 작아 제외했다.

한국전력은 기본요금과 전력량요금에 대해 전기사용자별로 다른 요금제를 부과하고 있다. 앞서 설명한 것처럼, 전기사용자의 업종에 따라 주택용인지, 건물 등 일반용인지, 공장과 같은 산업용인지 계약종별이 구분된다.

그 계약종별 안에서도 기업이 수전 받는 형태에 따라 여러 가지로 전기요금제를 세분화하고 있는데, 전기사용자의 전기설비로 인해 세분화되는 것과 각 전기사용자의 필요에 따라 전기사용자가 직접 선택할 수 있는 부분들로 구분이 된다.

이번 「RE048」에서는 전기사용자의 전기설비 등에 따라 정해지는 갑/을과 저압, 고압A/B/C를 이야기하고자 하며 「RE049」에서는 전기사용자가 자신에게 유리하게 선택할 수 있는 선택요금제에 대해 이야

기할 것이다. 참고로 갑/을, 고압A/B/C, 선택요금제는 산업용, 일반
용 전기사용자들에게는 모두 적용되는 것으로, 예를 들어 A 기업이 사
용하는 전기요금제가 어떤 것이냐고 물었을 때 '산업용(갑) 고압A 선
택1'과 같이 답을 하게 된다.

- **갑/을**

　산업용과 일반용 등 몇몇 계약종별 전기요금에는 갑과 을로 요금제가 나뉜
다. 예를 들어 산업용(갑), 산업용(을)과 같이 구분되는 것인데, 갑과 을이 구
분되는 것은 해당 전기사용자의 계약전력 규모이다. 계약전력 300kW를 기준
으로, 계약전력이 300kW 미만일 경우 갑 요금제를 적용받게 되고 계약전력
이 300kW 이상이 되면 을 요금제를 적용받게 된다. 참고로 기업에서 주로 사
용하는 산업용과 일반용은 갑과 을을 나누는 기준이 300kW이지만 교육용과
같은 경우는 1000kW이기 때문에 모든 계약종별에서 갑과 을을 나누는 기준
이 300kW인 것은 아니다.

　갑 요금제도 1과 2로 요금제가 구분되는데, 갑1의 경우는 시간대별 전기사
용량을 측정할 수 있는 계량기가 설치되지 않은 고객이 적용받게 되는 요금이
고, 갑2는 시간대별 전기사용량을 측정할 수 있는 계량기가 설치된 고객이 적
용받는 요금이다. 갑1은 시간대별 전기사용량 측정이 불가능하기 때문에 계절
에 따른 요금 차등만 있을 뿐, 경부하/중간부하/최대부하 시간대의 요금 없이
모든 시간에 대해 단일 전력량요금으로 전기를 구매하게 된다.

　참고로, 갑 요금제가 을 요금제보다 기본요금, 전력량요금이 약간 저렴한
편이기 때문에 만일 계약전력이 300kW 전후라면 300kW 이하로 만들어 갑
요금제를 사용하는 것이 기업에게 유리하다.

- ## • 저압, 고압A/B/C

저압, 고압A/B/C는 전기사용자가 어떤 전압으로 전기를 수전 받느냐에 따라 요금제가 나뉘는 형태이다. 저압과 고압/A/B/C를 구분하는 전압은 다음과 같다.

- 저압 : 220V, 380V
- 고압A : 3,300V, 66,000V
- 고압B : 154,000V
- 고압C : 345,000V

이러한 전압의 구분은 한국전력이 전기사용자에게 공급하는 전기설비가 가진 전압의 크기와 동일한데, 앞서서 설명하기를 송전망의 전압이 154,000V 이상이라고 하였다. 따라서 고압B와 고압C는 한국전력의 송전망으로부터 직접 전기를 공급받게 되고, 고압A와 저압은 송전망이 아니라 배전망을 통해 전기를 공급받는 구조이다.

참고로 고압A에서 22,900V보다 높은 66,000V로 수전을 받는 경우도 있는데, 이 경우 송전으로 간주될 수 있으나 현재 한국에서는 거의 사용하지 않고 있고, 신규 전기사용자는 66,000V로 공급받지 못하기 때문에 사실상 66,000V로 공급받는 경우는 거의 없다.

전기사용자 입장에서는 갑/을, 그리고 저압, 고압A/B/C는 자신의 전기사용 규모에 따라 애초에 정해지는 것이므로 전기가 공급된 이후에는 바꿀 수 있는 여지가 많지 않다. 따라서 실질적으로 별도의 설비 증설 등을 하지 않고서 전기사용자가 고를 수 있는 요금제는 다음 「RE049」에서 설명할 선택요금제뿐이다.

RE049.
선택요금제

　한국전력은 기본요금과 전력량요금에 대해, 기업의 전기사용 패턴에 맞게 좀 더 유리한 요금을 선택할 수 있도록 '부하별 선택요금제'를 운영하고 있다. 부하별 선택요금제는 산업용 전기요금 기준으로 선택Ⅰ~Ⅲ, 일반용 전기요금 기준으로 선택Ⅰ·Ⅱ가 존재한다. 즉, 기업별로 3가지(또는 2가지) 중에 각 기업의 상황에 유리한 요금을 선택할 수 있는 것이다.

　부하별 선택요금제하에서, 선택요금의 선택 숫자가 낮아질수록 기본요금 단가는 낮아지고 전력량요금은 높아지게 된다. 즉 선택Ⅰ과 Ⅲ을 비교해 보면, 선택Ⅰ의 기본요금은 선택Ⅲ의 기본요금보다 낮은 반면, 계시별 요금제에 따른 전력량요금은 선택Ⅰ이 선택Ⅲ보다 높게 형성되어 있다.

　다음은 산업용(을) 고압A 전기사용자의 선택요금제 표이다. 선택Ⅰ의 기본요금이 선택Ⅲ보다 낮으나, 계시별 요금제의 전력량요금은 선택Ⅰ이 선택Ⅲ보다 높은 것을 알 수 있다.

　따라서 계약전력이 동일할 경우, 전기사용량이 많을수록 전력량요금이 낮은 선택Ⅲ을 선택하는 것이 전기요금을 적게 내는 데 유리하고, 전기사용량이 적을수록 선택Ⅰ을 사용하는 것이 전기요금을 적게 낼 수 있는 방법이다. 대규모 공장을 운영하는 기업의 경우, 365일 24시간 공장을 가동하는 것이 일반적이기 때문에, 대부분 선택II 또는 선택III 요금제를 사용하며, 낮 시간대만 공장을 가동하는 경우에는 선택I을 사용하는 경우가 많다.

참고로 한국전력이 가이드하기로는, 월 200시간 이하로 가동하면 선택I 요금제가 기업에게 유리하고, 200~500시간을 가동하면 선택II가 유리하며 500시간 초과하여 사용하면 선택III이 유리하다고 한다. 실제 기업들의 전기사용 패턴, 요금적용전력 규모에 따라 어떤 요금제가 유리한지 달라지므로 선택요금제에 대해서는 별도 분석이 필요하다.

한편, 선택요금제는 한 번 선택하면 1년 동안은 해당 요금제로 유지를 해야 한다(단 최초 적용을 할 경우에는 1년 이내에도 변경이 가능함). 따라서 선택요금제를 변경할 때는 보다 신중하게 정해야 한다.

[참고] 산업용(을) 고압A 전기사용자의 전력량요금표

산업용(을)

• 광업, 제조업 및 기타사업에 전력을 사용하는 계약전력 300kW 이상 고객에 적용   적용일자 : 2023년 11월 09일

구분		기본요금 (원/kW)	전력량 요금(원/kWh)			
			시간대	여름철(6~8월)	봄·가을철 (3~5,9~10월)	겨울철(11~2월)
고압A	선택 I	7,220	경부하	99.5	99.5	106.5
			중간부하	152.4	122.0	152.6
			최대부하	234.5	152.7	210.1
	선택 II	8,320	경부하	94.0	94.0	101.0
			중간부하	146.9	116.5	147.1
			최대부하	229.0	147.2	204.6
	선택 III	9,810	경부하	93.1	93.1	100.4
			중간부하	146.3	115.2	146.5
			최대부하	216.6	138.9	193.4

※ 출처 : 한전ON(online.kepco.co.kr)

기타 (1) 역률요금

전기요금 청구서를 보게 되면, 역률요금이라고 하는 것이 있다. 우선 '역률'이라는 것을 알아야 하는데, 역률은 쉽게 말하면 공급되는 전력 중에서 유효하게 사용되는 비율이라고 보면 된다.

잠깐 어려운 이야기를 하면, 전기에는 직류(DC)와 교류(AC)가 있다. 둘의 가장 큰 차이는 전압과 전류의 방향이다. 직류에서는 전압과 전류가 한 방향으로 흐르는 반면, 교류는 전압과 전류의 방향이 계속 반대로 바뀌게 된다. 전압과 전류의 방향이 바뀔 때, 동일한 시점에 바뀌는 것이 아니라 약간의 차이가 발생하는데 이를 '위상차'라고 하고, 이 위상 차이에 따라 '전자기기를 작동시키는 것과 같은 일'을 하지 않는 전력이 발생할 때가 있는데 이때 발생하는 전력을 무효전력(Reactive Power)[05]이라고 한다. 반대로 무효전력이 발생하지 않을 때는 우리가 흔히 말하는 전력인 유효전력이 발생하게 되고, 이러한 유효전력과 무효전력의 합을 피상전력이라고 부른다.

---

[05] 무효전력이라고 해서 쓸모가 없는 것은 아니다. 단어에서 '무효'라는 표현이 들어가다 보니 쓸모없는 것이라고 오해할 수 있지만, 무효전력은 유효전력을 전달하는 매개체로서의 역할을 수행한다.

여기서 피상전력에 대한 유효전력의 비율이 역률로서, 결국 교류 회로에서 전체 공급된 전력 중에서 실제 전기사용처에서 사용되는 비율을 말한다고도 할 수 있다. 역률이 낮으면 낮을수록 공급하는 전기 중에 실제 전기사용자가 사용하는 전기의 양은 줄어들게 되므로, 역률을 높게 가져가는 것이 전력을 공급하는 주체로서는 좋다. 또한, 무효전력의 양이 많아지면 많아질수록 계통의 안정성이 떨어지기 때문에, 송배전망 사업자 입장에서는 역률이 낮을수록 더 많은 계통보강 설비를 설치하거나, 아니면 계통 안정성을 높이기 위한 조치(특수 발전기 가동 등)를 취해야 하므로 여러모로 손해이다.

따라서 한국전력에서는 전력공급의 효율성을 강화하기 위해 전기 사용자의 역률에 따라 기본요금을 추가로 청구하거나 아니면 감액시켜 주는 '역률요금'을 도입하여 운영 중이다. 전기사용자가 아무리 노력한다 하더라도 설비의 특성 등으로 인해 역률을 100% 맞추는 것은 어려우므로, 한국전력에서는 전기사용자의 적정 역률에 대해 낮~저녁(09~23시)에는 90%, 밤(23~09시)에는 95%로 간주하고 있다(참고로 낮 ~저녁 시간대에는 지상역률이 기준이고, 밤에는 진상역률이 기준이 되는데 이 부분 은 복잡하기도 하고 RE100과 깊은 관련이 있는 것은 아니니 넘어가도록 하겠다).

이때, 낮~저녁 시간대에 전기사용자의 역률이 90%보다 낮으면 1% 차이가 날 때마다 기본요금의 0.2%를 추가로 부과하게 되고, 90%보다 높으면 1% 차이가 날 때마다 기본요금의 0.2%를 감액하는 형태로 역률요금을 부과하게 된다(밤 시간대의 경우 95%에 미달하면 1% 차이가 날 때마다 기본요금의 0.2%를 추가로 부과하고, 감액시켜 주는 구조는 없다). 단 역률의 하한값은 65%이며 상한값은 95%이다. 즉 전기사용자의 역률이 60%라 하더라도 65%로 간주하고 역률요금을 부과한다는 것이고, 전기사용자의 역률이 98%라 하더라도 95%로 간주하고 요금을 감액시켜 준다는 의미이다.

역률을 높이는 노력을 하기 위해서는 무효전력을 줄여야 하는 것으로, 이를 위해 콘덴서와 같은 장치를 전기사용자가 설치하기도 한다. 그러나 실질적으로 역률은 기존 설치된 장비들 특성에 따른 경우가 많기 때문에 역률을 크게 높이거나 하는 등의 솔루션이 자주 사용되지는 않는다.

기타 (2) 예비전력

　전기요금 청구서를 보면 '예비전력' 항목이 있는 경우가 있다. 예비전력은 전력을 공급받는 주 선로에 문제가 생겨서 정전이 발생하는 경우를 대비해, 주 선로와는 별개의 수전 선로를 구축하여 정전을 막고자 할 때 지불하는 비용이다. 즉, 예비전력은 전기사용자가 1개가 아니라 2개의 수전설비를 구축하고, 평상시에는 주 선로를 사용하고 있다가 해당 선로에 문제가 생기면 다른 선로를 사용하게 되는 형태이다 (전기사용자가 예비전력이 필요 없다고 생각했다면 선택하지 않을 수 있으며, 이 경우 전기요금 고지서에 예비전력 내용이 없을 수 있다).

　전기사용자 중에서 예비전력을 갖추고자 하는 경우들은 많다. 예를 들어, 제품을 냉동 보관해야 하는 경우를 생각해 보자. 정전으로 인해 몇 시간 이상 냉동실의 온도를 유지할 수 없을 경우, 제품이 모두 손상되어 막대한 재물 피해를 입을 수 있다. 이때 예비전력이 있다면 해당 선로를 통해 전기를 공급받을 수 있으므로 냉동실의 저온을 유지할 수 있을 것이다. 이처럼 예비전력은 전기가 끊기면 큰 피해를 입는 전기사용자들이 주로 선택하는 전기요금이다.

　예비전력을 비상용 발전기처럼 생각하는 전기사용자가 있다. 그러나 둘은 엄밀히 다르다. 예비전력은 어쨌든 한국전력에서 전기를 공급하는 것으로서, 만약 한국전력 전체에 문제가 생겼다면 예비전력을 선택하였다 하더라도 전력공급이 차단될 수 있다. 비상용 발전기는 아예 전기공급이 불가한 상황을 대비해 전기사용자가 자체적으로 전기를 생산/공급하기 위한 설비이다. 한국전력의 전기공급 자체가 끊겼을 때 비상용 발전기를 가동하여 전력공급을 하는 경우가 그 예이다. 예비전력과 비상용 발전기 모두 전력공급의 불안정성을 대비하기 위한 목적이지만 사용하는 상황이 다른 셈이다.

한국전력의 예비전력 요금은 예비전력(갑)과 예비전력(을) 2가지가 있다. 둘의 차이는 예비전력을 어디 변전소에서 가져오느냐에 있다. A라는 전기사용자가 '가'라는 변전소로부터 주 전력을 공급받고 있다고 해보자. 이때, A라는 전기사용자가 예비전력을 '가' 변전소로부터 공급받도록 하면 예비전력(갑)이 되고, '가' 변전소가 아니라 인근에 있는 다른 변전소로부터 공급받도록 하면 예비전력(을)이 된다.

이러한 구조에서 보면, 예비전력(갑)은 주 선로의 문제가 생겼을 때 예비전력을 통해 전력을 공급을 수 있지만 변전소에 문제가 생겼을 때는 예비전력으로도 전력공급을 받을 수 없다. 반면 예비전력(을)은 변전소에 문제가 생겨도 전력을 공급받을 수 있다.

예비전력을 선택한다면 당연히 비용을 지불해야 한다. 예비전력의 구조를 보면 알 수 있듯이 또 하나의 선로를 구축해야 하기 때문에 기본요금이 필수적으로 존재한다. 그리고 그 기본요금 외에도, 예비전력을 통해 사용하는 전력에 대해서는 전력량요금(+기후환경요금+연료비조정요금+부가정산금)을 동일하게 지불해야 한다.

이때 기본요금의 기준이 되는 것은 주 전력에 대한 기본요금이다.

예비전력(갑)의 경우는 주 전력 기본요금의 5%를 기본요금으로 청구하고, 예비전력(을)의 경우는 주 전력 기본요금의 10%를 기본요금으로 청구한다(이때, 변전소로부터 전기사용자의 사업장까지 선로를 전기사용자가 직접 설치하면 요금이 절반으로 줄어든다).

참고로 예비전력에 대한 계약전력 규모를 주 전력에 대한 계약전력과 다르게 설정할 수 있다. 정전이 발생했을 때 사업장의 모든 곳이 정상적으로 가동될 필요가 없을 수도 있으므로 특정 부분(ex 냉동창고)만 정상 가동을 하고 싶을 때는 예비전력에 대한 계약전력 규모를 줄이는 편이다. 예비전력의 계약규모를 줄일 경우, 당연히 예비전력의 기본요금도 줄어든다. 전기사용자 입장에서도 전체 기본요금의 5~10%를 추가로 지불하기보다는 꼭 필요한 만큼만 예비전력으로 정하여 지불하는 것이 합리적인 판단이다.

CHAPTER 4

RE100 이행수단에 대한 이해

한국의 RE100 이행수단

 Global RE100이 2014년에 시작한 데 비해, 한국에서는 이보다 늦은 2020년부터 본격적인 RE100 이행수단들이 도입되기 시작했다. 현재 국내 RE100 이행수단은 총 5개로, ① 녹색프리미엄 ② REC 구매 ③ PPA ④ 자가발전 ⑤ 지분투자가 있으며 녹색프리미엄과 REC, 자가발전은 2021년부터, PPA는 2022년부터 시행된 제도이다(지분투자는 별개).

 이번 「CHAPTER 4」에서는 한국의 RE100 이행수단들에 대해 세부적으로 살펴볼 예정이다. 국내에서 RE100을 이행해야 하는 기업들은 결국 한국에 어떤 제도가 있는지 알아야 자신의 상황에 맞게 재생에너지를 가장 효율적으로 구매할 수 있으므로, 시장 동향뿐만 아니라 제도적인 측면에서도 자세히 알고 있어야만 한다.

 특히나 본 책에서는 그중에서도 PPA(Power Purchase Agreement)에 대해 자세히 다룰 예정이다. RE100 이행수단 5가지 중에서 PPA와 자가발전은 다른 이행수단과 다르게 재생에너지 전기를 직접 구매 또는 사용하는 형태이며, 특히 PPA는 고정가격으로 장기 계약을 체결하는 것이 일반적이기 때문에 기업들이 가장 선호하는 RE100 이행수단이다. 그러나, 한국 기업들은 PPA에 대한 이해와 분석을 어려워한다. 왜냐하면 한국전력이 독점적으로 전기를 공급하는 한국의 전력 소매시장에서 한국 기업들은 선택적으로 전기를 구매해 본 적이 없는데, PPA는 한국전력으로부터 공급받는 전기의 가격, 즉 한국전력의 전기요금과 PPA의 비용을 비교하여 무엇이 기업에게 더 유리한지 판단해야 하는 이행수단이기 때문이다. 기업 입장에서 PPA를 실행하기 위해서는 다른 이행수단보다 더 높은 이해도와 검토가 필요하므로 자세히 다루고자 한다.

RE053.
재생에너지 사용 확인서(REGO)

  한국의 RE100 이행수단을 본격적으로 알아보기 전에 우선적으로는 '재생에너지 사용 확인서'에 대해 알아야 한다.

  재생에너지 사용 확인서는 한국에너지공단과 한국전력에서 발급해 주는 인증서로, 전기사용자들이 재생에너지로 전기를 사용했다는 것을 입증해 주는 증서이다. 영어로는 Renewable Guarantees Of Origin(REGO)라고 부른다. 재생에너지 사용 확인서는 기업/기관 등이 공식적으로 한국에서 재생에너지를 사용했다고 증명하고자 할 때 사용하는 증서로, Global RE100 가입 기업들은 이 재생에너지 사용 확인서를 한국에너지공단으로부터 발급받아 CDP에 제출함으로써 RE100을 얼마나 이행했는지 증명하고 있다.

  재생에너지 사용 확인서는 산업부가 '고시'로서 발표하는 「신·재생에너지 설비 지원 등에 관한 규정」에서 다루고 있다. 현재 재생에너지 사용 확인서를 발급받을 수 있는 대상은 '전기소비자'이며, 해당 규정에서 전기소비자에 대해 RE100 이행수단별로 다르게 지정할 수 있도록 해놓았다. 이 말은 즉 녹색프리미엄을 통해 재생에너지 사용 확인서를 발급받을 수 있는 대상과 REC 구매를 통해 재생에너지 사용 확인서를 발급받을 수 있는 대상이 다르다는 의미로, 이로 인해 어떤 전기소비자는 녹색프리미엄으로 RE100을 할 수 있지만 REC 구매로는 RE100을 하지 못하는 경우가 발생한다.

누가 어떤 RE100 이행수단을 사용할 수 있는지는 후에 이야기하도록 하겠으며, 여기서는 재생에너지 사용 확인서를 발급받을 수 있는 대상에 대해 통일된 규정으로 정해놓지 않고 각 이행수단별로 다르게 지정해 놓았다는 것만 기억해 놓기를 바란다.

참고로, 재생에너지 사용 확인서(REGO)와 신·재생에너지 공급인증서(REC)는 다른 것이다. 신·재생에너지 공급인증서는 발전사업자에게 발급되는 것으로서 재생에너지 발전소로 재생에너지를 '생산'했다는 것을 증빙하는 자료이고, 재생에너지 사용 확인서는 '전기소비자(전기사용자)'들에게 발급되는 것으로 재생에너지를 '사용'했음을 증빙하는 자료이다. 그래서 발전사업자로부터 REC를 구매하고, 기업이 이를 재생에너지 사용 확인서로 전환해야 하는 것이지 REC를 구매했다고 RE100 이행이 끝나는 것은 아니다.

재생에너지 사용 확인서는 MWh 단위로 발급이 되며, 재생에너지 사용 확인서 내에는 누가, 어떤 방식으로 얼마나 재생에너지를 사용했는지가 기재되고 재생에너지를 생산한 발전소에 대한 정보(발전소의 발전원, 발전소가 생산한 기간 등)도 함께 기재되도록 하고 있다. 그래서 재생에너지 사용 확인서를 통해 기업이 사용한 재생에너지가 당해 연도인지 아니면 과거의 것인지, 혹은 문제가 있는 발전소의 것인지 아닌지 등을 구분할 수 있다.

예를 들어, 앞서서 Global RE100에 대한 이해에서 보았듯이, 바이오에너지와 수력에 대해서는 지속 가능한 발전소인 경우에만 RE100

으로 인정을 하고 있다. Global 기업 입장에서 한국의 바이오에너지와 수력의 지속 가능성에 대해 의구심이 든다면 한국에 있는 공급 기업에게 바이오에너지와 수력으로는 RE100 이행을 하지 말라고 권고할 수 있으며, 공급 기업들은 재생에너지 사용 확인서에 발전원이 기재가 되니, 이를 통해 자신들이 태양광, 풍력과 같은 발전원으로 RE100을 이행했다고 증명할 수 있다.

한편, 재생에너지 사용 확인서는 양도/판매 등이 불가능하다. 최초로 발급받은 전기소비자에게 귀속되기 때문에 누구에게 재생에너지 사용 확인서가 발급되는지를 명확히 인지해야 추후에 RE100 이행에 문제가 없다. 재생에너지 사용 확인서는 결국 한국의 기업들이 RE100 이행수단을 통하여 최종적으로 얻어야 하는 증서이므로, 앞으로의 모든 설명들이 이 재생에너지 사용 확인서를 얼마나 효율적으로 얻을지에 대한 방법과 고민들인 셈이다.

RE054.
전력배출계수

　RE100 이행수단에 대한 설명 전에, 마지막으로 전력배출계수에 대해 설명하고자 한다. 재생에너지를 사용하는 이유는 전기를 사용하면서 발생하는 탄소배출량을 감소하기 위함이라고 하였다. 그렇다면 전기를 사용할 때 얼마나 많은 탄소를 배출하는 것일까? 이에 대해 쉽게 답을 하기는 어렵다. 왜냐하면 어떤 발전원으로 만든 전기냐에 따라 발생하는 탄소의 양이 다 다르기 때문이다. 예를 들어 석탄을 연소하여 1MWh를 만들 때와 태양광을 통해 1MWh를 만들 때 발생하는 탄소의 양은 차이가 날 수밖에 없다.

　그렇다면 각 기업별로 어떤 발전원의 전기를 얼마만큼 사용했는지 파악하면 각 기업이 전기를 사용하면서 발생한 탄소배출량이 얼마인지 알 수 있을 것이다. 하지만 이것 역시 어렵다. 왜냐하면 앞서 말했던 것처럼, 전기에는 꼬리표가 없기 때문이다. 즉, 계통 내에서 모든 전기가 다 섞이므로 어떤 발전원의 전기가 누구한테 들어갔는지는 알 수 없다.

　이와 같은 이유로 일반적으로는 각 국가별로 전력배출계수라는 것이 존재한다. 전력배출계수는 해당 국가에서 전기 1MWh를 생산할 때 발생하는 탄소의 양을 계산한 것으로서, 쉽게 말하면 전기생산 과정에서 발생하는 총 탄소의 양을 총 발전량으로 나눈 값이다. 다만 이렇게 산정된 값은 발전 과정에서의 탄소배출량이기 때문에, 전기를 사용하는 소비자 측의 전력배출계수는 송배전망에서 손실된 전력량을 발전량에서 빼줘야 한다. 그래서 한 국가에는 발전단 전력배출계수와 소비단 전력배출계수가 존재하며, 소비단 전력배출계수가 발전단 전력배출계수보다 높게 형성된다.

2024년 현재, 한국의 소비단 전력배출계수는 0.4747톤CO2/MWh(2021년 승인 국가 온실가스 배출·흡수계수 기준)이다. 즉 1MWh의 일반 한국전력 전기를 사용하면 0.4747톤의 이산화탄소를 배출한다는 뜻으로서, 100MWh를 사용한 기업의 온실가스 배출량은 47.47톤이 된다.

한편, 재생에너지를 사용하게 되면 탄소배출량이 0이 된다. 다른 말로 하면, 기업이 1MWh의 재생에너지를 사용하게 되면 0.4747톤의 온실가스를 감축하게 된다는 뜻으로서, 온실가스 감축이 필요한 기업의 경우에는 감축 필요량에 맞게 재생에너지 전력을 구매하는 경우도 있다. 예를 들어 1년간 1,000톤의 온실가스를 감축하고자 할 경우, 1,000톤CO2÷0.4747톤CO2/MWh=약 2,106MWh의 재생에너지를 구매하면 된다.

전력배출계수는 앞으로 재생에너지 구매 과정에서 빈번하게 사용되므로 그 값을 기억하고 있어야 하며, 일반적으로는 0.47톤CO2/MWh로 사용되는 편이다.

RE100 이행수단 1.

녹색프리미엄

RE055.
녹색프리미엄 (1) 개요

　녹색프리미엄(Green Premium)은 RE100 이행이 필요한 전기소비자들이 한국전력으로부터 '재생에너지 사용 확인서'를 구매함으로써 RE100을 이행하는 방법이다. 2019~2020년에 한국전력이 녹색프리미엄 시범사업을 진행했으며, 2021년부터 실질적인 판매를 시작하면서 2024년 기준, 4년째 진행 중인 이행 제도이다.

　녹색프리미엄의 가장 큰 특징은 곧바로 재생에너지 사용 확인서를 구매한다는 점에 있다. 다른 RE100 이행수단들은 재생에너지 사용 확인서를 발급받기 위해 재생에너지와 관련된 다른 재화(REC, 전기)를 구매한 후 재생에너지 사용 확인서를 발급받게 되는데 반면, 녹색프리미엄은 재생에너지 사용 확인서를 직접 구매하기 때문에 행정적으로는 번거로움이 적다.

　또한 녹색프리미엄은 한국전력이 입찰을 통해 판매하는데, 판매하는 물량이 많다 보니 한꺼번에 많은 양을 구매할 수 있다는 장점이 있으며, 가격 역시 저렴하여 현재까지 기업들이 가장 많은 규모로 구매하고 있는 RE100 이행수단이다.

　다만, 재생에너지 사용 확인서만 구매를 하게 되다 보니 실제 전기는 한국전력으로부터 구매를 해야 하므로, RE100 이행비용 관점에서 보면 재생에너지 사용 확인서 구매에 소요되는 비용에 더하여 한국전력으로에 납부하는 전기요금까지 고려해야 한다. 그 결과로 한국전력의 전기요금이 인상되면 RE100 이행의 총비용이 늘어날 위험(Risk)이 있기에 안정적인 이행수단으로 평가되지는 않는다.

한편 녹색프리미엄은 한국의 배출권 거래제 상에서 온실가스 감축 실적으로 인정되지 않는다. 앞서서 전력배출계수를 설명 때, 한국에서는 1MWh의 전력을 소비하면 0.47톤의 이산화탄소를 배출한 것으로 간주된다고 했다. 만일 재생에너지 전기를 사용하면 0.47톤의 이산화탄소를 배출하지 않게 되므로 그만큼을 기업 온실가스 배출량에서 감축 받을 수 있는 것인데, 녹색프리미엄은 정부에서 이 효과를 인정해주지 않는다. 그러다 보니 탄소배출권 거래제 대상 기업 입장에서는 전기요금 인상에 대한 위험뿐만 아니라 배출권 가격 상승에 대한 위험에도 노출된 이행수단으로 인식하고 있다.

때문에 현재는 저렴하게 대량으로 구매할 수 있어 선호하기는 하지만 향후에는 녹색프리미엄의 비중을 낮춰가는 형태로 RE100 이행계획을 세우는 기업들이 대부분이다. 앞으로 녹색프리미엄에 대해서는 어떤 방식으로 입찰을 진행하는지, 그리고 한국전력의 녹색프리미엄 물량은 어디서 확보되는 것인지 그리고 녹색프리미엄을 둘러싼 여러 가지 이슈들에 대해 살펴볼 것이다.

녹색프리미엄 (2) 판매 방식

　녹색프리미엄은 한국전력에서 판매하고 있으며, 판매 방식은 '입찰'이다. 여기서 말하는 입찰은 기업이 가격과 물량에 대해 기재하여 제출하는 방식으로, 가격이 높은 순서대로 판매하되, 같은 가격이라면 더 많은 양을 사는 기업에게 우선적으로 판매하는 형태를 띠고 있다.

　2021년과 2022년에는 상반기 1회, 그리고 하반기 1회까지 하여 매년 2회에 걸쳐 입찰을 진행하였다. 많은 기업들이 녹색프리미엄을 이용하다 보니 녹색프리미엄이 현재 '양'으로는 가장 많은 재생에너지 구매 수단으로 알려져 있는데, 입찰을 할 수 있는 횟수가 너무 적다 보니 기업 입장에서는 다소 어려운 문제가 있었다. 기업의 전기사용량은 정확하게 예측하기 힘든 반면, 녹색프리미엄은 구매할 수 있는 횟수가 정해져 있다 보니 기업들이 얼마나 구매해야 하는지를 정확히 산정하기 너무 어려웠던 것이다. 그렇다고 넉넉하게 구매하게 될 경우에는 재생에너지 사용 확인서가 넘치게 되고, 남는 재생에너지 사용 확인서는 제3자에게 판매할 수도 없고 다음 연도로 이월도 불가능했기 때문에 실질적으로 기업들이 보수적으로 구매를 할 수밖에 없었다.

　한국전력에서도 이러한 녹색프리미엄의 경직성을 깨닫고, 2023년에 들어서는 녹색프리미엄에 대한 연간 입찰 횟수를 2회에서 3회로 늘렸다. 기업들이 조금 더 자신의 전기사용량 추이를 보면서 구매를 할 수 있도록 노력해 준 것으로서, 업계에서는 녹색프리미엄 입찰 횟수가 앞으로 더 늘어날 것으로 기대하고 있다.

한편, 녹색프리미엄의 가격은 하한가가 존재한다. 바로 10원/kWh로, 아무리 판매량이 많다고 하더라도 기업은 10원/kWh보다 낮은 가격으로는 구매할 수 없다. 녹색프리미엄은 기업이 재생에너지 사용 확인서를 구매하는 것이라고 말하였고, 기업은 재생에너지 사용 확인서를 제출함으로써 RE100을 이행한다고 했었다. 따라서 녹색프리미엄의 하한 가격이 10원/kWh라는 말은 한국 정부가 재생에너지 가격의 하한값을 10원/kWh로 설정했다는 것과 다를 바 없다.

때문에 기업들이 다른 RE100 이행수단에 대한 비용을 분석할 때 '녹색프리미엄의 하한가 10원/kWh+전기요금'을 최소 RE100 이행비용으로 간주하고 있으며, 타 이행수단이 이보다 높냐(높으면 얼마나 높으냐) 혹은 낮으냐를 놓고 이행수단에 대한 경제성을 평가하는 경향이 존재한다.

녹색프리미엄을 구매할 수 있는 대상은 생각보다 넓다. 일반적인 기업뿐만 아니라 별도의 한국전력 고객이 아닌 기업들도 한국전력의 고객과 전기를 함께 사용하고 있는 경우(ex 건물을 임차하여 사용하는 형태)에는 구매할 수 있으며, 구역전기사업자의 고객도 녹색프리미엄 구매가 가능하다. 또한, 한국전력의 계약종이 교육용과 농사용인 경우에도 구매할 수 있도록 되어 있는데, 이는 RE100 이행수단 중 가장 구매할 수 있는 범위가 넓은 것이다(자가발전은 자체적으로 설치하는 것이므로 제외).

사실 최초 시행할 때만 해도 산업용·일반용 고객만 녹색프리미엄 입찰에 참여할 수 있었는데, 다양한 전기사용자들이 RE100을 이행하고자 함에 따라, 시간이 지나면서 참여 가능 대상 범위가 확대되었다.

한편, 2024년부터 녹색프리미엄 판매 시, 발전원별 입찰로 변경됐다. 기존에는 어떤 발전원이든 상관없이 우선 입찰을 진행하고, 이후 기업이 원하는 발전원을 선택할 수 있었는데 2024년부터는 애초에 태양광, 풍력, 수력 및 바이오에너지 4가지로 구분되어 입찰이 진행된다.

이와 같이 발전원별 입찰로 구분된 사유는 앞서 「RE005」에서 언급했던 것처럼, 일부 발전원은 한국에서 사용하게 되면 Global RE100으로 인정받지 못하거나, 고객사가 특정 발전원으로 재생에너지를 구매하라는 요구들이 있기 때문이다.

그렇다면 녹색프리미엄 물량은 어떻게 산정되는 것일까?

녹색프리미엄 [3] 판매 물량

　2023년, 한국전력에서 한 해 동안 판매하기로 한 녹색프리미엄 물량은 총 51.84TWh이다. 이 물량은 어떻게 산정된 것일까?

　녹색프리미엄 물량을 산정하는 주체는 '재생에너지 사용 심의위원회'이다. 재생에너지 사용 심의위원회의 역할은 녹색프리미엄을 운영하는 데 필요한 주요 사항을 결정하는 한편, 녹색프리미엄 재원을 어떻게 활용할지를 논의하고 결정하고 있으며 한국에너지공단이 전담기관이 되어 산업계, 학계 등 전문가로 위원회를 구성하고 있다.

　2021년과 2022년에 녹색프리미엄 물량을 산정할 때, 재생에너지 사용 심의위원회는 FIT와 RPS 공급량을 기본으로 하였다. 이는 한국전력이 재생에너지를 구매하는 형태는 RPS와 FIT로 공급되는 재생에너지이기 때문이다. RPS 구조상, 재생에너지가 전기를 생산하면, 전기는 한국전력거래소 전력 도매시장을 통해 한국전력에게 판매되고(1MW 미만 신·재생에너지 발전소들은 직접 한국전력에게 판매 가능), REC는 RPS 의무이행자들에게 판매되었다가 다시 한국전력/한국전력거래소에 제출하도록 되어 있으므로 실질적으로 전기와 REC 모두 한국전력이 구매하고 있다.

　재생에너지 사용 심의위원회에서는 당해 연도 RPS로 공급될 재생에너지 물량에 대해 매우 보수적으로 추정하였고, 이를 반영하여 한국전력이 판매할 수 있는 녹색프리미엄 물량을 산정해 왔다. 실제로, 2021년과 2022년 한국의 재생에너지 발전량에 비해서 녹색프리미엄 판매 물량은 큰 비중을 차지하지 않았다.

그러나, 2023년부터는 산정 방식이 변경됐다. 2023년의 경우, 재생에너지 사용 심의위원회에서 산정한 녹색프리미엄 물량은 10차 전력수급기본계획에 반영된 재생에너지 발전량을 기준으로 산정되었다.

전력수급기본계획이란, 산업부가 2년마다 수립하는 국가의 전력공급계획으로, 수요 변동에 대비하여 안정적인 전력공급, 그리고 국가 탄소감축을 위하여 어떤 발전원을 얼마만큼 늘리고 줄일지를 결정하는 기본계획서이며 향후 15년간의 계획을 담고 있기 때문에 실질적으로는 국가 전력산업의 가장 기본이 되는 계획서라고 할 수 있다.

즉 재생에너지 사용 심의위원회는 10차 전력수급계획에 담긴 재생에너지 발전량 중에서, 태양광과 풍력, 바이오, 그리고 수력(대수력 제외)의 재생에너지 발전량을 모두 더해 녹색프리미엄 물량으로 판매하기로 했다. 2023년부터는 굉장히 공격적으로 산정한 것이다.

물론, 총 3차에 걸친 판매 중에서 1차는 전체 판매 물량의 80%만 판매하고, 2차는 1차 판매량의 잔여량만 판매하며, 3차 판매 시에는 2023년 RPS 공급량을 기준으로 다시 연간 판매 물량을 산정하는 등의 방법들을 고안해 두기는 하였다. 그러나, 그럼에도 불구하고 이와 같은 산정 방식 등으로 인해 녹색프리미엄에 대해서는 그린워싱[06] 논란이 끊이지 않고 있다.

---

[06] 기업이나 단체에서 실제로는 환경보호 효과가 없거나 심지어 환경에 악영향을 끼치는 제품을 생산하면서도 친환경적인 모습으로 포장하는 것

RE058.
녹색프리미엄
(4) 재생에너지 공매도 논란

　앞선 「RE057」에서 이야기한 것처럼, 2023년 기준으로 녹색프리미엄 물량은 10차 전력수급기본계획에 따라 예상되는 2023년 재생에너지 발전량 총량이다. 10차 전력수급기본계획에 따른 재생에너지 발전량 총량이라는 것은 올해 예상되는 발전량이지 실제 발전된 것이 아니다. 때문에 일각에서는 녹색프리미엄을 놓고 한국전력이 재생에너지를 공매도하는 것이 아니냐 하는 논란을 제기하기도 한다. 재생에너지 발전소가 얼마나 발전할지 알 수 없는 상황에서, 예상되는 발전량을 정하여 미리 판매하는 것이 합리적인지 의문을 제기하는 것이다.

　단순 판매 물량을 예상치로 산정하는 것을 넘어서서 또 하나 문제가 되는 부분은 RE100으로 판매될 재생에너지 물량들도 모두 녹색프리미엄 판매 물량에 집계가 되고 있다는 점이다. 한국 RE100 시장에서도 기업들이 REC 구매, PPA 등을 통해 재생에너지 발전소로부터 나오는 인증서와 전기를 구매하기 시작했다. 엄밀히 이야기하면 녹색프리미엄 판매 물량에서 이들 RE100 판매량은 제외해야 맞으나, 현재 녹색프리미엄 판매 물량은 이들 RE100 판매량까지 포함한 재생에너지 발전량의 총량이므로 중복 판매가 될 수 있는 위험이 있다.

물론, 한국전력이 3차에 걸쳐 녹색프리미엄을 판매하면서 한 번에 모든 물량을 판매하지 않음에 따라 중복 판매 위험을 피하고자 하는 구조는 넣어놓았다. 1차 판매에서는 전체의 80%만 판매함으로써 일정 수준 이상의 여유 물량은 남겨두었다. 또한 3차 판매 때는 RPS 의 무공급량에 따라 물량을 조정할 수 있도록 하여 실질적으로 한국전력이 RPS로 구매하는 재생에너지양을 기준으로 녹색프리미엄을 판매하도록 하기도 했다.

그러나, 이는 중복 판매 위험을 완화하는 조치일 뿐, 근본적인 해결책이 되지는 못한다. 가령, 1차 때 전체의 80%를 모두 기업이 낙찰받았는데 그해 비가 너무 많이 와서 태양광 발전소의 이용률이 확 떨어질 경우, 한국전력이 판매한 80%의 발전량도 채우지 못할 가능성이 있기 때문이다. 이렇게 되면 기업은 재생에너지를 한국전력으로부터 구매했음에도 불구하고, 실질적으로는 재생에너지 사용 확인서를 받지 못하는 사태가 발생할 수 있다.

한편, 현재와 같은 물량 산정 방식은 앞으로 계속되기 어렵다. 10차 전력수급기본계획은 2022년에 수립된 것으로서, 2023년에 대한 재생에너지 발전량 예측은 보다 정확할 가능성이 있다. 하지만 시간이 가면 갈수록 예측했던 연도와 예측 대상의 연도 간 차이가 발생함에 따라 그 예측 정확도는 떨어질 것이고, 재생에너지를 넘치게 판매할 가능성 역시 배제할 수 없게 된다. 결과적으로 보다 안정적 재생에너지 판매와 기업들의 사용을 위해서라도 녹색프리미엄 물량 산정 방식은 변경이 되어야 할 상황인 것이다.

녹색프리미엄은 한국에서의 독점적 전력 소매사업자이자 국영기업인 한국전력이 운영하는 국내 재생에너지 구매 제도이다. 그만큼 녹색프리미엄에 대한 Global 기업들의 신뢰도가 중요한데, 현재와 같은 방식으로 물량을 산정하고 판매하는 것은 한국 재생에너지에 대한 신뢰도를 무너뜨릴 수 있는 위험이 있다.

RE059.
녹색프리미엄
(5) 온실가스 감축 실적 미인정

녹색프리미엄에 대한 문제점으로 지적되고 있는 것 중 또 다른 한 가지는 바로 온실가스 감축 실적으로 인정되지 않는 점이다. 앞서 「RE052」에서 이야기했던 한국의 RE100 이행수단 5가지 중 녹색프리미엄을 제외하고는 모두 온실가스 감축 실적으로 인정받을 수 있다.

여기서 온실가스 감축 실적이라는 의미는 배출권 거래 제도하에서 온실가스 감축 실적으로 인정받을 수 있다는 의미로서, 만일 녹색프리미엄이 아닌 다른 이행수단을 통해 재생에너지를 구매하게 되면 해당 구매량만큼은 탄소배출을 하지 않은 것으로 간주하겠다는 뜻이다. 즉, 본래 A라는 공장에서 100의 탄소를 배출했다고 했을 때, REC를 통해 10을 감축했다면 실질적으로 90의 탄소를 배출한 것으로 계산이 되는 것이다.

온실가스 감축과 탄소배출권은 서로 다른 의미를 지니기 때문에 주의해야 한다. 예를 들어, 앞선 예에서 A라는 공장이 100의 탄소를 배출했을 때, 10을 감축하는 것과 10의 탄소배출권을 사는 것은 전혀 다르다. 10을 감축하는 것은 기업이 배출한 탄소량 자체가 100에서 90이 되는 것이고, 10의 배출권을 산다는 것은 10만큼을 배출할 수 있는 권리를 구매하는 것이기 때문에 기업 배출량은 100 그대로 남아 있게 된다. 우리가 흔히 말하는 탄소중립(Carbon Neutral)은 기업이 배출하는 탄소의 양과 탄소감축 활동을 통하여 발생된 탄소량의 합을 0으로 만들겠다는 뜻이기 때문에 단순히 배출권을 구매하는 것과는 차이가 크다(물론 상쇄배출권을 사는 것은 또 다른 이야기이기는 하다).

어쨌든, 녹색프리미엄을 구매하는 것은 재생에너지 사용 확인서를 구매하는 것이기는 하나, 녹색프리미엄을 통해 재생에너지 사용 확인서를 구매한다 하더라도 기업이 온실가스 감축 실적을 인정받을 수는 없다. 이와 같이 녹색프리미엄을 구매하여도 온실가스 감축 실적으로 인정받지 못하는 이유는 이미 녹색프리미엄을 통해 공급되는 재생에너지에 대해서 전력배출계수 속에 온실가스 감축 효과가 반영되어 있기 때문이다.

앞서서 전력배출계수를 설명하면서 한국은 1MWh의 전기를 사용하면 0.47톤만큼의 온실가스를 배출한 것으로 간주된다고 하였다. 이 말은 '한국에서 전체 전기를 소비하는 데 발생하는 탄소량÷한국의 전체 전기사용량'이 0.47톤/MWh라는 의미인데, 여기서 재생에너지에 대한 부분(탄소량은 0일 것이며, 발전량은 모수에 포함) 역시 포함되어 계산되고 있는 중이다(그동안의 재생에너지는 RPS와 FIT와 같이 정부가 구매해 주는 재생에너지였기에 민간 기업이 구매하는 것까지 계산 가정에서 고려할 필요가 없었다. 그러나 앞으로 민간 기업들이 구매하는 재생에너지양이 늘어나게 되면, 민간 기업이 구매하는 재생에너지를 배제하는 등의 조정이 필요할 것이다).

한국전력이 기업에게 녹색프리미엄으로 판매하는 물량은 RPS와 FIT를 통해 정부가 구매하는 재생에너지라고 하였다. 만일 녹색프리미엄에 대해서도 온실가스 감축 실적을 인정해 주면 해당 발전량만큼은 전환계수 계산 시 모수에서 제거해야 하는 일이 발생한다. 그러면 국가 전력배출계수의 숫자도 올라가야 하며, 만일 제거하지 않는다면 온실가스 감축 효과가 전력배출계수에도 들어가고 기업에게도 반영되는 중복 산정(Double Counting) 문제가 발생한다. 중복 산정 문제를 만들지 않기 위해, 녹색프리미엄에 대해서는 정부가 온실가스 감축 실적을 인정해 주지 않고, 단순하게 재생에너지 사용 확인서만 발급해 주고 있는 것이다.

이처럼 정부가 녹색프리미엄에 대해 온실가스 감축 효과를 인정해 주지 않다 보니, 녹색프리미엄으로 RE100을 이행하는 것이 정말 제대로 된 RE100 이행방식인지에 대해 많은 기업들의 의문을 제기하는 중이다. 물론 Global RE100에서도 녹색프리미엄을 정당한 RE100 이행수단으로 인정해 주고 있기는 하지만, 개별 기업 입장에서는 다른 이야기이기 때문이다. 예를 들어, RE100뿐만 아니라 탄소중립까지 같이 달성해야 하는 기업들 입장에서는 녹색프리미엄을 구매할 경우 RE100은 이행할 수 있지만 탄소중립은 달성하지 못하기 때문에 녹색프리미엄을 구매하는 데 머뭇거릴 수밖에 없다. 또한 Global 기업들 입장에서도 마찬가지이다. 한국에 있는 자신의 공급망 기업들에게 RE100 이행을 요구하고 있는데, 어떤 기업이 Scope3(공급망에서 배출하는 탄소) 감축에 도움이 되지 않는 녹색프리미엄으로 RE100을 이행한다면 그것이 자사의 탄소중립에 주는 영향이 없으므로 권고하지 않는다. 이에 대한 대표적인 예로 BMW가 있다. BMW는 공급망 기업들이 녹색프리미엄으로 RE100을 이행하는 것을 권고하지 않는다.

한편, 일각에서는 녹색프리미엄을 사용할 경우, 국내 배출권 거래제에서 온실가스 감축 실적으로 인정을 받지 못하는 것이지 GHG

Protocol(Greenhouse Gas Protocol, 온실가스 배출량 산정 및 보고 기준)에서는 온실가스 감축으로 인정받을 수 있다고 언급하는 경우가 있다. 실제로 GHG Protocol에 따라 녹색프리미엄을 구매한 만큼 온실가스 감축한 것으로 기재할 수 있기는 하지만, 이에 대해서는 그린워싱 논란이 있다. 전력배출계수에 탄소감축량이 포함되어 있는데 기업이 다시 감축했다고 말하는 것이 맞느냐는 주장들이 있기 때문이다.

이와 같은 사유로 녹색프리미엄을 통해 RE100을 이행하려는 기업들은 가장 우선적으로 나의 고객이 녹색프리미엄에 대해 어떤 입장인지를 확인해야 한다. 녹색프리미엄을 통한 RE100 이행을 인정해 준다면 녹색프리미엄을 구매해도 되겠지만, 녹색프리미엄을 권고하지 않거나 인정하지 않는다고 하면 다른 이행방식을 찾아야 할 것이다.

RE060.
녹색프리미엄
(6) 앞으로의 변화 방향과 기업 고려사항

「RE008」에서 언급한 것처럼, 2024년부터는 상업운전을 개시한 지 15년 이상된 발전소로 RE100 이행을 하려면 별도의 예외 조건을 충족시켜야만 한다. 2024년 1월 1일 기준으로 15년 이전이라고 한다면 2008년 12월 31일까지 상업운전을 시작한 재생에너지 발전소들로부터 발생한 녹색프리미엄은 예외에 충족되지 않는 이상 RE100 인정을 받지 못한다. 참고로 2008년 12월 31일까지 국내에 설치된 재생에너지 발전소들은 대부분 정부 주도로 설치된 재생에너지 발전소이거나, 아니면 FIT 제도하에서 설치된 재생에너지 발전소이다(RPS 시행 일자는 2012년이기 때문에 그렇다).

하지만 이들 발전소들은 Global RE100이 정한 15년 예외 조항에 포함이 되기 어려운 조건이다. 최초 구매자(Off-Taker)가 정부(한국전력)였으므로 민간 기업이 이에 해당할 수도 없고, 한국전력에 공급하고 있었을 테니 전력계통에 연결된 경우가 대부분일 것이기 때문이다. 유일하게 해당되는 예외 조항은 기업의 전기사용량에 15% 이하인 경우뿐으로, 기업은 2024년 이후부터 15년 이상된 재생에너지 발전소의 녹색프리미엄을 자신의 전기사용량의 15%까지만 구매할 수 있을 것이다.

이와 같은 이유 때문에 재생에너지 발전소가 상업운전으로부터 15년 이상·미만인지를 놓고 녹색프리미엄 입찰이 2가지로 구분될 것으로 보인다.

즉 15년 이하인 재생에너지 발전소로부터 발급되는 녹색프리미엄 시장이 하나 있고, 15년 이상인 재생에너지 발전소로부터 발급되는 녹색프리미엄 시장이 새롭게 생기는 형태일 것으로 예상된다. 기업이 전기사용량이 크다면 15년 이상인 재생에너지 발전소 녹색프리미엄 시장에 들어가 일정 수준을 구매하고, 15년 이하인 녹색프리미엄 시장에서 추가 물량을 구매하게 될 것이다. 물론, 이에 따라 녹색프리미엄에 대한 하한가와 낙찰평균가도 두 시장 간 차이가 발생할 가능성도 충분히 있어 보인다.

발전원별 구분 입찰이 도입된 녹색프리미엄 제도하에서, 15년 이상과 15년 이하로 구분되는 또 하나의 제도가 도입되면 어떻게 될까?

녹색프리미엄의 가장 큰 장점은 빠르고, 쉽게 RE100을 이행할 수 있었다는 것이다. 그러나, 녹색프리미엄의 입찰 시장이 복잡하게 변화함에 따라 기업도 녹색프리미엄 구매에 있어서 다소 복잡한 분석을 통해 의사결정을 해야 할 것으로 보인다.

우선적으로는 기업 스스로에 대해 명확히 분석해야 할 것이다. 기본적으로 상업운전 15년 기준으로 인해 녹색프리미엄 시장이 2개로 나눠진다면 각 시장의 낙찰가격이 달라질 가능성이 크며 범용성이 좋은 15년 이하 시장의 가격이 더 높을 것으로 추정할 수 있다. 따라서 나의 전기사용량에 대한 예측을 보다 정확하게 하여 15년 이상 재생에너지 발전소 녹색프리미엄 시장에서 얼마큼 구매할 수 있을지를 확인하고 비용 최소화를 위해 15년 이상 시장에 일정 수준 참여하고 나머지는 15년 이상 시장에 참여하여 구매해야 할 것이다.

두 번째는 나의 고객이 요구하는 것이 무엇인지 명확히 인지하고 있어야 한다. 특정 발전원에 대해서 배제시킨다는 고객사의 내부 가이드는 없는지, 그리고 한국의 수력과 바이오에너지에 대해 어떤 입장을 가지고 있는지 등을 확인한 후, 발전원에 대한 선택을 해야 한다. 아무래도 지속 가능성 이슈가 없는 태양광과 풍력에 대해서 많은 수요가 몰릴 것이며 상대적으로 수력과 바이오에너지는 다소 수요가 적을 가능성이 높다. 따라서 재생에너지 수요가 계속해서 증가한다면 가격 역시 태양광과 풍력은 높게 형성되며 그 반대급부로 수력과 바이오에너지 쪽은 태양광 풍력 대비 낮을 것으로 보인다. 기업에서 RE100 이행 비용을 낮추려면 결국, 수력과 바이오에너지를 구매할 수 있을지를 확인하고 구매가 가능하다면 수력과 바이오에너지 녹색프리미엄을 우선적으로 선택하는 것도 생각해야 할 것이다.

한편, 이뿐만 아니라 온실가스 감축 실적을 인정받지 못하기 때문에 탄소감축에 필요한 추가적인 비용까지 고려하여 녹색프리미엄에 대한 경제성을 분석해야 할 것이다. CBAM(탄소국경세) 등으로 인해 탄소배출에 따른 비관세 무역장벽이 설치되는 상황에서, 탄소감축의 필요성은 계속해서 커지고 있으며 기업의 비용과 원가에 직접적인 영향을 주고 있다. 재생에너지 구매가 단순 RE100 이행 차원을 넘어 안정적 탄소감축 수단이라는 점을 감안한다면, 녹색프리미엄을 통한 RE100 이행의 비용 경제성이 타 이행수단 대비 정말 높은 것인지, 그리고 안정적인 이행수단인지도 함께 분석을 해야 할 것이다(지금까지는 단순 RE100 이행 차원에서만 검토하는 것이 대부분이었다).

이와 같이 녹색프리미엄 판매 방식의 변화, 그리고 녹색프리미엄이 가지고 있는 본질적 한계(온실가스 감축 실적 미인정)는 앞으로 기업이 녹색프리미엄을 구매하는 것에 대한 의사결정을 더욱 어렵게 만들 것이다. 따라서 장기적으로는 녹색프리미엄을 통한 RE100 이행비중은 점차 줄어들고 안정적 재생에너지 구매가 가능한 장기계약의 수요가 확대될 것으로 보인다.

RE100 이행수단 2.

REC 구매

REC 구매는 RPS 의무이행사들이 RPS 의무이행을 위해 구매하는 바로 그 REC(Renewable Energy Certificates)를 기업이 구매하는 것을 말한다. 재생에너지 발전소가 1MWh의 재생에너지 전력을 생산하면 정부가 REC를 발급해 준다고 이야기했었다. 2020년까지만 해도, REC를 구매할 수 있는 주체는 RPS 의무이행사뿐이었지만 RE100 이행과 Scope2 감축이 필요해짐에 따라 일반 기업들도 REC를 구매할 수 있도록 정부가 제도를 만들어 주었다.

 일반 기업들은 REC를 재생에너지 발전소로부터 구매한 뒤, 이 REC를 한국에너지공단에 제출하고 재생에너지 사용 확인서를 발급받는다. 즉, 구매한 REC를 한국에너지공단에서 발급하는 재생에너지 사용 확인서로 전환하는 것이다.

 기업이 REC를 구매하게 되면 재생에너지 발전소에 발급된 REC가 기업에게 넘어가며 한국에너지공단에서 만든 RE100 REC 거래 시스템에서 모든 거래 과정이 이루어지기 때문에 REC 구매는 REC 거래 및 재생에너지 사용 확인서 출처가 명확하다. 즉 중복 산정(Double Counting)이 발생할 가능성이 없다. 또한, REC를 구매한 기업이 REC

를 제출함으로써 발급받은 재생에너지 사용 확인서를 한국환경공단에 제출하면 온실가스 감축 실적으로도 인정을 받을 수 있다. 그 외에도 REC는 RE100 REC 거래 시스템을 통해 현물시장(Spot Market)이 존재하여 필요할 때 빠르게 구매할 수 있다는 점에서 전력사용량 변동에 기업이 능동적으로 대응할 수 있는 이행방식이기도 하다.

이와 같은 REC 구매의 장점으로 인해 REC 구매는 PPA와 더불어 RE100 이행을 위한 필수적인 RE100 이행수단으로 꼽힌다. 그러나, REC를 구매하는 방식들이 워낙 다양하며, 각 방식별로 기업의 총 이행비용이 다르다 보니 REC 구매에 대한 계약 방식과 그 방식별로 RE100 이행비용이 어떻게 달라지는지를 이해할 필요가 있다. 그래서 앞으로는 REC 구매에 대한 계약 방식, 특히 장기계약 방식들에 대해 주로 살펴볼 것이다.

한편, REC 구매의 경우, REC만 구매하는 것일 뿐 전기를 구매하는 것은 아니다. 즉 전기는 한국전력으로부터 그대로 구매하는 대신, '해당 전기가 재생에너지로 만들어졌다는 것을 인증받고 여기에 온실가스까지 감축'하는 효과를 지닌 이행수단이라고 인식을 해야 한다. 때문에 REC 구매 역시 녹색프리미엄과 마찬가지로 전기요금이 인상될 수 있다는 본질적인 위험을 해결하지는 못한다. 녹색프리미엄과의 가장 큰 차이점을 꼽으라면, 온실가스 감축 실적에 대한 인정 여부이다.

뿐만 아니라, REC는 한 번만 거래될 수 있다. 즉 재생에너지 발전소에 최초로 REC가 발급된 이후, 딱 1회만 거래될 수 있으며 그보다 많이 거래하지 못한다. 기업이 100만큼 전기를 사용할 것으로 예상하여 100의 REC를 구매했는데, 전기사용량이 90만큼으로 내려갔다 하더라도 10만큼의 잉여 REC를 다른 기업에게 판매할 수 없다. 이와 같은 REC의 거래 경직성은 역설적으로 REC 현물 구매의 필요성을 더욱 높이는 역할을 한다. 장기계약으로 모든 물량을 묶어놓을 경우, 전기사용량 또는 발전량 변화에 따라 예상보다 더 많은 재생에너지를 구매할 수 있는 가능성이 있는데, 이를 피하기 위해서 기업들은 필요량의 100%를 장기계약으로 구매하지는 않고 70~80% 정도를 최대 구매치로 생각하는 편이다. 따라서 부족한 부분은 REC 현물시장에서 구매해야 한다.

기업 RE100 이행, 그리고 장기적 탄소감축을 위해서라도 반드시 필요한 REC 구매에 대해 이제부터 자세히 살펴볼 것이다. 그 전에 RE100에서의 REC와 RPS에서의 REC 간 차이에 대해 우선 보도록 하겠다.

REC 구매
(2) RE100에서의 REC 가중치

　「RE027」 REC 가중치 편에서 REC 가중치가 무엇이고, 왜 정부에서 REC 가중치를 발전원별로 다르게 발급하고 있는지를 살펴보았다. 그리고 REC 가중치가 낮을수록 LCOE가 낮은 재생에너지 발전원이므로 kWh 혹은 MWh당 발전사업자의 기대이익이 낮다고 설명하였다. 이 부분이 RE100 기업한테 중요하다고 말했는데, 그 이유가 바로 RE100에서의 REC 가중치는 RPS와 다르기 때문이다. 정확히 말하면, RE100에서는 REC 가중치가 없고 실제 생산한 전력량(MWh)이 기준이 된다.

　이 말은 즉, 재생에너지 발전소가 1MWh를 생산했을 때 발급받는 REC 수량 얼마가 되든, 기업은 1MWh에 상응하는 REC 수량을 구매해야 1MWh의 재생에너지를 사용한 것으로 인정받을 수 있다는 말이다.

　예를 들어 설명해 보면, 2024년 7월 기준, 지붕 태양광의 REC 가중치는 1.5이다. 만일 지붕 태양광에서 2MWh를 생산했다고 할 경우, 해당 발전사업자는 2MWh×1.5REC를 발급받아 총 3개의 REC를 확보하게 된다. 그러나 이 3개를 RE100 시장에서 팔면 어떻게 될까? 앞에서 이야기했듯이 RE100은 REC 가중치 개념이 없으며 실제 생산한 전력량이 기준이 된다고 하였다. 이는 3개의 REC가 발전사업자에게서 기업에게 이전된다 하더라도, 3개의 REC는 2MWh를 기준으로 발행된 것이므로 기업은 2MWh만 RE100을 이행한 것이 된다는 의미이다.

반대의 경우도 있다. 임야 태양광의 REC 가중치는 0.5이다. 임야 태양광이 1MWh를 생산하면 0.5개의 REC를 발급받게 된다. 만일 이 0.5개의 REC를 기업에게 판매하면 기업이 구매한 것은 0.5개 REC이지만 0.5REC의 실제 전력생산량은 1MWh이므로, 기업이 구매한 재생에너지 전력량은 1MWh가 된다.

이처럼 RE100에서는 REC 가중치가 없다 보니 발전사업자가 몇 개의 REC를 받든 기업은 kWh 혹은 MWh 단위로 구매를 검토할 수밖에 없다. 태양광 1MWh로 생산한 것과 해상풍력 1MWh로 생산한 것을 놓고 보면 해상풍력 1MWh가 RPS에서는 더 많은 REC를 발급받으므로 해상풍력의 기대이익이 태양광보다 훨씬 높다. 그런데 RE100에서는 1MWh 단위로 이행을 하기 때문에 기업 입장에서는 어떤 것을 구매하더라도 둘 간의 차이는 없다. 따라서 기업은 가격이 낮은 태양광을 구매하는 것이 더 나은 선택이다.

그래서 RPS 상에서의 발전사업자의 기대이익이라고 하는 'SMP+가중치×REC'원/kWh 값이 낮으면 낮을수록 기업이 발전사업자에게 지불해야 하는 비용이 적으므로 기업의 RE100 이행에 유리한 재생에너지 발전원이라고 하는 것이다. 이와 같은 논리로 보면, 기업 입장에서 가장 저렴하게 이행할 수 있는 수단은 대규모 육상태양광 < 소규모 육상태양광 < 수상태양광 < 육상풍력 < 지붕 태양광 < 해상풍력 순이다.

한편, REC 가중치가 없기 때문에 재생에너지 발전사업자 입장에서도 고민이 될 수밖에 없는 부분이 있다. 가령 1.5REC 가중치를 받는 지붕 태양광 발전사업자의 경우, RPS REC 가격이 80,000원/개라고 하면 본인은 1MWh 생산할 때 REC 매출로만 120,000원(80,000원×1.5)의 매출을 일으킬 수 있다. 반면 RE100 시장에서 해당 REC를 판매한다면 기업이 1MWh의 가치만 인정해 줄 것이므로 80,000원/MWh까지만 지불하려고 할 것이다. 이러한 이유로 인해, 현재 대부분의 REC 물량은 RPS로 흘러 들어가고 있으며 일부 가중치가 낮은 임야 태양광, 혹은 가중치 1 정도 되는 발전원들만 간헐적으로 RE100 REC 거래시장으로 판매하고 있다. 혹은 REC 구매가 급하게 필요한 몇몇 기업들은 REC 가중치만큼의 추가비용을 지불하고서 구매하는 경우도 있다.

참고로 REC 가중치를 MWh로 환산하는 방식은 간단하다. '발급받은 REC 개수÷REC 발급 대상 설비의 REC 가중치'[07]로 하면 MWh가 된다. 150개 REC를 1.5 가중치 설비가 발급받았다면 이를 구매하는 기업은 100MWh의 효과가 있는 것이다. 1개 REC를 구매한다고 했을 때, 가중치가 1 미만이면 구매하는 양이 전력량(MWh) 증가하고, 1보다 크면 구매하는 양이 감소한다.

종종 RE100에서는 왜 REC 가중치를 인정해 주지 않는지 질문하는 경우가 있다. REC라는 것은 한국 정부가 RPS 제도하에서 RPS 의무이행을 위해 만든 재화이며, REC 가중치는 LCOE가 높은 발전원에 대한 보급을 위해 '한국 정부'가 적정 보조금을 주는 수단이다. 반면에 Global RE100은 전 세계적인 재생에너지 구매 캠페인이기에, 한국

---

07 REC 가중치의 경우, 정확히는 RPS 설비확인 시에 확정된다.

정부가 국내 신 · 재생에너지 보급을 위해 만든 RPS 제도와는 그 기준이 다른 것이다. 때문에 RE100에서는 REC 가중치가 없고 MWh 단위로 인정을 받는다.

REC 구매
(3) 당해 연도와 온실가스 감축

　앞서서 REC 구매를 통해 REC를 확보하게 되면 온실가스 감축 실적으로 인정받을 수 있다고 말하였다. 기업이 재생에너지 발전사업자로부터 REC를 구매한 이후, 한국에너지공단 K-RE100 시스템을 통해 REC를 재생에너지 사용 확인서로 전환할 수 있으며 이때 구매한 REC는 자동 소멸된다.

　기업이 REC 구매를 통해 확보한 REC를 재생에너지 사용 확인서로 전환하면, 재생에너지 사용 확인서상에 '공급인증서 구매'를 통한 재생에너지 사용이라고 기재되어 나온다. 이때, 이 재생에너지 사용 확인서를 한국환경공단에 제출하면 온실가스 감축 실적으로 인정받을 수 있다.

　한 가지 중요한 것은 온실가스 감축 실적으로 인정받을 수 있는 REC는 그 해에 생산된 전력에 대해 발급된 REC에 한정된다는 점이다. 예를 들어, 2022년 온실가스 감축 실적을 인정받고 싶다면 2022년에 생산된 전력에 대해 발급된 REC를 구매해야 한다는 뜻으로, 만일 2021년에 생산된 전력과 관련된 REC를 구매한다면 2022년 온실가스 감축 실적으로 인정을 받을 수가 없다. 이와 같이 한 이유는 이미

2021년 온실가스 배출량에 대한 집계 과정에서 해당 재생에너지에 대한 온실가스 감축 효과가 반영이 되었는데, 2022년에 다시 감축 실적으로 인정해 주게 되면 연도를 뛰어넘는 중복 산정(Double Counting)이 될 가능성이 있기 때문이다.

그렇다면 당해 연도에 발급된 REC가 아니면 RE100 이행이 불가능한 것일까? 그렇지는 않다. 온실가스 감축 실적만 인정되지 않을 뿐, 당해 연도가 아니라 이전 연도의 REC를 구매하여 RE100을 이행할 경우, RE100으로는 인정이 된다. 그러나, 온실가스 감축 실적이 없는 REC에 대해 기업이 비싸게 살 이유가 없기도 하고, 설사 사더라도 한국전력의 녹색프리미엄을 사는 것과 다를 바 없기 때문에 기업이 굳이 당해 연도가 아닌 REC를 사야 할 이유는 없다.

발전사업자의 경우, 당해 연도 REC를 꼭 당해 연도에 판매해야 할 이유는 없다. RPS 제도상에서 REC 유효기간은 3년이고, RPS 의무이행사들은 당해 연도 REC가 아니더라도 RPS 의무이행을 하는 데는 전혀 지장이 없기 때문에 발급 연도와 관계없이 REC를 구매하고 있다. 따라서 발전사업자는 RPS에서 제값을 주고 이전 연도에 발급되는 REC를 판매할 수 있기 때문에 당해 연도 이전에 발급된 REC에 대해서는 사실상 RPS로 거의 모든 양이 판매되고 있다고 봐야 할 것이다.

모든 재생에너지 구매 수단이 마찬가지지만, REC 구매도 차년도 3월 말까지 재생에너지 사용 확인서로 전환해 한국환경공단에 제출해야 온실가스 감축 실적으로 인정받을 수 있다. 예를 들어 2022년 온실가스 감축 실적으로 인정받고자 한다면 2022년 생산된 REC를 확보하여 재생에너지 사용 확인서로 전환한 후 2023년 3월 말까지 한국환경공단 제출해야만 한다.

RE064.

REC 구매
(4) RE100 REC 거래 플랫폼

　재생에너지 발전사업자와 RPS 의무이행사를 제외한 일반 기업 간
REC 거래는 한국에너지공단에서 운영하는 RE100 REC 거래 플랫폼에
서 모두 이루어진다(참고로 RPS REC 거래는 한국전력거래소가 주관하는 시스템
이 따로 있다). RE100 REC 거래 플랫폼은 몇 가지 특징을 가지고 있다.

- RE100 REC 거래 플랫폼은 매월 1주차와 3주차 금요일에만 거래시
  장이 열린다.
- 구매자의 경우 한국전력의 고객이거나(한국전력으로부터 수전을 받고 있
  거나), 한국전력의 고객으로부터 별도의 임차 계약 등을 통해 전기를
  사용하고 있어야 거래가 가능하다.
- 판매자(발전사업자)의 경우, RPS 설비확인을 받은 경우에는 이용이
  가능하며 이때 발전소별로 등록하여 거래하기 때문에 실질적으로
  REC 거래는 구매자와 판매자의 발전소 간(間) 계약이 된다.
- 현물시장과 계약시장 2개가 존재하며, 어느 곳에서든 REC를 판매
  할 수 있다.

현물매수시장 상태창

※ RE100 REC 거래 시스템의 현물매수시장 화면.
기업들의 희망하는 매수량과 매수단가를 등록한 상태

현물시장의 경우, '게시판형' 거래 방식이다. 즉 현물매수시장과 현물매도시장 2개가 존재하는데 매수시장에서는 구매자가 자신이 구매하고자 하는 물량과 가격을 등록하면, 매수시장에 모든 등록된 현황이 보이고 판매자가 그중 원하는 하나를 클릭하여 거래하는 형태이다. 현물매도시장은 그 반대로, 매도가 자신이 판매하고자 하는 물량과 가격을 등록하면 매도시장에 모든 등록된 현황이 보이는데, 구매자가 원하는 하나를 클릭하면 거래가 되는 구조이다. 주식시장처럼 실시간 매수호가/매도호가와 같은 형태의 거래는 지원되지 않는다.

한편, 계약시장의 경우는 수의계약과 기간계약으로 구분된다. 수의계약은 현재까지 이미 발급된 REC를 거래할 때 활용하는 시장이다.

예를 들어, 오늘이 2023년 7월 31일이라면, 2023년 7월 31일 기준 발전소가 1,000개의 REC를 가지고 있을 때 이 REC를 거래하기 위해 사용하는 것이 수의계약이다. 일반 장기계약은 미래에 발급되는 REC를 거래하는 데 사용하는 형태이다. 즉, 오늘이 2023년 7월 31일이라면 2023년 7월 31일 기준으로 발급된 REC는 없지만, 2023년 8월 1일~2023년 12월 31일까지 발급될 REC에 대해 미리 구매자와 판매가 간 거래하는 것을 확정하는 계약이라고 할 수 있다.

둘 중에 어느 것이 더 낫다고 할 수 없는 것이 수의계약은 발급된 REC를 구매한다는 점에서 구매자 입장에서는 수량이 확정된 상태라는 장점이 있지만 앞으로 해당 발전소가 타 구매자에게 판매할 가능성이 있어 안정적으로 REC를 확보하기에는 불안정한 측면이 있다. 기간계약은 이와 반대로 거래할 REC 물량은 불확실하지만 해당 물량이 자신의 것이 된다는 점에서 안정적이다. 따라서 기업의 상황에 맞춰서 2가지를 모두 활용해야 할 것이다(다만, 장기계약에서는 REC 기간계약보다 REC 수의계약을 더 많이 사용하는데, 이 이유는 「RE068」에서 설명하겠다).

참고로 현물시장이 있는데 왜 수의계약을 이용하는지 질문하는 경우가 많다. 앞서서 이야기했던 것처럼, RE100 REC로 많은 양이 판매되지 않으며 현물시장은 게시판 형태라 거래가 원활하지 않다. 따라서 RE100 기업들은 개별적으로 발전사업자와 접촉하여 REC 거래를 추진하는 편이며 그 과정에서 현물시장이 아니라 수의계약을 이용하는 것이다.

현물시장에 대해서는 간략히 언급했으니, 다음부터는 장기계약에 대해 세부적으로 살펴보고자 한다.

RE065.
REC 구매
(5) 장기계약 ① REC 고정가

「RE064」에서는 RE100 REC 거래 플랫폼과 REC를 현물, 그리고 단기로 구매할 수 있는 방법에 대해 살펴보았다. 앞으로는 REC를 장기로 구매하는 방법에 대해 설명하고자 한다. REC를 장기로 구매할 때 시장에서 사용 중인 계약 방식은 총 3가지로, 각각 계약 방식별로 기업에 주는 영향이 다르니 기업 입장에서는 면밀히 검토를 해야 한다.

REC 구매의 장기계약의 3가지 방식 중 먼저 소개할 형태는 'REC 고정가'이다. REC 고정가는 다른 2가지 REC 구매 방식보다 훨씬 간단한데 녹색프리미엄과 마찬가지로 재생에너지 발전사업자로부터 REC를 개당 고정가에 계약 기간 동안 구매하는 형태이다. 예를 들면, A라는 태양광 20MW 발전소와 REC 고정가 형태로 20년간 50,000원/1REC로 계약을 할 경우, 20MW 태양광 발전소가 생산하는 모든 REC를 20년 동안 개당 50,000원에 기업이 구매하기로 한 셈이다.

여기서 중요한 것은 구매하는 양(Quantity)이 정해지지 않았다는 것이다. 즉, 20MW 태양광이 생산하는 모든 REC 양이라고 했으므로 대략적으로 20MW×15%×8,760시간=26,280REC/年(REC 가중치 1 가정)이 생산될 것으로 예상할 수는 있겠지만 날씨 등으로 인해 생산 수량

자체가 변할 수 있다는 점은 인지해야 한다.

양에 대한 불확실성은 존재하기는 하지만, 기업 입장에서는 REC 고정가 계약으로 인해 발생될 수 있는 비용을 추정할 수 있으며 해당 비용이 변화될 위험이 적다는 점에서 기업이 의사결정을 하기에 가장 쉬운 REC 장기계약 방식으로 꼽힌다. 때문에 많은 기업들이 이와 같은 REC 고정가 형태로 일정량을 계약하고 싶어 하고 있다.

하지만 문제는 발전사업자 입장이다. 발전사업자의 매출은 SMP와 REC로 발생한다고 이야기했다. 이 REC 고정가 계약 방식에서는 REC만 가격이 확정되며 전기는 전력 도매시장에 SMP로 판매를 해야 하는 상황이다. 그러면 발전사업자 입장에서는 SMP 가격이 변할 수 있는 Market Risk를 본인이 부담해야 하는 상황에 놓인다. 앞서서 금융권에서 발전사업자가 대출받을 때 요구하는 2가지 중 하나가 안정적 매출을 발생시킬 수 있는 고정가 계약이라고 말하였다. REC 고정가에서는 고정가 계약이 완전하지 않으며 '안정적 매출'이 발생하지 않기 때문에 금융권에서 발전사업자에게 대출할 때 보수적으로 접근할 수밖에 없다.

이와 같은 문제로 인해 REC 고정가 방식은 전체 투자비 중에서 대출의 비중이 낮은 발전사업자들이 주로 선택할 수 있어서 대규모 용량을 REC 고정가로 체결하기에는 어렵다. 따라서 기업들은 REC 고정가 방식을 제안하는 발전사업자를 만나면 적극적으로 검토를 해야 하겠지만, REC 고정가만을 고수한다면 원하는 시점에 원하는 물량을 확보하지 못하고 좋은 기회를 놓칠 수 있음을 유의해야 한다.

한편, 「RE062」에서 이야기했던 것처럼 RE100에서는 REC 가중치라는 개념이 없다. 그래서 REC 고정가 계약을 논의할 때는 기업은

REC 기준이 아니라 MWh 기준으로 가격을 제안하고 발전사업자와도 MWh 단위로 계속적인 소통을 해야 한다. 발전사업자들에게 REC 고 정가라고 하면 RPS 가중치를 고려한 REC 수량을 이야기하는 경우가 많은데(RPS를 기준으로 생각을 하기 때문에 그렇다), 중간 협의 과정에서 서 로 이야기하는 기준이 다르면 추후 문제가 생길 수 있으므로 최초에 소통을 할 때부터 MWh 단위로 이야기하는 것이 더 낫다. 특히나, 신 규로 건설되는 발전소 같은 경우는 RPS 설비확인을 최종적으로 받기 전까지 REC 가중치가 나오지 않으므로, REC를 기준으로 가격을 이 야기하면 향후 문제가 될 수 있다.

예를 들어, REC 가중치가 1일 것으로 생각하고 50,000원이라 했는 데, 만일 REC 가중치가 1.2로 확정된다면 기업은 1MWh당 60,000원 (50,000원×1.2)을 지불해야 하는 상황이 발생하기 때문이다.

발전사업자도 마찬가지로 협의 시간을 낭비하지 않으려면 기업과 협의 과정에서부터 MWh 단위로 이야기를 할 수 있도록 준비해야 한 다. 괜히 REC 단위로 이야기하다가 기업 의사결정 과정에서 문제가 되어 협의가 물거품이 되면 아까운 시간만 낭비하다가 프로젝트를 진 행시킬 타이밍을 놓칠 수 있음을 알아야 한다.

기업이 볼 때, REC 고정가는 REC를 고정으로 구매하게 되어 비용 변동 위험이 없다고 느낄 수 있다. 하지만 결국 RE100 또는 탄소중립 에 소요되는 총비용(Total Cost) 관점에서 보면 기업들은 전기를 계속해 서 한국전력으로부터 구매해야 하므로 전기요금 상승에 대한 위험에 는 여전히 노출되어 있다. 이는 REC 구매의 본질적인 한계이다.

RE066.

REC 구매
(6) 장기계약 ② SMP+REC 고정가

REC 구매의 장기계약 방식 3가지 중 두 번째는 SMP+REC 고정가이다. SMP+REC 고정가는 RPS에서의 계약 방식과 동일한 형태로서, 발전사업자와 기업 간 합의된 고정가를 정해놓고, SMP 변동에 따라 '고정가-SMP'로 REC 가격을 책정하여 구매하는 방식을 말한다.

예를 들어 발전사업자와 기업 간 고정가를 170원/kWh로 합의하였다면, 해당 월의 SMP가 150원/kWh일 경우 170원-150원/kWh=20원/kWh에 REC를 전량 구매하게 되고, 해당 월의 SMP가 140원/kWh라면 170원-140원/kWh=30원/kWh에 REC를 구매하게 된다.

만일 SMP가 고정가보다 높았다면, 위 사례에서 고정가(170원/kWh)보다 SMP가 높다면 어떻게 되는 것일까? SMP+REC 고정가에서는 고정가보다 SMP가 높을 경우, 기업은 REC를 0원(무상)에 소유권 이전을 받게 되고 SMP 매출은 모두 발전사업자가 수취한다. 기업 입장에서는 전기요금 외에 추가비용을 지불하지 않고서도 RE100 또는 탄소중립을 이행할 수 있는 기회를 얻을 수 있다는 점이 장점이 될 수 있다.

SMP+REC 고정가 거래 구조를 살펴보게 되면, 결과적으로 재생에너지 발전소의 판매 가격은 최소한 기업과 합의된 고정가가 됨을 알 수 있다. SMP가 어떻게 되든 관계없이, 기업이 REC 구매 단가 조정을 통해 kWh당 고정가만큼의 판매 가격을 유지해 주기 때문이다. 발전사업자 입장에서는 안정적인 판매 단가가 확정되기 때문에 금융기관으로부터 대출을 받을 수 있는 조건을 확보하게 되고, 금융권 역시 기존 RPS에서 많이 다루어 본 계약 구조이기 때문에 이해도가 높아 금융조달이 원활하다는 장점도 있다. 또한, 향후 SMP가 높게 형성됐을 때 발전사업자는 고정가 이상으로 판매할 수 있다는 가능성도 있어서 발전사업자에게 추가적인 수익을 확보할 수 있는 계약이기에 3가지 REC 장기계약 중 발전사업자가 가장 선호하는 형태로 꼽힌다.

그러나 기업들 입장에서 볼 때, SMP+REC 고정가 방식이 불합리하다는 평이 많다. 기업이 SMP 하락에 대한 모든 부담을 떠안게 됨에도 불구하고 SMP가 상승했을 때의 추가 이익은 발전사업자가 가져가기 때문이다. 즉, 시장 변동에 대한 위험을 부담하는 주체가 시장 변동에 따른 추가적 이익도 가져가야 한다는 논리로서, SMP+REC 고정가 방식이 기업에게 불리하다고 판단하는 것이다.

한국에서는 RPS 제도상, 정부가 RPS 의무이행사들에게 REC 구매 비용을 일정 수준 보전해 주었기에 SMP+REC 고정가로 진행한다 하여도 RPS 의무이행사들 입장에서는 불만이 없었다. 즉 SMP 하락 위험을 사실상 RPS 의무이행사가 아니라 정부가 부담하는 구조이기 때문에 SMP 상승 프리미엄을 가져가지 않아도 무관했다. 하지만 민간기업들은 모든 REC 구매 비용을 직접 부담해야 하기에 SMP+REC 고정가와 같은 구매 형태에 대해서 부정적인 입장을 취하는 경우가 많다. 그래서 다음 편에서 소개할 Virtual PPA(Financial PPA)보다 가격이 낮거나 아니면 아예 Virtual PPA로만 검토하기도 한다.

한편, SMP+REC 고정가에서 SMP는 RPS에서와 마찬가지로 한국전력거래소 또는 한국전력이 발표하는 SMP가 아님에 유의해야 한다. SMP+REC 고정가가 등장한 이유는 발전사업자가 판매하는 가격을 고정시키기 위함인데, 한국전력과 전력거래소가 발표하는 SMP는 해당 발전소와 무관하게 시장 전체에 대한 수치이기 때문이다. 그래서 편의상 SMP라 말하기는 하지만, 실질적으로 REC 가격을 결정하는 가격은 계약한 발전소가 해당 월에 판매한 '가중평균 전력판매 단가'가 된다. 발전소의 가중평균 전력판매 단가는 '해당 발전소가 전력을 판매하여 얻은 매출÷해당 발전소의 발전량'이다. 발전소별로 전기를 생산하는 시간대, 그리고 그 시간대에 생산하는 전력량이 다르다 보니 가중평균 전력판매 단가는 발전소별로 결정이 되며 이 때문에 같은 SMP+REC 고정가 계약이라 하더라도 각 발전소별로 REC 구매가격에 차이가 발생할 수 있다.

SMP+REC 고정가 방식도 결과적으로 REC를 0원에 구매할 수 있다는 장점이 있기는 하지만, 결국 전기요금이 상승하거나 SMP가 하락하게 되면 기업의 총비용(전기요금+REC 구매 비용)이 증가할 수 있다는 위험은 기업에게 계속적으로 남아 있게 된다.

REC 구매
(7) 장기계약 ③ Virtual PPA

　Virtual PPA에 대해 세부적인 이야기를 하기 전에, 갑자기 PPA라는 단어가 나오는 부분에 대해서 혼란스러울 수 있으므로 이에 대해서 먼저 짚고 넘어가고자 한다.

　PPA(Power Purchase Agreement)는 재생에너지 전기를 구매하는 재생에너지 구매 수단인데, Virtual PPA라고 하면 마치 전기를 가상으로 사는 것으로 느껴질 수 있다. 그러나 Virtual PPA는 정확히는 REC를 구매하는 방식 중 하나로, 발전사업자가 PPA와 동일한 전력판매 매출을 받을 수 있기 때문에 붙여진 명칭이다. 즉, PPA처럼 실제 전기를 구매하는 것은 아니지만 PPA와 동일한 효과가 발전사업자에게 발생하므로 Virtual PPA라고 부르는 것이다. 참고로 Virtual PPA라는 표현 대신에 Financial PPA라고 부르기도 하며, Global RE100에서도 이제 설명할 방식을 Virtual PPA, 또는 Financial PPA라고 부르고 있기에 단어 자체가 잘못된 것은 아니라는 점을 인지해야 한다.

　Virtual PPA는 SMP+REC 고정가와 굉장히 유사하다. 발전사업자 기업 간 합의된 고정가를 두고, 고정가와 SMP의 차이에 따라 REC를 구매하는 형태이기 때문이다(이때 SMP는 「RE066」 SMP+REC 고정가에서 이야기한 것처럼 한국전력거래소 또는 한국전력이 발표하는 SMP가 아니라 발전소의 가중평균 전력판매 단가이다). 그러나 SMP+REC 고정가와는 절대적인 차이가 있는데, 바로 SMP가 고정가보다 높을 때의 정산 방식이다.

SMP+REC 고정가에서는 SMP가 고정가보다 높았을 때 발전사업자가 SMP 수익을 모두 가져가고 기업은 0원에 REC를 구매한다고 하였다. 그러나 Virtual PPA에서는 기업이 REC를 0원에 구매하는 것은 물론이며 'SMP−고정가'만큼의 차액 역시 발전소가 기업에게 지급하게 된다. 즉, SMP가 고정가보다 높으면 기업에게는 추가적인 이익이 발생할 수 있는 계약 방식인 것이다.

본래 PPA에서 발전소와 기업 간 계약을 맺을 때, 거래가격을 고정으로 한다. 그리고 전력 도매시장 또는 전력 소매시장의 변화와 관계없이 발전소는 계약된 가격으로 전기를 기업에게 판매하게 되어 시장 변동성이 없는 안정적 계약이라고 부른다. Virtual PPA도 역시 마찬가지이다. 발전소 입장에서는 SMP에 변동과 관계없이 무조건 기업과 합의된 고정가만 수취하므로 실질적으로 PPA와 동일한 효과를 나타내는 계약이다. 다만 구매하는 재화가 전기가 아니라 REC(인증서)이므로 전기를 구매한 것이 아니라는 점에도 Virtual PPA 혹은 Financial PPA라고 부른다.

앞서서 설명한 것처럼 Virtual PPA는 SMP+REC 고정가와 마찬가지로 발전사업자에게 고정적 판매 가격을 부여하기 때문에 금융조달에 문제가 없는 계약 방식이다. 한편 기업들은 SMP+REC 고정가보다 Virtual PPA를 보다 합리적이라고 생각하는 경향이 강한데, 그 이유는 시장 변동에 대한 위험을 부담하는 주체인 기업이 그로 인한 추가 이익도 수취하는 계약이기 때문이다. 즉, SMP가 하락하여 발전사업자에게 지불해야 하는 REC 가격이 커지는 것을 기업이 전적으로 부담하는 대신, 반대급부로 SMP가 상승하여 추가적인 이익이 발생한다면 그 이익은 SMP 하락 위험을 부담하는 기업이 가져가야 합리적이라는 논리이다. 앞서서 SMP+REC 고정가는 SMP 하락 위험을 온전히 기업이 부담하는데, 상승에 대한 추가 이익은 발전사업자가 확보하게 되므로 불합리한 계약이라고 했던 것과 상반된다.

SMP가 높으면 기업은 오히려 돈을 더 받게 되기 때문에, Virtual PPA는 기업의 재생에너지 구매에 대한 총비용을 전기요금 이하로 낮출 수 있다는 잠재력이 있다. 그러나 SMP+REC 고정가와 마찬가지로 SMP 하락에 대한 위험, 그리고 전기요금 상승에 대한 위험은 여전히 남아 있기 때문에 기업 입장에서 쉽게 의사결정 할 수 있는 계약 방식은 아니다.

한편 Virtual PPA REC 가격이 0원이 아니라 '–(마이너스)'가 되어야 하는 것이 아니냐는 질문이 있을 수 있다. 그러나 현행 제도상 REC 가격은 0원 미만이 될 수 없다. 그러다 보니 발전사업자와 기업 간 REC를 '–(마이너스)' 가격으로 거래할 수는 없으니 발전사업자가 기업에게 추가 이익을 지불해야 할 때 어떻게 지불할 수 있을지가 아직 국내에서 해결되지 않은 숙제로 남아 있는 상황이다. 그러나 Virtual PPA는 미국, 유럽 등 전 세계적으로 통용되는 계약 방식 중 하나이기 때문에 국내에서도 문제없이 거래될 수 있을 것이라고 업계는 전망하고 있다.

참고로 SMP+REC 고정가 방식을 Virtual PPA로 부르는 경우들이 있는데, Global RE100은 PPA와 같은 효과가 발전사업자에게 없다는 이유로 SMP+REC 고정가 방식은 '인증서만 구매(Unbundled EAC)'로 구분한다. 오해가 많은 부분이므로 명확히 이해해야 한다.

RE068.
REC 구매
[8] 장기계약의 거래 방식[장외계약]

　지금까지 REC를 거래하는 방식에 현물시장 거래와 장기계약이 있다고 했으며, 지금까지는 국내에서 이루어지고 있는 REC 장기계약 방식에 대해 설명했다. 3가지 REC 장기계약은 계약을 이루는 형태일 뿐, 실제 REC 거래와 정산은 모두 한국에너지공단이 운영 중인 RE100 REC 거래 플랫폼에서 이루어져야 한다. 그렇다면 REC 장기계약을 했을 경우에는 어떻게 거래와 정산을 해야 할까?

　REC 장기계약은 기본적으로 RE100 REC 거래 플랫폼상 장외계약으로 취급된다. 그리고 이 장외계약의 경우, 2가지 방법으로 거래할 수 있다. 첫 번째는 'REC 기간계약'이고 두 번째는 'REC 수의계약'이다.

・ REC 기간계약

　REC 기간계약은 특정 시점부터 발전사업자와 기업이 합의한 기간 동안(ex 20년), 발전사업자가 발급받는 REC를 거래하는 형태이다. 즉, 쉽게 말하면 현재 발급된 REC를 거래하는 것이 아니라 앞으로 해당 발전소가 발급받을 REC를 거래하기 위해 맺는 계약인 것이다.

　단순하게 보면 REC 장기계약에서는 REC 기간계약을 많이 쓸 것으로 생각할 수 있다. 장기계약이 몇 년간 발전소가 재생에너지를 생산하면서 발급받는 REC에 대해 발전소와 기업이 정해진(혹은 정해진 산식에 따라 산정된) 가격으로 거래하겠다는 취지이기 때문이다.

 그러나, 실무적으로는 REC 기간계약을 통해 거래를 하는 것은 쉽지가 않다. 발전소는 금융권으로부터 대출을 받으며, 월 단위 또는 분기 단위로 대출금에 대한 원금과 이자를 상환해야 한다. 그리고 이 대출의 원리금을 상환하기 위해서는 계속적인 매출이 발생해야 하며, 이 매출을 위해서는 전기와 REC를 발급될 때마다 판매를 해야만 한다.

 하지만 REC 기간계약을 통해 계약을 하면 이 원리금 상환에 문제가 생길 수 있다. 바로 기업과 발전소가 REC 기간계약을 해지할 때까지, 발전사업자가 해당 발전소로부터 생산된 REC를 다른 기업 또는 RPS 시장에서 판매할 수 없기 때문이다. 만약 발전사업자가 A 발전소에서 생산되는 REC를 모두 B 기업에게 판매하기로 했다 가정해 보자. 이때 B 기업이 자금 상황 악화 등으로 인해 A 발전소의 REC를 정해진 기간까지 사지 못할 수 있다. 기업이 발전사업자에게 손해배상금을 주는 것은 차치하고서라도, 발전사업자는 원리금 상환을 위해 REC를 RPS 시장 또는 다른 기업에게 판매해야 하는데 A 발전소와 B기업의 계약은 계속적으로 존속하고 있는 상태이므로 시스템적으로 B기업 외에는 판매가 불가능하다. A 발전소가 B 기업 외에 REC를 판매하지 못하는 상황에서 B 기업이 REC를 사 가지 않는다면 결국 발전사업자가 소유한 A 발전소는 원리금을 제때 상환하지 못해 파산하게 되는 문제가 발생한다.

 이러한 문제를 막기 위해, REC 장기계약과 REC 기간계약의 취지가 서로 맞는다 하더라도 실무적으로는 REC 기간계약을 장기계약의 거래 및 정산 방식으로 선택하기 매우 어려우며 금융권 대출을 받지 않는 소수의 발전소들이거나 금융권이 승인한 발전소들에 대해서만 REC 기간계약을 할 수 있다.

· REC 수의계약

그렇다면 REC 장기계약은 어떻게 거래 및 정산해야 하는 것인가? 취지와 맞지 않지만 REC 수의계약을 통해서 정산을 해야 한다.

REC 수의계약은 거래하는 시점까지 이미 발급된 REC를 거래할 때 사용하는 형태이다. 예를 들어 발전소가 100개의 REC를 발급받아서 가지고 있을 때, 이 100개의 REC를 기업과 거래할 때 사용하는 방식인 것이다. REC 수의계약은 이미 발급된 REC를 거래하기 때문에 얼마나 거래할지 기재할 수 있고, 거래대금도 확실하게 적어서 거래를 할 수 있다.

REC 수의계약은 발급된 REC를 거래하는 것이므로, 단편적으로 보면 장기계약과 맞지 않는 것처럼 보일 수 있다. 하지만 REC 장기계약을 체결했다 하더라도 어차피 REC는 계속적으로 발급된다. 따라서, RE100 REC 거래 플랫폼에서의 거래 방식과 무관하게, 발전사업자와 기업은 '발급받은' REC를 거래하게 되므로 발급된 REC를 거래하는 REC 수의계약을 통해 REC를 거래한다 하더라도 문제가 없다. 결과적으로 보면, 발전사업자와 기업 간 REC 장기계약을 체결하겠지만, 실제 RE100 REC 거래 플랫폼에서 REC 거래와 정산을 할 때는 REC 수의계약 형태로 정해진 거래 주기별(월 또는 분기)로 거래를 진행해도 된다.

이렇게 하면 만일 기업이 REC를 구매하지 않는다 하더라도 발전사업자는 빠른 시일 내에 RPS 또는 다른 기업에게 REC를 판매할 수 있다. 그리고 이 판매를 통해 원리금 상환에 필요한 수익을 어느 정도 확보할 수 있어서 대금 미지급에 따른 파산 위험은 REC 기간계약 대비해서 크게 내려간다.

물론, REC 기간계약이 아니라 REC 수의계약으로 거래를 하게 되면 불편한 점이 있다. 바로 REC 거래를 할 때 간단한 REC 거래 계약을 매번 체결해야 한다는 점이다. 발전사업자 입장에서는 1~2개일 수 있지만, 기업이 여러 개의 발전소와 거래하게 된다면 매번 여러 개의 거래 계약서를 체결해야 하는 번거로움이 생기게 된다.

또한, REC 수의계약은 기업 입장에서 위험한 부분이 있다. 바로 발전사업자가 발급받은 REC를 기업에게 판매하지 않고 좀 더 비싸게 주는 다른 기업 또는 RPS 시장에서 판매할 수 있다는 점이다. 이렇게 되면 기업 입장에서는 자신이 공급받아야 할 REC 물량을 제대로 공급받지 못하며 부족한 부분은 구매 가능성에 대한 불확실성을 가지고 현물시장에서 구매하기 위해 뛰어들어야 한다(다만, 기본적으로 REC 장기계약을 할 때, 기업은 해당 발전소가 생산한 발전량 정보를 요구할 수 있도록 계약서에 반영하고, 해당 발전량을 토대로 발전소가 발급받은 REC 양을 추정해 REC 거래량이 적정한지 판단할 수 있으며 REC 거래를 하지 않을 경우, 손해배상 조항을 넣어 이를 어느 정도 막을 수 있다).

이러한 수의계약의 위험에도 불구하고 기업이 REC 장기계약을 하고 실제 거래를 할 때 REC 수의계약을 할 수밖에 없는 이유는 금융권의 입장 때문이다. 대출을 해주는 금융권에서는 발전소의 파산이 발생하면 안 되기 때문이다. 기업 입장에서도 잘 생각해 보면 1~2달 대금을 지급 못 하는 대신 해당 발전소와의 계약을 유지하는 것이 낫지 아예 발전소가 파산하여 이후 시점의 공급량까지 모두 사라진다면 물량 확보에 어려움을 겪을 수밖에 없다.

RE069.
REC 구매
(9) REC 구매에 대한 기업의 입장

REC 구매를 통한 RE100 이행은 기업 입장에서 반드시 선택할 수밖에 없다. 가장 큰 이유는 단기적인 전기사용량과 장기계약 대상 발전소의 발전량 변동 폭에 대응하기 위해서 사용할 수 있는 수단이 REC 구매뿐이기 때문이다.

예를 들어, 기업이 2024년의 전기사용량을 100,000MWh로 예측하였고, 장기계약을 통해 100,000MWh의 재생에너지를 확보할 것으로 예상하였다고 해보자. 이때 업황이 좋아서 전기사용량이 100,500MWh가 되었다고 한다면 기업 입장에서는 RE 100% 달성을 위해 500MWh의 재생에너지를 빠르게 구해야 한다. 발전소 설치 시간 등을 고려한다면 500MWh의 재생에너지를 장기계약으로 구할 수는 없으므로 바로 구할 수 있는 이행수단이 필요한데, 여기에 맞는 것이 REC를 현물시장에서 구매하는 것뿐이다(녹색프리미엄은 연에 정해진 입찰 횟수가 존재하기 때문에 REC 현물시장보다 유연하게 대응할 수 있는 수단이 아니다).

발전소의 발전량이 달라지는 경우도 마찬가지이다. 전기사용량이 100,000MWh로 기록됐다 하더라도 장기계약을 통해 확보한 재생에너지 발전량이 99,500MWh라고 한다면 500MWh의 재생에너지를 급하게 조달해야 한다. 이때 현실적으로 가능한 방법은 REC를 현물시장에서 사는 것뿐이다.

한편, REC 장기계약의 경우 기업 입장에서는 시장환경에 따라 재생에너지 구매 비용이 달라질 수 있는 위험성이 있는 계약으로 간주하고 있다. REC 구매를 통한 기업의 RE100 이행비용은 '한국전력으로부터 구매하는 전기요금+REC 구매 비용'이 되는데, 이때 장기계약을 통한 REC 구매 비용은 '고정가격-SMP'가 되며, 전체적으로 보면 REC 구매를 통한 RE100 이행비용은 다음과 같다.

REC 구매를 통한 RE100 이행비용=
한국전력 전기요금+재생에너지 고정가격-SMP

이때, 한국전력의 전기요금은 시장환경에 따라 상승/하락할 수 있고, SMP는 전력 도매시장 가격으로서 시장환경에 따라 변하므로, 재생에너지 가격이 고정가격이라고 하더라도 기업의 REC 구매를 통한 RE100 이행비용은 시장환경에 따라 달라지게 되는 셈이다.

특히나, 2022년과 2023년처럼 한국전력의 적자가 심화되어 전기요금이 가파르게 상승하는 한편, 유가 하락에 따라 SMP가 하락하는 시장에서는 REC 구매를 통한 기업의 RE100 이행비용이 상당히 커질 수 있어 장기계약이 쉽지 않다.

그럼에도 불구하고 많은 기업들이 장기계약을 통한 REC 구매를 검토하고 있고 실제 계약 체결 및 공급받고 있는데, 공급 부족인 한국 재생에너지 시장 상황 속에서 장기계약을 통해 안정적 재생에너지 물량

확보가 필요하나 PPA로 100% 재생에너지를 조달하는 것이 실무적으로 불가능하기 때문이다. 왜 PPA로 100% 할 수 없는지는 PPA에서 설명하도록 하겠다.

RE070.
REC 구매 (10) REC 구매,
새로운 형태의 도입 필요성

REC 구매, 특히 장기계약으로서의 REC 구매를 조금 더 자세히 살펴보면 기업에게는 2가지의 불확실성이 있는 계약이라고 볼 수 있다. 첫 번째는 「RE069」에서 설명했던 것처럼 비용에 대한 불확실성이고, 두 번째는 바로 물량에 대한 불확실성이다. 물량에 대한 불확실성은 쉽게 말하면, 기업이 장기계약을 통해 얼마나 구매할 수 있을지 알 수 없다는 부분이다. 날씨가 좋아서 발전소 발전량이 많아지면 많이 구매하게 되고, 발전량이 적어지게 되면 적게 구매하게 된다.

해외의 경우, REC 구매에 대한 2가지 위험을 다양한 형태로 헤지(Hedge)하는 경우들이 있다. 예를 들어 첫 번째 가격 변동의 경우, 주요 변동사항이 SMP(전력 도매가격)인데, 이를 안정화시키기 위해 프리미엄을 지급하고 전력 도매가격 변동을 헤지할 수 있는 금융상품들이 존재한다. 이러한 헤지 상품들을 도입하면 기업 입장에서는 시장환경 변동 폭을 줄일 수 있으므로 비용 예측 정확성이 보다 높아져 구매 의사결정을 쉽게 할 수 있다. 하지만 헤지 상품이 도입되기 위해서는 전력시장에 선물 거래(Future Trading), 실시간 거래(Real-Time Trading) 등이 도입되어야 하나 아직 한국의 전력 도매시장에서는 위와 같은 시장이 없어서 실행하기 쉽지 않다.

물량 변동의 경우는 현재 한국의 재생에너지 장기계약이 모두 '발전량 전량 구매' 방식이기 때문에 발생하는 문제이다. 앞서 RPS에서는 RPS 의무이행사들이 생산되는 재생에너지를 모두 고정된 가격에 구매해 간다고 하였다. 한국에서는 생산되는 모든 발전량 전량(全量)을 거래하는 것이 기본값으로 되어 있다 보니, 대부분의 장기계약이 발전량 전량 구매 방식으로 진행이 된다.

그러나 RE100은 RPS와 다른 민간 시장이므로, 민간 기업의 니즈에 따라 변화할 수 있어야 한다. 기업 입장에서(특히 전기사용량이 많지 않은 기업의 경우) 발전량 전체를 구매하기에는 예측 불확실성이 클 수 있기 때문에 조금 더 비싸게 사더라도 정해진 발전량을 매년 거래하는 것을 선호할 수 있다. REC 구매의 경우 발전량 전량 구매 방식으로 거래하지 않아도 제도적으로는 문제가 없기 때문에 정해진 발전량을 거래하는 것도 도입될 것을 기대하고 있다. 해외에서는 이를 프록시 제네레이션(Proxy Generation)이라고 부르고 있으며 실제 거래가 이루어진 사례도 있다.

이와 같이 한국의 REC 구매의 경우는 아직 기업이 원활하게 계약할 수 있도록 고도화되지는 못했다. 앞으로 다양한 서비스와 거래 방식들이 도입되어 발전해 나아가야 할 것이다.

RE100 이행수단 3.

PPA

PPA (1) PPA 개요

　PPA는 Power Purchase Agreement의 약자로, 말 그대로 전기를 구매하는 계약을 의미한다. 용어에서 볼 수 있듯이 PPA는 본래 재생에너지뿐만 아니라 전통적인 발전원들에서도 사용되는 계약 방식이다. 원자력 발전소, 석탄 발전소 등과 같은 전통적인 발전소의 경우, 워낙 대규모 투자비가 필요하다 보니 민간 기업 입장에서는 투자금을 회수한다는 보장이 없다면 투자하기에는 위험부담이 너무 크다. 그래서 정부나 전력을 구매하는 공기업(한국의 경우 한국전력)들이 이들 발전소에 대해 '계약 기간 동안', '생산된 전력량을', '일정한 가격'에 구매해 줌으로써 투자비 회수금을 보장하도록 만들었고, 이를 통해 민간 기업들이 발전소를 짓고, 전력을 공급하도록 유도하였는데 이 계약이 바로 PPA이다.

　앞서 보았듯, 재생에너지도 전통적인 발전원들과 다르지 않다. 재생에너지 역시 초기에 많은 투자비용이 필요하다 보니 이 투자금을 금융권으로부터 대출을 받고, 대출을 해주는 금융기관은 원리금 상환에 대한 보장을 받기 위해 장기계약을 요구한다. 다만 기존 한국에서 재생에너지에 대한 장기계약이라고 하면, FIT 형태가 2010년 전후까지 존재했고, 그 이후에는 RPS 제도에서 SMP+REC 고정가 형태가 전부였다.

그러나 RE100 또는 탄소중립 이행을 위해 국내 기업들의 재생에너지 구매 필요가 커짐에 따라 재생에너지 구매를 위한 여러 가지 이행 수단들이 도입되었고, 그중의 하나로 물리적인 재생에너지 전기를 구매할 수 있는 '재생에너지 PPA'가 2021년부터 제도적으로 가능해졌다 (미국, 유럽 등에서는 전력시장이 개방되어 있다 보니, 오래전부터 재생에너지 PPA가 활성화되어 있었다).

PPA가 도입된 배경에 맞게, PPA는 대체로 장기로 체결을 한다. 유럽에서는 10~15년으로 체결하는 것이 일반적이며 한국은 RPS 제도와 동일하게 계약 기간이 20년으로 체결되는 경우가 일반적이다. 또한, 계약 기간이 긴 대신에 가격을 계약 기간 동안 변하지 않도록 하는 '고정가(Fixed Price) 계약'이 일반적이다.

재생에너지 PPA는 물리적 전기를 구매한다는 점에서 녹색프리미엄과 REC 구매와 비교했을 때 근본적인 차이가 있다. 녹색프리미엄과 REC 구매의 경우, 기업이 물리적 전기는 한국전력으로부터 구매하고 재생에너지를 사용했다는 확인서 또는 공급인증서를 구매하는 형태인 반면에, 재생에너지 PPA는 아예 한국전력의 전기를 재생에너지 전기로 대체하는 동시에 재생에너지 사용 확인서를 함께 구매하는 형태이다. 이와 같은 차이점으로 인해 녹색프리미엄과 REC 구매와 다르게 기업들이 PPA를 검토할 때는 전기요금과 PPA 도입 시의 비용 차이를 비교해야만 한다. 한국전력으로부터만 전기를 구매해 온 기업 입장에서는 새로운 전기 구매 형태를 이해하기 어렵고 난해해한다. 그러나 PPA는 재생에너지 전기를 직접 구매함에 따라 재생에너지 보급 활성화에 주는 긍정적 영향이 크고, 장기계약을 할 때는 전기요금 고정 효과도 있어서 그 효용성이 좋기에 반드시 도입 검토를 해야만 하는 이행수단이므로 다른 어떠한 이행수단보다 더 잘 이해하고 있어야 한다.

이번 PPA는 한국의 재생에너지 PPA에 대한 제도, 정산 방식 및 계약 시 유의해야 하는 사항들에 대한 설명을 담고 있으며 이와 더불어 국내 재생에너지 PPA에 대한 Issue 사항들까지 포함하고 있다.

RE072.
PPA (2) 국내 PPA 거래/계약 구조

한국의 재생에너지 PPA는 총 3가지 주체가 주된 거래자이자 계약자로 참여하고 있다. 첫 번째는 재생에너지 발전사업자, 두 번째는 공급사업자, 세 번째는 전기사용자(기업)이다. PPA의 거래/계약 구조는 뒤의 그림과 같다. 발전사업자는 생산한 전기를 공급사업자에게 공급하고, 공급사업자가 다시 그 전기를 전기사용자에게 공급하는 형태로 진행된다. 발전사업자가 생산한 전기를 직접 기업에게 판매하면 되는데 어째서 공급사업자에게 공급하도록 제도가 만들어졌을까?

그 이유는 「전기사업법」 때문이다. 「전기사업법」에 따르면, 전력산업에 참여하는 사업자는 발전사업과 전기 판매사업을 동시에 영위할 수 없다('발판겸업금지'라고 한다). 이는 전력산업의 구조개편에 따라 만들어진 조항으로서, 한국전력의 발전사업 진출을 막아 발전 부문의 경쟁을 촉진하는 한편, 한국전력의 소매 판매에 대한 독점을 유지하기 위한 조항이다. 그런데 재생에너지 PPA에서 발전사업자가 전기사용자에게 재생에너지 전기를 직접 '판매'한다면 이는 「전기사업법」과 충돌하기 때문에 문제가 된다. 따라서 기존 「전기사업법」의 발판겸업금지라는 틀은 유지하되, 재생에너지 전력에 한하여 발전소가 기업에게 공급할 수 있도록 중간에 '공급사업자'라고 하는 별도의 사업자를 두도록 하였다. 이 때문에 재생에너지 PPA에서는 공급사업자가 제도적으로 반드시 필요하다.

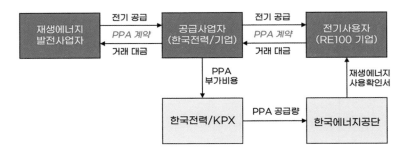

한국 재생에너지 PPA 거래/계약 구조

공급사업자는 발전사업자와 전기사용자 간 거래에 있어서 기본적으로는 대금 정산 역할을 진행하게 된다. 발전사업자가 생산한 전기를 기업에게 공급하는 과정에서, 기업에게 전기를 공급한 대금을 받는 한편, 발전소에게 전기를 구매한 대가를 지급하는 것이 공급사업자의 기본적 역할이다. 그런데, 공급사업자가 정산을 하는 금액 중에서는 재생에너지 전력에 대한 거래대금 외에도 부가적인 것들이 있다. 바로 PPA 부가비용이다.

PPA 부가비용은 PPA를 하는 과정에서 한국전력과 한국전력거래소에 납부하는 별도의 비용이다. PPA에 대한 부가비용은 여러 가지로 구성되어 있는데, 대표적인 것은 한국전력의 송배전망을 사용하고 유지하는 데 필요한 송배전망 이용요금이 있다. 재생에너지 PPA는 물리적 전기를 구매함에 따라, 발전소에서 전기사용자가 전기를 사용하는 장소(공장, 건물 등)까지 송배전망이 연결되어야 한다. 한국에서는 한국전력이 전국적으로 연결된 송배전망을 설치해 두었기 때문에, 재생에너지 PPA를 하게 되면 발전소와 전기사용자의 사용자 간에 추가적인 송배전망을 설치하는 것이 아니라 기존에 설치된 송배전망을 사용하여 공급하게 된다. 그리고 이때 한국전력의 송배전망을 사용하는 비용을 PPA에 대한 부가비용으로서 지불하는 것이다(부가비용으로는 ① 송배전망 이용요금 ② 한국전력거래소 부가정산금 ③ 거래수수료 ④ 부담금−전력산업기반기금이 있으며, 히든 코스트 형태로 전력손실에 따른 추가요금이 존재한다. 이들 부가비용에 대해서는 추후 세부적으로 다룰 예정이다).

이와 같은 PPA의 부가비용들의 대부분은 전기사용자가 부담하도록 되어 있으며, 전기사용자가 직접 한국전력과 한국전력거래소에 납부하는 것이 아니라 공급사업자에게 우선적으로 납부를 한다. 그리고 공급사업자가 돈을 받아서 한국전력과 한국전력거래소에 다시 납부하는 형태로 정산이 이루어진다.

재생에너지 PPA를 통해 전기사용자에게 전기를 공급할 경우, 거래한 전력량에 대해서는 REC가 발급되지 않으며 대신에 전기사용자는 곧바로 재생에너지 사용 확인서를 발급받게 된다. 따라서 재생에너지 발전사업자 입장에서는 재생에너지 전력판매만으로 모든 수익성을 확보해야 하므로, 실질적으로는 기업들에게 요구하는 가격 수준이 RPS 장기계약 가격에 준하거나 그 이상을 요구하는 편이다. 쉽게 말하면 재생에너지 전력이라는 재화 하나만 가지고 SMP와 REC 매출 모두를 확보해야 하므로 SMP+REC 판매 매출 이상을 받아야만 재생에너지 PPA로 판매할 유인이 있다는 것이다.

한편, 국내에서는 재생에너지 PPA에 대한 공급사업자가 누구냐에 따라 2가지로 나뉜다. 한국전력이 공급사업자를 하게 되면 '제3자 PPA'라고 부르며, 한국전력 외 기업이 공급사업자를 하게 되면 '직접 PPA'라고 부른다. 직접 PPA의 경우, 그 용어 때문에 많은 기업 실무자들이 '직접 PPA는 발전소와 전기사용자의 사용지 간에 한국전력의 송배전망 외에 직접적인 송배전망이 연결되어 있어야 한다'고 오해하는 경우가 많다. 하지만 직접 PPA도 제3자 PPA와 동일하게 한국전력의 송배전망을 사용하며, 그 송배전망을 사용하는 비용을 지불함으로써 직접적인 송배전망 연결 없이도 계약과 거래가 가능하다.

제3자 PPA와 직접 PPA는 계약/거래 구조상으로는 거의 유사하지만, 세부적으로 들여다보면 제도적, 정산 관점과 그리고 시장 관점에서 차이점이 존재한다. 전기사용자 입장에서는 이에 대해 명확히 파악하여야 한다. 다음 장부터는 PPA에 대한 개념들을 우선적으로 설명하고, 그 이후에 제3자 PPA와 직접 PPA에 대해 어떠한 차이점들이 있는지 소개하겠다.

PPA (3) PPA의 참여 조건

한국의 재생에너지 PPA는 모든 전기사용자와 모든 재생에너지 발전소가 참여할 수 있지 않다. 제도적으로 참여할 수 있는 대상들에 제한을 두고 있는데 이번 「RE073」에서는 어떤 대상이 재생에너지 PPA에 참여할 수 있는지 소개하고자 한다.

· 전기사용자 참여 조건

제도적으로 재생에너지 PPA를 할 수 있는 전기사용자는 정해져 있다. 일반용(을)을 사용하는 한국전력 고객과 산업용(을)을 사용하는 한국전력의 고객만 가능하다. 앞서 「CHAPTER 3」에서 언급했듯이, 을 요금제를 사용하는 전기사용자들은 기본적으로 전기사용량이 많아서 22.9kV 이상의 송배전망으로 수전을 받고 있는 주체들이다.

일반용(을)과 산업용(을)을 사용하는 한국전력의 고객들은 한국전력과의 계약전력이 300kW 이상인 경우에 해당하며, 이 말인 즉 계약전력이 300kW 이상인 일반용 고객과 산업용 고객만이 재생에너지 PPA를 할 수 있는 셈이다.

여기서 한 가지 중요한 것은 PPA를 통해 재생에너지 전기를 공급받는 것은 '기업 단위'가 아니라 '한국전력의 고객' 단위라는 점이다. 즉, 기업이 PPA

를 체결하더라도 반드시 한국전력의 고객번호를 가지고 있는 전기사용자를 지정해야 한다. 예를 들어 A라는 기업에 '가' 공장과 '나' 공장이 있다고 해보자. 이때 PPA는 A라는 기업이 체결하지만 체결할 때(늦어도 실제 전기공급이 시작될 때)는 '가' 공장과 '나' 공장 중 어떤 공장이 PPA를 공급받을지 지정해야 하는 것이다.

이러한 PPA의 전기사용자(한국전력 고객번호) 단위 구분은 결과적으로 PPA를 체결하고 재생에너지 전력을 공급받는 데 있어 제약사항을 만들어 낸다. 예를 들어, '가' 공장으로 지정된 PPA에 대해 기업이 '나' 공장으로 공급받고자 할 경우, PPA를 공급받는 전기사용지를 '가' 공장에서 '나' 공장으로 변경해야만 공급이 가능하며, 같은 기업 내라고 해도 변경을 하지 않는 한 '가' 공장으로 공급하는 전기를 '나' 공장으로 공급할 수는 없다(여기서 말하는 '변경'은 단순히 기업과 공급사업자, 발전사업자들의 합의만으로 끝나지 않고, PPA 주관 기관에 계약변경을 신청하여 관련 행정 절차를 모두 끝내는 것까지를 포함한다).

REC 구매의 경우, REC가 기업 단위로 귀속되며 구매한 REC를 기업이 원하는 공장과 사업장에 마음대로 매칭시킬 수 있는데 PPA는 이것이 불가능하다. 이와 같은 PPA의 제도적 형태는 각 공장별 PPA 체결 규모를 결정하는 중요한 요인이다.

• 발전사업자 참여 조건

재생에너지 발전소의 경우, 합산 용량 1MW 초과일 경우에만 PPA를 할 수 있도록 규정되어 있다. 쉽게 말하면, 하나의 PPA 계약(발전사업자─공급사업자─전기사용자가 모두 체결한 1개의 계약)에서 발전사업자의 발전소 설비용량이 1MW 이하일 경우에는 PPA 계약을 할 수 없다는 의미이다.

다만, 합산 용량을 기준으로 1MW 초과인 경우에는 가능하다고 되어 있는

데, 설비규모가 작다 하더라도 여러 개의 발전소를 모아서 전체 설비용량을 1MW 이상으로 하는 경우에는 PPA를 할 수 있다.

| 재생에너지 발전소 400kW | 재생에너지 발전소 400kw(1) | 재생에너지 발전소 400kw(2) | 재생에너지 발전소 400kw(3) |

PPA 단독 참여 불가   3개 발전소 설비용량의 합이 1MW 초과이므로, N:1 계약 형태로 PPA 참여 가능

　　실제 계약을 체결하는 과정에서 보면 작은 발전소를 모아서 1MW를 넘기는 것은 제약사항이 많이 발생한다. 특히 문제가 되는 부분이 다수의 발전사업자가 작은 규모의 발전소를 여러 개 가지고 있는 경우이다.

　　먼저 계약서 작성에 문제가 생긴다. 공급사업자(또는 기업)는 다수의 발전사업자와 계약서 협의를 해야 하는데, 발전사업자마다 생각하는 바가 다르니 계약서가 동일하게 작성되기 어려우며 계약 협의 과정에서 많은 시간과 인적 노력을 들어가게 된다.

　　두 번째로는 공급 시점에 대한 문제이다. 발전사업자와 공급사업자 간 계약을 끝냈다 하더라도, 1MW 초과 용량의 발전소가 모두 PPA를 할 수 있는 조건이 되어야만 실제 PPA를 개시할 수 있다. 따라서 다수의 발전소를 합하여 1MW를 초과하는 PPA일 경우, 일부 발전소가 PPA를 할 수 있는 조건을 갖추지 못하게 되면 해당 발전소가 PPA 거래 개시 조건이 될 때까지 다른 발전소들은 PPA를 시작하지 못하고 계속 현물시장에 전기를 판매해야 한다. 이때 현물 SMP와 REC 가격이 낮을 경우에는 발전소 원리금 상환 등에 문제가 생길 수 있다는 위험도도 존재한다.

　　이와 같은 사유로 인해, 기본적으로는 여러 발전사업자가 가진 발전소를 묶어서 1MW를 초과시키는 계약은 일반적인 계약 체결과 대비하여 그 진행이

더디고 기업들이 선호하지 않는 편이다.

PPA에 참여할 수 있는 발전소 설비용량의 기준이 1MW인 것에 대해, 기준이 너무 높다는 것이 일반적인 시장의 생각이다. 전기사용량이 많은 대기업이나 제조업 같은 경우에는 태양광 또는 풍력 발전소 1MW가 생산하는 전력량이 많은 양이 아니겠지만, 전기사용량이 적은 기업들에게는 부담이 될 수 있는 수치이기 때문이다. 특히 On-Site PPA를 할 때 많은 어려움을 겪고 있다(On-Site PPA에 대한 내용은 추후 다시 이야기하도록 하겠다). 기업의 원활한 PPA를 위해서라도 발전소 설비용량 기준을 낮춰야 한다는 것이 중론이다.

RE074.
PPA (4) 계약참여자 수에 따른 계약 유형의 분류

앞서서 PPA는 발전사업자–공급사업자–전기사용자 간 계약을 체결한다고 하였다. 이때 공급사업자는 계약당 1개가 될 수 있는 반면, 계약에 참여하는 발전사업자와 전기사용자는 다수가 될 수 있는데, 한국에서는 각 주체가 1개만 참여하느냐 혹은 여러 개(N개) 참여하느냐에 따라 계약 유형을 분류하고 있다. 즉 1개의 PPA 계약에서 참여하는 '발전소'의 수가 1개냐 다수냐, 또는 참여하는 전기사용자의 수가 1개냐 다수냐에 따라 총 4개의 계약 유형으로 구분하는 것이다.

PPA 계약 유형에 따른 분류

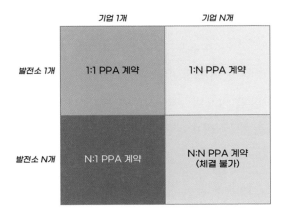

여기서 중요한 것은 발전소 쪽은 참여하는 발전사업자의 수가 아니라 '발전소'의 수이다. 만일 1개 발전사업자가 여러 개의 발전소를 가지고 있다면 N개 발전소가 참여한 것으로 간주한다(공급사업자는 어차피 계약당 1개만 들어갈 수 있으므로 별도로 표시하지는 않았다).

추가로, 위 「RE073」의 전기사용자 참여 조건에서 말했던 것처럼, 전기사용자는 기업이 아니라 기업에 속한 특정 한국전력 고객번호라 이야기하였다. 따라서 같은 기업의 다수의 공장이 1개의 계약에 참여한다고 하면 그때의 계약 유형은 1:1이 아니라 1:N 계약이 된다.

4가지 계약 유형 중에서 제도적으로 N:N 계약은 체결이 불가능하다. PPA에 대한 공급량 산정과 정산의 어려움 등으로 인해 제도적으로 막혀 있는 상태이다.

시장에서 가장 많이 체결되는 형태는 N:1 계약이며, 그다음 1:1 계약, 그리고 1:N 계약이다. 기본적으로 한국은 발전소 설비용량이 소규모(3MW 이하)인 경우가 대부분이라서 다수의 발전소가 1개 계약에 참여할 수밖에 없는 구조이다. 참고로 앞서 말했던 것처럼 N:1 계약서에서도 다수의 발전사업자가 참여하는 형태는 많지 않으며 단일 발전사업자가 다수의 발전소를 가지고 1개 기업과 계약을 맺는 경우가 대부분이다.

1:N 계약이 많지 않은 이유도 발전소의 설비용량에 있다. 대규모 발전소이어야만 다수의 기업에 판매할 텐데 현실적으로 국내에서는 대규모 발전소가 많지 않으며, 대규모 자원이 있다 하더라도 다수의 기업과 계약 협의를 하는 것이 어렵다 보니 계약 사례가 많지는 않다.

PPA (5) PPA 공급량 측정 방식

PPA를 이해하기 위해서는 또 하나 알아두어야 할 개념이 있다. 바로 제도적으로 PPA에 대한 공급량을 어떻게 측정하는지이다.

앞서 언급했던 것처럼, 특별한 경우(On-Site PPA)를 제외하고 발전소와 기업의 전기사용자 간에는 직접적으로 송배전망을 연결하지 않으며 이미 설치되어 있는 한국전력의 송배전망을 사용한다고 하였다. 그런데, 발전소에서 생산한 재생에너지 전기가 PPA를 체결한 기업의 전기사용지까지 찾아갈 수 있을까? 현실적으로는 불가능하다. 즉, 재생에너지 발전소가 생산한 전기는 송배전망 내에서 모두 섞이며 그 전기가 어디로 갔는지 추적하는 것은 불가능하다(전기에는 꼬리표가 없다).

그렇다면 우리는 어떻게 PPA를 체결한 재생에너지 발전소의 전력이 기업에게 공급된다고 할 수 있을까? 바로 발전소와 기업 전기사용지 각각에 전력생산/사용을 측정할 수 있는 계량기를 설치하고, 두 값을 비교함으로써 '가상'으로 공급량을 산정하기 때문이다.

먼저 발전소가 생산한 전력이 송배전망에 들어가는 지점에 계량기를 설치하여 발전소가 얼마만큼 계통에 전기를 밀어 넣었는지 측정한다. 그 다음으로 기업이 송배전망에서 전기를 빼내는 지점에 계량기를 설치하여 기업이 얼마만큼 전기사용량을 측정한다. 그리고 두 값을 비교하여 재생에너지 PPA에 대한 공급량을 측정하는 것이다.

이때 재생에너지 발전소가 송배전망으로 밀어 넣은 전력량(발전량)이 기업의 전기사용량보다 많을 수도 있고 적을 수도 있는데, 전기사용량보다 적으면 발전량 전량이 PPA의 공급량이 되고 전기사용량보다 많으면 기업의 전기사용량까지가 PPA의 공급량이 된다.

한편, 비록 가상이기는 하지만 PPA에서는 송배전망 내에서 전기가 손실되는 부분까지 감안하여 추가비용이 부과되게 되는데 이를 '전력손실에 따른 비용'이라고 부른다(발전소에서 기업의 전기사용지까지 전기가 공급되는 과정에서 일부 손실되는 부분이 있다고 생각하고 한국전력에서 이를 추가비용으로 청구하는 것이다. 자세한 것은 PPA 부가비용에서 설명할 예정이다).

PPA에 대한 공급량을 산정하기 위해서는 결국 발전소와 기업 전기사용지에 대한 계량기 데이터값이 필요하다. 한국 PPA에서는 한국전력(제3자 PPA)과 한국전력거래소(직접 PPA)가 두 계량기 데이터값을 받아 PPA 공급량을 산정하며, 공급량에 대해 이견이 생길 수 있는 발전사업자-공급사업자-전기사용자가 손을 대지 못하도록 하여 공급량에 대한 신뢰도를 높이고 있다.

이와 같은 PPA의 공급량을 측정하는 방식은 추적할 수 없다는 전기의 특성 때문에 발생하는 것으로서 전 세계적으로 통용되는 형태이다.

RE076.
PPA (6) 부족전력과 초과발전

PPA에서 계약적으로나 실무적으로 반드시 알아야 하는 개념 2개가 있는데 바로 부족전력과 초과발전이다. 부족전력과 초과발전은 향후 PPA 비용 분석, 정산 구조 및 계약 과정에서도 이슈가 되는 부분이기에 발전사업자와 기업 모두 이해하여야만 한다.

부족전력과 초과발전은 전기사용자가 재생에너지 PPA를 통해 전력을 구매한다고 했을 때, 재생에너지 발전소가 생산하는 전력량이 자신의 전기사용량보다 적을 경우(부족전력)와 더 많을 경우(초과발전)를 말한다.

• **부족전력**

민간 재생에너지 구매 시장이 초기인 한국에서는 아직 기업들이 구매하는 재생에너지보다 기업의 전기사용량이 더 많은 경우가 많다. REC나 녹색프리미엄의 경우, 물리적 전기를 구매하는 것이 아니기에 상관없지만 물리적 전기를 구매하는 PPA의 경우에는 조금 상황이 다르다. 기업 입장에서는 안정적으로 전기를 공급받아 공장 또는 건물을 사용해야 하는데, PPA를 통해 구매하는 물리적 전기량이 자신의 전기사용량보다 적을 수 있기 때문이다.

이렇게 PPA를 통해 구매하는 재생에너지 구매량이 기업의 전기사용량보다 적은 경우를 부족전력이라고 한다. 그리고 부족전력은 기본적으로 한국전력이 기업에게 공급하도록 되어 있다. 즉 PPA를 통해 구매하지 못하는 전력량에 대해서는 한국전력으로부터 구매하는 것이며, 이때 구매 비용은 기존에 납부하던 한국전력의 전기요금과 동일하게 산정된다.

이때 기업들이 많이 혼란스러워 한다. 재생에너지 발전소의 전력생산량이 시시각각 바뀌는데 이것을 어떻게 한국전력이 맞춰서 기업의 전기사용량만큼 정확히 공급할 수 있을지 의문을 가질 수밖에 없기 때문이다.

이에 대해서는 걱정할 필요가 없다. 「RE075」에서 언급했던 것처럼, 전기사용자는 한국전력의 송배전망으로부터 물리적 전기를 공급받고 나중에 발전소 측에 있는 계량기 값과 비교하여 사후로 PPA 공급량을 산정하게 된다. 이와 같은 메커니즘에서는 재생에너지 발전소의 전력생산량이 급격하게 변한다 하더라도 물리적 전기공급이 끊길 일이 없으니, 공장과 건물은 전기를 안정적으로 사용할 수 있다. 즉 전기사용자는 공장이나 건물 가동에 필요한 전기를 한국전력의 송배전망으로부터 받아 우선 사용하고, 사후적으로 PPA로 공급받았다고 정해진 전력량에 대해서 공급사업자한테 대금을 납부하고 나머지 전력량에 대한 대금은 한국전력에 납부하는 형태일 뿐이다.

여기서 한 가지 짚고 넘어가야 할 것은 전기사용의 순서상, PPA를 통한 전기를 먼저 사용하고 나중에 한국전력의 전기를 사용하는 구조로 되어 있다는 점이다. PPA를 통해 구매하는 전기의 양이 많아질수록 한국전력으로부터 구매하는 전기의 양이 줄어드는 것이다. PPA에 대한 가격과 한국전력의 전기요금 가격이 다른 경우가 대부분이므로 PPA 구매량에 따라 기업의 전체 전기비용이 크게 달라지게 되며, 결과적으로 PPA 도입에 따른 전기요금 영향 분석을 위해서라도 부족전력을 어떻게 산정하는지 알고 있어야 한다.

• 초과발전

초과발전은 기업이 재생에너지 발전소가 생산한 전력량을 구매하지 못하는 경우를 말한다. 즉, 기업의 전기사용량보다 재생에너지 발전소가 생산하는 전력량이 더 많은 경우에 발생한다.

초과발전에 대해서는 기업뿐만 아니라 발전사업자 입장에서 중요하게 생각하여야 한다. 왜냐하면 기업은 자신의 전기사용량보다 더 많은 양의 전기를 구매할 수 없기 때문이다. 쉽게 말하면 초과발전이 발생할 경우, 재생에너지 발전사업자는 기업에게 전기를 판매하지 못하게 되는 것이다. 발전사업자 입장에서는 재생에너지를 판매할 판매처가 사라지는 것으로서 발전소의 매출과 직결되는 부분이다.

만약 이와 같은 초과발전이 발생하면 어떻게 될까? 앞서서 언급했던 것처럼 PPA에 대한 공급량은 재생에너지 발전소의 전력생산과 전기사용자의 전기사용이 진행된 이후에 사후적으로 결정되는 것이라고 하였다. 즉, 초과발전이 생겼다고 해서 발전소가 전력을 생산하지 못하는 것이 아니라, 이미 전력을 생산하였고 이를 기업이 구매하지 못하는 것뿐이다. 발전소는 결국에 초과발전만큼의 전력을 생산하여 송배전망에 밀어 넣었으므로, 초과발전만큼에 대해서도 어떻게 해서든 그 대가를 받아야 합리적이다.

한국에서는 이러한 초과발전에 대해 발전사업자가 초과발전만큼을 전력도매시장에 판매한 것으로 간주한다(이때 판매 가격은 해당 시간대의 SMP이다). 그리고 이에 대해서는 REC까지 발급을 해주는 형태로 처리하고 있다. 즉, 기업이 구매하지 못한 재생에너지 전력량은 일반 RPS처럼 판매되는 형태인 셈이다.

「RE072」에서 PPA로 판매한 전력량에 대해서는 REC가 발급되지 않는다고 하였는데, 이 부분과 헷갈리지 않아야 한다. 발전소가 생산한 전력 중 전기사용자에게 PPA를 통해 판매한 전력량만큼은 REC가 발급되지 않는 것이며, 전기사용자가 전기사용량이 꽉 차서 구매하지 못한 전력량에 대해서는 발전사업자가 전력시장에 판매하고 그 양만큼에 한정하여 REC를 발급받는다.

그런데 여기서 한 가지 문제가 있다. 초과발전의 양은 결과적으로 전기사용자의 전기사용량에 따라 발생량이 달라지게 된다는 점이다. 전기사용자의 전기사용량이 줄어들면 초과발전량이 늘어날 수 있고, 전기사용량이 많아지면 초과발전량이 줄어들 수 있다. 이 경우, 발전사업자는 PPA 판매 가격에 대한 불확실성이 생길 수밖에 없다. 초과발전량으로 생산된 전력과 REC를 현물 SMP 및 현물 REC 가격으로 팔아야 하는데 PPA 체결 가격보다 낮아질 가능성이 있는 셈으로, 해당 물량만큼은 '고정가 계약'이 아니기 때문에 금융조달을 하는 과정에서 문제가 된다.

이에 따라 제도적으로는 초과발전 발생 시 초과발전 전력과 REC에 대해 어떻게 처리하라는 규정은 없지만, 실무적으로는 PPA 계약 시 이 초과발전에 대해서도 반드시 처리 방안이 언급된다.

참고로, 부족전력과 마찬가지로 초과발전 발생 여부 역시 발전소와 전기사용자의 계량기 값이 필요하므로 한국전력과 한국전력거래소가 초과발전량을 산정하여 PPA에 참여한 각 주체에게 안내해 준다.

PPA (7) 전기사용자의 PPA 구매량 한도

PPA에 있어 한 가지 더 알아야 할 것이 있다. 바로 PPA를 통해 전기사용자가 구매할 수 있는 '전력량'에는 한계가 있다는 점이다. 그 한계는 바로 '전기사용자가 사용한 전력량'까지다.

먼저 알아야 하는 것은, 제도적으로 PPA를 체결한 기업은 계약대상 발전소가 생산한 전력량을 전량 구매해야 한다는 점이다. 「RE089」에서도 설명해 놓았지만, PPA의 계약단위는 설비용량(kW)이며 이 설비용량으로부터 발생한 전력량은 전기사용자가 전량 구매하도록 제도적으로 정해놓았다. 즉, 계약은 1,000kW로 하는데, 1,000kW의 발전소가 1,500MWh를 생산하던 1,000MWh를 생산하던 전량을 구매해야 한다는 뜻이다. 일부 기업들은 PPA를 통해 정해진 전력량(ex. 1,000MWh)만 사고 싶다고 하는데, 한국에서는 이와 같이 전력량 단위의 PPA 방식은 제도적으로 불가능하다.

이때, 생각해 보면 기업이 PPA를 통해 구매하는 것은 물리적 전기이다. 따라서 기업은 PPA를 통해 재생에너지 전력을 구매한다 하더라도, 자신이 사용하는 전력의 양보다 많은 양을 구매하는 것은 불가능하다. 예를 들어 A라는 기업이 100MWh의 전기를 사용했다고 해보자. 이 기업이 110MWh의 전기를 구매하는 것은 말이 되지 않는다. 전기는 생산한 즉시 소비되는 '재화'이기 때문에 에너지저장장치(ESS, Energy Storage System) 등을 동원하지 않는 이상 사용량보다 많이 구매하는 것은 불가능하다. 따라서 재생에너지 PPA를 통해 구매할 수 있는 전력의 최대치는 전기사용자의 전기사용량까지이다.

그런데 잘 생각해 보면 전기사용자의 '전기사용량'이라는 것은 기준에 따라 달라지게 된다. A라는 기업이 공장을 가동한다고 해보자. A 기업은 해당 공장을 가동하는 데 필요한 전력을 한국전력으로부터 실시간으로 공급받고 있다. 그리고 해당 공장은 1달에 한 번 한국전력으로부터 전기사용량이 얼마인지 확인받고 월간 사용한 전력량에 대해 대금을 지불하고 있다. 그런데 이 월간 전력사용량이라는 것은 실시간 전기사용량을 합산한 값으로, 1시간 단위 또는 하루 단위로 쪼갠다고 했을 때 단위 시간당 공장의 전기사용량이 다른 단위의 시간대와 같을 수가 없다. 어떤 날의 전기사용량이 100MWh이면 다른 날의 전기사용량은 120MWh일 수 있고, 하루 내에서도 오전 09~10시의 전기사용량과 오전 10~11시의 전기사용량은 다를 수 있는 것이다.

그러다 보니, **어떤 시간적 기준**을 가지고 전기사용자의 사용량과 발전소의 발전량을 비교해야 하는지 문제가 생긴다. 즉, 재생에너지 발전소의 발전량과 전기사용자의 전기사용량을 비교하여 PPA 공급량을 결정할 때 하루 단위로 해야 하는지, 아니면 월간 단위로 해야 하는지 기준이 모호한 것이다.

원칙적으로 보면 실시간으로 발전량과 사용량을 비교하는 것이 맞다. 왜냐하면 기본적으로 전기는 생산되는 즉시 소비되기 때문이다(생산과 소비가 일치하지 않으면 정전이 발생하기 때문). 그러나 앞에서 설명한 것처럼, 발전소와 전기사용자 간 직접적인 전선 연결이 없으며 한국전력의 송배전망을 통해 연결이 된다. 그리고 발전소의 발전량과 전기사용자의 전기사용량을 비교할 때 사후적으로 비교한다고 하였다. 즉, 발전소는 일단 생산할 수 있을 만큼 생산을 하고, 전기사용자는 필요한 만큼 전기를 사용한 다음에 두 값을 비교하는 것으로서 '실시간'[08]으로 비교하기는 어렵다.

따라서 PPA에서는 인위적으로 일정한 시간 단위를 설정하여 재생에너지 발전량과 전기사용자의 전기사용량을 비교해야 하며, 결과적으로 보면 PPA를 체결하는 전기사용자는 제도적으로 설정된 '인위적 시간 단위'를 기준으로 한 전기사용량을 한도로 PPA를 구매할 수 있다. 한국에서는 1시간으로 그 시간 단위가 정해져 있는데 이는 정산방식과도 밀접하게 연관되어 있으므로 추후 「RE079」에서 보다 세부적으로 다루고자 한다.

---

[08] 여기서 말하는 실시간은 1분, 1초 단위가 아니다. 정말로 발전소와 발전량과 전기사용자의 전기사용량이 Real Time으로 매칭되는 것을 말한다. 따라서 시간으로 발전량과 전기사용량을 비교할 수 있는 계측장치는 존재할 수가 없다. 1초도, 1분도 모두 인간이 만든 시간 단위이기 때문이다.

RE078.

PPA (8) 제3자 PPA와 직접 PPA - 제도적

제3자 PPA와 직접 PPA는 공급사업자가 한국전력이냐 일반 기업이냐에 따라 구분된다고 설명했듯이, 제도적으로는 거의 유사하다. 다만 제도적 관점에서 제3자 PPA와 직접 PPA의 법적 근간이 다르며 운영 기관의 차이로 인해 약간의 차이들이 존재한다. 이번 「RE078」에서는 제도적으로 제3자 PPA와 직접 PPA의 차이를 간단히 설명하고자 한다.

제3자 PPA와 직접 PPA 주요 특징

구분	제3자 PPA	직접 PPA
주관 기관	한국전력	한국전력거래소
전기사용자 참여 조건	한국전력 일반용(을) · 산업용(을) 사용 고객	한국전력 일반용(을) · 산업용(을) 사용 고객 수전설비 300kVA 이상 설치자
발전사업자 참여 조건	설비용량 1MW 초과(합산, 단독 가능)	설비용량 1MW 초과(합산, 단독 가능)
과 · 부족전력	(부족) 한국전력 (초과) 전력시장	(부족) 한국전력, 전력시장 중 택 (초과) 전력시장
계약 유형	– 발전사업자(1) ↔ 공급사업자 ↔ 전기사용자(1) – 발전사업자(N) ↔ 공급사업자 ↔ 전기사용자(1) – 발전사업자(1) ↔ 공급사업자 ↔ 전기사용자(N)	

구분	제3자 PPA	직접 PPA
계량	(발전사업자) 한국전력용 전력량계 +필요시 전력시장 전력량계 (전기사용자) 한국전력용 전력량계	(발전사업자) 전력시장 전력량계 (전기사용자) 전력시장 전력량계, 한국전력용 전력량계 중 택
정산 방식	발전량 균등 정산 또는 실시간 정산	실시간 정산
REC 발급 여부	발급 후 소각	미발급
PPA 가능 형태	계통 연계형만 가능	계통 연계형 또는 비계통 연계형 가능

· **주관 기관**

제3자 PPA를 주관하는 기관은 한국전력인 반면, 직접 PPA를 주관하는 기관은 한국전력거래소이다. 제3자 PPA는 한국전력이 공급사업자이면서 제도를 운영하는 기관인 셈이며 직접 PPA는 한국전력거래소가 제도를 운영함에 따라 제도 운영 기관과 제도상 공급사업자로 참여하는 주체가 다르다. 기업이 PPA 체결 후 PPA 거래 시작 전에 신고 절차를 진행해야 하는데, 제3자 PPA는 한국전력, 직접 PPA는 전력거래소에 신고를 한다.

한국전력이 운영하느냐, 한국전력거래소가 운영하느냐는 큰 차이가 있지 않아 보이기도 하지만, 이로 인해 몇 가지 차이를 만들어 낸다. 대표적인 예로 전기사용자에 대한 범위가 달라진다.

· **전기사용자 참여 범위**

앞서서 「RE073」에서 한국전력의 일반용(을), 산업용(을) 고객만 재생에너지 PPA를 할 수 있다고 언급하였다. 그런데 표에서 보면 직접 PPA에서는 수전설비가 300kVA 이상인 경우에는 재생에너지 PPA를 할 수 있도록 되어 있는 부분이 있다. 이는 다른 것을 염두에 둔 조항이다. 바로 '전력의 직접 구매자'이다.

전력의 직접 구매자란 「전기사업법」 제32조, 그리고 「전기사업법 시행령」 제20조에 따라 전력시장(전력 도매시장)에서 직접 전기를 구매하는 전기사용자를 말하며, 30mVA 이상의 수전설비를 갖춰야만 그 자격이 주어진다. 즉 쉽게 말하면 일정 규모 이상의 수선설비를 갖춘 전기사용자는 한국전력으로부터 전기를 구매하는 것이 아니라 직접 전력 도매시장에서 전기를 구매할 수 있는 것이다.

'전력 직접 구매자'가 되면 한국전력의 고객이 아니게 되므로, 이러한 기업들도 직접 PPA를 할 수 있도록 수전설비 300kVA 이상 설치한 전기사용자라는 조항을 넣어두었다. 이는 직접 PPA가 전력거래소에서 운영을 하는 제도이다 보니 제3자 PPA와 다르게 가능한 부분이다(제3자 PPA는 애초에 발전사업자가 재생에너지 설비를 가지고 한국전력을 통해 기업에 판매하도록 되어 있어서 한국전력의 고객이 아니면 체결이 불가능하다).

그러나 본 조항은 실질적으로 아직까지 활용되지는 못하고 있다. 그 이유는 아직까지 한국에서(구역전기사업자를 제외하고) 기업이 전력 직접 구매자가 되어 전력 도매시장에서 직접 전력을 구매하는 경우는 없기 때문이다. 그러나, 장기적으로 전기요금 가격이 상승하는 한편, SMP 가격이 낮게 유지하게 된다면 전력의 직접 구매자가 되는 기업들도 나타날 가능성을 배제할 수 없을 것이다.

• **부족전력 조달 방법**

전력 직접 구매자는 전기를 한국전력으로부터 구매하지 않는다. 따라서 「RE076」에서 설명했던 부족전력 메커니즘과 다르게, 자신이 직접 전력 도매시장에서 부족한 전력을 구매해야 한다. 따라 직접 PPA에서는 부족전력을 구매하는 방법 중에서 한국전력뿐만 아니라 전력시장도 들어가 있다.

• PPA 계량기

PPA를 체결하게 되면, 발전소와 기업 간 PPA 공급량을 측정할 수 있는 계량기가 필요하다. 이때 제3자 PPA이냐 직접 PPA이냐에 따라 설치해야 하는 계량기가 달라지게 되는데 주로 발전사업자에 대한 영향이 크다.

전기사용자의 경우, 한국전력의 고객이라면 한국전력의 계량기가 설치되어 있다. 따라서 일반적인 경우에는 PPA 체결을 위해 별도의 계량기를 설치할 필요가 전혀 없다. 직접 PPA든 제3자 PPA든 한국전력으로부터 부족전력을 구매할 것이기 때문이다(만일 전기사용자가 전력 직접 구매자일 경우, 한국전력거래소의 계량기가 전기사용자 측에 설치되어 있을 것이다).

한편, 발전소의 경우는 제3자 PPA와 직접 PPA 중에 어떤 것을 하느냐에 따라 설치해야 하는 계량기가 달라진다. 제3자 PPA를 할 경우에는 한국전력의 계량기를 설치해야 하며, 직접 PPA를 할 경우에는 전력거래소의 계량기를 설치해야 한다.

다만, 초과발전이 되어 발전소가 전력시장에 재생에너지 전력을 판매하려면 한국전력거래소 계량기가 필수적으로 필요하다. 직접 PPA의 경우 한국전력거래소 계량기를 애초부터 설치함에 따라 추가적인 계량기 설치가 필요 없지만 제3자 PPA의 경우는 한국전력 계량기 외에 추가로 한국전력거래소 계량기를 설치해야 하므로 번거로움이 있다.

계량기 설치 비용은 기본적으로 발전사업자가 부담하는 것으로 되어 있다. 어차피 발전소는 PPA를 하지 않는다 하더라도 사용전검사 후에 한국전력 또는 한국전력거래소 계량기 중의 하나를 선택하여 설치해야 한다. 따라서 추가적인 비용 부담은 거의 없는 셈이다. 발전소를 운영하고 있는 중에 다른 계량기로의 교체는 가능하나, 변경을 위해서는 일정 비용이 소요되므로 최초 발전소 설치 시에 잘 선택을 해야 한다.

• REC 발급 여부(제3자 PPA와 직접 PPA 거래 개시 시점의 차이)

앞서서 재생에너지 PPA는 REC가 발급되지 않는다고 하였다(정확히는 PPA를 통해 공급한 전기에 대해서는 발급되지 않고, 초과발전으로 전력시장에 판매한 전력에 대해서는 REC가 발급됨).

그런데 본 장에서 보면 제3자 PPA는 REC 발급 후 소각이라고 되어 있어서 혼란이 있을 것으로 본다. 부연 설명을 하자면 제도적으로 보면 제3자 PPA는 REC가 발급된 후 자동으로 없어지도록 되어 있다. 즉 제3자 PPA를 통해 전기사용자에게 전력이 공급됐을 경우, 전기사용자는 해당 REC를 받아서 보유를 하고 있다든가 아니면 다시 판매를 한다든가 하는 것이 불가능하며 REC가 전기사용자에게 이전되었다가 즉시 재생에너지 사용 확인서로 전환이 되어 결과적으로 전기사용자는 재생에너지 사용 확인서를 받게 되는 구조이다.

결국, 제3자 PPA나 직접 PPA 모두 전기사용자에게는 REC가 발급되는 것이 아니고 재생에너지 사용 확인서가 즉시 발급되는 형태인데 어째서 이 부분이 중요할까? 그것은 제3자 PPA인지 아니면 직접 PPA인지에 따라 발전소가 언제부터 재생에너지 PPA에 참여할 수 있는지가 달라지기 때문이다.

「CHAPTER 2」에서, 발전소 설치는 부지확보→계통확보→인허가→장기계약→상업운전 순이라고 말하였으며 특히 상업운전에서도 사용전검사(전력판매용), 계량기 봉인 및 RPS 설비확인(REC를 발급받기 위한 목적)을 하여 최종적으로 모든 절차를 마친다고 하였다.

제3자 PPA는 REC가 발급된 후 소각되기 때문에 기본적으로 RPS 설비확인까지 마쳐야 PPA를 할 수 있다. REC가 발급되지 않으면 애초에 제3자 PPA를 할 수 없으므로, RPS 설비확인이 끝날 때까지는 PPA에 대한 계약 신고를 하지 못하는 것이다. 반면 직접 PPA는 REC 발급이 필요 없다. 따라서 실무적으로는 사용전검사와 계량기 봉인만 마쳐도 PPA를 할 수 있는 조건이 갖춰진다.

일반적으로는 사용전검사를 마치고, 개발행위허가 준공 후 RPS 설비확인을 받기 때문에 사용전검사로부터 RPS 설비확인까지 2~3개월의 시간이 소요된다. 그렇다는 의미는 PPA를 시작할 수 있는 시점이 직접 PPA가 제3자 PPA 2~3개월 빠르다고 볼 수 있다.

2~3개월 정도의 차이가 장기계약(20년)에 있어서 유의미하지 않다고 볼 수도 있다. 하지만 PPA 계약은 발전소가 재생에너지 전력을 언제까지 공급하겠다는 공급 시점을 명기해 놓고, 이를 지키지 못하면 손해배상금을 전기사용자에게 지급하겠다는 조건을 넣는 경우들이 있다. 1~2년 공사 기간에 대해 2~3개월의 공급 차이는 손해배상금에 있어 상당한 차이를 만들어 내므로 실제 발전사업자와 협의하는 과정에서 중요한 협상 요인으로 작용한다.

이번 「RE078」에서는 제3자 PPA와 직접 PPA에 대해 주요한 제도적인 차이점을 다루었다. 정산과 PPA 가능 형태(계통 연계형/비연계형)에 대해서는 다루지 않았는데, 이는 보다 세부적인 설명이 필요하므로 다음 장에서 소개하고자 한다.

PPA (9) 제3자 PPA와 직접 PPA
- 정산 방식의 차이

한국의 재생에너지 PPA는 크게 2가지 형태의 정산 방식이 존재한다. 하나는 시간대별 정산 방식이며 다른 하나는 발전량 균등 정산 방식이다. 다만, 제3자 PPA는 시간대별 정산 방식과 발전량 균등 정산 방식 중에 선택하여 할 수 있는 반면, 직접 PPA에서는 시간대별 정산 방식만 할 수 있으니 유의해야 한다.

• 시간대별 정산 방식

시간대별 정산 방식은 단순하다. 발전소가 전력을 생산한 시점에, 전기사용자가 해당 전력을 사용했다고 간주하는 것이다. 그리고 이때 말하는 시점은 1시간 단위로 구분되게 된다. 1시간 단위로 발전소의 발전량과 전기사용자의 전기사용량을 비교하여 PPA 공급량을 산정하는 형태라 보면 된다(다른 말로 하면, 1시간 단위로 발전량과 전기사용량을 취합하여 부족전력량과 초과발전량을 판단하게 된다). 앞서서 「RE077」에서 언급한 전기사용자의 PPA 구매량 한도 측면에서 본다면, 전기사용자는 자신의 1시간 단위 전기사용량까지만 PPA를 통해 재생에너지 전기를 구매할 수 있다.

1시간 단위로 파악을 하다 보니, 하루 중에서도 특정 시간대에서는 부족전력량이 발생했는데 다른 시간대에서는 초과발전량이 발생할 수 있다. 이때, 전기사용자 또는 발전사업자들은 특정 시간대에 발생한 부족전력량과 초과발전량을 서로 상쇄시키는 것이 아니냐는 오해를 한다. 그러나, 시간대별 정산 방식에서는 무조건 1시간 단위 시간대를 기준으로 부족전력량과 초과발전량을 판단하며 하루 단위 혹은 그 이상 단위로 부족전력량과 초과발전량을 상계 처리하지는 않는다.

시간대별 정산 방식의 예시

구분	오후 14~15시	오후 15~16시	2시간 합계
전기사용자 전기사용량	100MWh	80MWh	180MWh
발전소 발전량	80MWh	100MWh	180MWh
부족전력량	20MWh	0MWh	20MWh(한국전력 구매)
초과발전량	0MWh	20MWh	20MWh
PPA 공급량	80MWh	80MWh	160MWh

예시로 적은 앞의 표를 보자. 전기사용자가 오후 14~15시까지 100MWh의 전기를 사용했고, 발전소의 발전량이 80MWh라고 한다면, 전기사용자 전기사용량보다 발전소 발전량이 20MWh 부족하므로 20MWh만큼은 부족전력이 된다(그의 반대 개념인 초과발전량은 0MWh). 그리고 전기사용자의 사용량 한도로 PPA 전기를 구매할 수 있으므로 전기사용량인 100MWh까지 구매할 수 있지만 발전소가 80MWh까지만 발전했으니 PPA 공급량은 80MWh이다.

한편, 15~16시의 경우는 다르다. 전기사용자의 전기사용량이 80MWh이고, 발전소의 발전량이 100MWh임에 따라 전기사용자 전기사용량보다 발전량이 많다. 따라서 부족전력량은 발생하지 않으며, 전기사용자의 전기사용량보다 많은 20MWh는 초과발전량이 된다. 한편, 전기사용자의 전기사용량이 80MWh이므로 80MWh까지 재생에너지 전기 구매가 가능한데 발전소가 80MWh보다 더 많은 양을 발전했으므로 해당 시간대의 PPA 공급량은 80MWh가 된다.

앞선 예시에서 2개의 시간대를 합쳐보자. 그러면 전기사용자의 전기사용량도 180MWh이고 발전소의 발전량도 180MWh가 되어 초과발전과 부족전력이 발생하지 않는 것처럼 보인다. 하지만 앞서서 말했던 것처럼 시간대별 정산방식은 1시간 단위로 부족전력량과 초과발전량을 산정하기 때문에 2개 시간대를 합친 형태가 아니라 각각 시간대에서 판단하게 된다. 그래서 본 계약의 최종적인 정산 형태를 본다면 PPA를 통해 공급한 양은 160MWh가 되고, 발전사업자는 초과발전량인 20MWh만큼을 전력시장에 판매하고 기업은 부족한 전력 20MWh를 한국전력으로부터 사온다.

실시간 정산 방식에서 PPA 공급으로 간주되는 시간대와 전력량

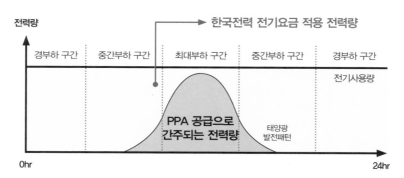

시간대별 정산 방식에 있어서 중요한 부분 중 하나는 바로 전기요금 감면 효과이다. 앞선 예시를 다시 보자. 오후 14~15시까지 기업은 100MWh

를 사용했는데, 그중 80MWh는 PPA, 20MWh는 부족전력이므로 한국전력으로부터 전기를 구매해야 한다. 이때, 한국전력으로부터 구매하는 전기는 해당 시간대에 속한 전기요금제를 적용받게 된다. 다른 말로 하면, PPA 공급량 80MWh는 같은 시간대의 전기요금을 PPA 구매가격으로 대체하는 효과가 있는 것이다.

태양광 발전소의 경우, 일반적으로 낮 시간대(특히 오전 10시~오후 15시)에 발전량이 집중되어 있다. 따라서 시간대별 정산을 하게 되다 보면 대부분의 PPA 공급량은 오전 10시~오후 15시 중에 집계가 된다. 한편, 전기사용자의 한국전력 전기 소매요금의 경우 오전 10시~오후 15시는 최대부하 또는 중간부하 시간대로서 전기요금이 비싼 축에 속한다. 따라서 태양광 PPA 시, 태양광 PPA가 대체하는 전기요금은 비싼 전기요금이다. 반면 풍력의 경우, 밤 시간대에 발전량이 낮 시간대보다 높은 편이다. 밤 시간대는 한국전력의 경부하 요금 구간으로, 전기요금이 낮은 편이기에 전기사용자는 저렴한 전기를 PPA로 대체하게 되는 셈이다.

결과적으로 보면, 전기사용지 입장에서 밤 시간대의 저렴한 전기를 대체하는 풍력보다는 낮 시간대의 비싼 전기를 대체하는 태양광을 더 선호할 수밖에 없다.

• 발전량 균등 정산 방식

발전량 균등 정산 방식은 시간대별 정산 방식과 마찬가지로 「RE077」에서 이야기했던 것과 같이 부족전력량과 초과발전량을 판단하는 기준이 1시간 단위이다.

다만, 발전소가 생산한 시간대에 재생에너지 전력을 공급한 것으로 간주하는 시간대별 정산 방식과 다르게, 발전량 균등 정산 방식은 기업 선택에 따라

월평균 또는 연평균값의 재생에너지 전력이 매시간(1hr) 단위로 공급한 것으로 간주된다.

발전량 균등 정산 방식에서 PPA 공급으로 간주되는 시간대와 전력량

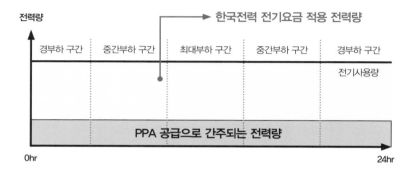

기업이 월평균값을 선택한다고 했을 때 어떻게 적용되는지를 살펴보자. 예를 들어, 4월 1달간 발전소가 발전한 양이 720MWh이고, 전기사용자의 전기사용량은 이보다 많다고 가정하자. 이때, 4월 1달간의 시간대별 구분은 720시간이므로(30일×24시간), 발전량 균등 정산 방식에서는 720MWh÷720시간=1MWh/1시간이 되어 매시간당 1MWh씩 PPA가 공급된 것으로 생각하는 것이다.

이때 기업이 1MWh보다 전력을 많이 사용한 시간대에는 부족전력이 발생하고, 만일 이보다 더 적게 전력을 사용한 시간대에는 초과발전이 발생하게 된다. 그래서 부족전력이 발생한 경우에는 해당 시간대의 한국전력 전기 소매요금(전력량요금)×부족전력량으로 계산하여 한국전력이 전기사용자에게 청구한다.

그렇다면 초과발전량에 대해서는 어떻게 될까? 발전량 균등 정산 방식에서는 초과발전에 대해 전력시장에 판매하는 것이 아니라 전기사용자에게 판매한 것으로 간주하되 초과발전량만큼은 물리적 전기 구매 없이 재생에너지 사용 확인서만 발급받게 된다. 즉 발전량 균등 정산에서 초과발전이 발생하면 기업은 PPA 가격만큼을 모두 발전사업자에게 지불해야 하는 대신, 물리적 전기 구매는 하지 못하고 그냥 재생에너지 사용 실적만 인증받는다(물리적 전기는 한국전력이 가져간다).

이와 같은 이유로 인하여, 전기사용자가 발전량 균등 정산 방식을 통해 PPA를 할 경우에는 가능한 초과발전이 발생하지 않는 수준까지 체결해야 안 전하다.

지금까지 PPA에 대한 정산 방식을 살펴보았다. PPA 정산 방식이 중요한 사유는 현행 PPA 제도상 각 전기사용자(한국전력의 고객번호)는 시간대별 정산 방식과 발전량 균등 정산 방식 중에서 한 가지만 선택 할 수 있다. 그렇기 때문에 전기사용자가 어떤 정산 방식을 선택할 것 인지는 면밀한 검토를 한 후에 결정해야만 한다.

참고로, 태양광이 주력 재생에너지원인 한국의 경우 비용 측면에서 는 시간대별 정산 방식이 더 유리하다. 그러나 태양광은 낮 시간대 발 전이 집중되어 있기 때문에 PPA 계약용량이 늘어나면 늘어날수록 시 간대별 정산은 낮 시간대에 초과발전량이 더 많이 생기게 된다. 결과 적으로 시간대별 정산의 경우, 풍력을 도입하지 않으면 태양광 PPA 를 통해 구매할 수 있는 물리적 전기의 양에는 한계가 존재한다. PPA 를 통해 구매하는 전기의 양을 늘리려는 전기사용자(기업)들은 제3자 PPA의 발전량 균등 정산 방식을 제3자 PPA의 시간대별 정산 또는 직 접 PPA보다 더 많이 고려하는 편이다.

그러나 전기사용자의 생각과 달리, 시장에서는 제3자 PPA를 진행 하기 매우 어려운데 그 이유는 다음 장에서 설명하겠다.

RE080.

PPA (10) 제3자 PPA와 직접 PPA
- 시장에서의 관점

제3자 PPA와 직접 PPA는 제도적인 차이와 정산 방식에서의 차이가 존재한다. 이 외에도 시장에서는 제3자 PPA와 직접 PPA 간 중요한 차이가 있다고 생각하는데, 그 이유는 공급사업자의 역할 때문이다.

앞서서 공급사업자의 기본 역할(제도적으로 정해놓은 역할)은 대금 정산이라고 하였다. 따라서 제3자 PPA의 공급사업자인 한국전력은 '대금 정산에 대한 역할'만 수행한다. 그러나 직접 PPA는 민간 기업들이 공급사업자로 참여하다 보니, 공급사업자로서 차별화된 경쟁력을 갖추기 위해 대금 정산 이외에 다양한 역할을 하고 있다. 직접 PPA에서 공급사업자가 하는 역할의 범위는 공급사업자별로 다르겠지만, 대개 다음과 같다.

- **발전사업자/전기사용자 필요에 맞는 전기사용자/발전소 매칭**

    제3자 PPA에서는 한국전력이 전기사용자가 원하는 발전소를 확보해 주지 않는다. 홈페이지를 통해 PPA를 원하는 발전사업자와 전기사용자를 소개해 주는 정도이며 그 마저도 홈페이지에 등록하지 않은 발전사업자나 전기사용자는 확인이 어렵다.

그러나 직접 PPA에서는 공급사업자가 발전사업자 및 전기사용자에 대한 네트워킹을 가지고 있으며, 이를 기반으로 발전사업자 또는 전기사용자의 필요에 맞게 상대방을 매칭시켜 주는 역할을 수행한다.

제3자 PPA는 신랑(발전사업자)과 신부(전기사용자가)가 구청/시청(한국전력) 등에 방문하여 결혼 신청을 하는 방식이라면 직접 PPA는 공급사업자가 결혼정보 회사가 되어 신랑과 신부를 소개시켜 주고 성혼까지 이끌어 내는 계약 방식이라고 말할 수 있다.

전기사용자 입장에서는 재생에너지 시장에 대해 잘 모르기 때문에 발전사업자가 누구인지, 무엇을 원하는지 파악하는 데 많은 노력이 필요하므로(발전사업자도 기업에 대해 잘 모르는 것은 마찬가지이다) 자신의 필요에 맞는 발전소를 찾아주는 직접 PPA를 선호하는 편이다.

• **손해배상 담보 여부**

PPA의 계약 구조를 보면 알 수 있듯이, 제도적으로는 발전사업자와 전기사용자는 공급사업자와 계약을 맺게 되며 발전사업자와 전기사용자 간에는 별도의 계약이 필요 없도록 설계되어 있다. 그러나 현실은 좀 다르다.

기업과 기업이 계약을 할 경우, 계약 과정에서 생길 수 있는 여러 가지 문제들이 발생할 가능성이 있다. 때문에 계약 이행 과정에서 어떠한 문제가 발생하면 일반적인 계약에서는 계약에 참여하는 주체들이 손해배상금을 지불 및 수취함으로써 그 문제를 해결하고는 한다. 재생에너지 PPA는 장기계약(20년)이 기본이기 때문에 문제가 발생할 가능성을 배제할 수 없으며, 결국 어떤 문제가 발생했을 때 어떻게 손해배상을 주고받을지를 협의하는 것이 중요하다.

그런데, PPA에서는 계약 구조상 발전사업자와 전기사용자 간에 계약이 없다. 즉, 발전소에 문제가 생겼을 때, 이에 대해 전기사용자가 손해배상을 발전사업자에게 받아야 하는데 손해배상을 받을 법적 근거가 없는 셈이다. 따라서 실질적인 발전사업자와 전기사용자의 거래 상대방인 공급사업자가 손해배상을 정리해 주어야 한다.

제3자 PPA의 경우, 한국전력이 하는 역할은 '대금 정산'뿐이라고 하였다. 그러다 보니 이러한 손해배상이 문제가 발생했을 때 발전사업자 또는 전기사용자는 한국전력에게 관련 배상을 청구할 수 없다. 따라서 제도적으로는 발전사업자와 전기사용자 간의 계약이 불필요하더라도, 이러한 손해배상 문제를 해결하기 위하여 발전사업자와 전기사용자 간의 별도 계약을 체결해야 한다.

한편, 발전사업자는 금융권으로부터 대출을 받아 사업을 진행하는 경우가 많으며 일정 수준 원금을 상환할 때까지는 발전사업자 내부에 여유 현금이 없는 경우가 많다. 전기사용자 입장에서는 발전소에 문제가 발생할 경우 발전사업자로부터 손해배상금을 받아야 하는데, 발전사업자에 돈이 없어서 손해배상금을 받지 못할 가능성이 있는 것이다.

반대로 발전사업자 입장의 경우, 전기사용자의 파산을 걱정하지 않을 수 없다. 20년간 계약한 대로 재생에너지를 구매해야 하는데, 여러 가지 상황에 의해 전기사용자가 재생에너지를 구매하지 못할 가능성이다(이때 생산하는 전력량을 모두 초과발전이라고 간주된다 하더라도, 현물시장에 SMP와 REC를 판매할 수 있으나, 현물시장 SMP+REC 판매 가격이 PPA 가격보다 낮게 형성될 위험도 존재한다).

따라서 제3자 PPA에서 발전사업자와 전기사용자 간 손해배상을 받을 수 있는 계약을 체결하더라도 실제 손해배상금을 받을 수 있는지에 대한 불확실성이 남아 있다.

한편 직접 PPA에서는 공급사업자가 이러한 손해배상을 우선적으로 부담한다. 즉, 발전소에 문제가 생겨서 전기사용자가 손해배상금을 받아야 할 때, 공급사업자와 전기사용자 간의 계약서에 손해배상금을 산정하는 방식을 마련해 두고, 공급사업자가 전기사용자에게 손해배상금을 지불하는 형태이다(공급사업자는 이 이후에 발전사업자와 맺은 계약서를 바탕으로, 다시 발전사업자에게 해당 손해배상금을 청구하는 식이다).

전기사용자에게 문제가 생겼을 때도 마찬가지이다. 발전사업자가 받아야 할 손해를 공급사업자가 먼저 주고, 그다음 공급사업자가 전기사용자에게 해당 손해를 청구하게 된다. 발전사업자는 원리금 상환을 위해 고정가격을 지키는 것이 중요한데, 공급사업자가 'PPA 가격-발전사업자가 현물에 판 (SMP+REC 가격)'만큼을 손해배상금으로 지급할 경우, 고정가를 지킬 수 있어 안정적 계약을 유지할 수 있는 셈이다. 특히 공급사업자가 현금 여력이 있는 경우에는 그 위험이 적다고 할 수 있다.

- **금융조달**

「RE031」에서 발전사업자가 금융권으로부터 대출을 받으려면 재생에너지 전력/REC에 대한 장기계약을 맺는 주체의 신용등급이 AA- 이상이어야 한다고 말했었다. 재생에너지 PPA에서도 동일한 조건이 적용된다. 즉, PPA에서도 재생에너지 전기와 REC(초과발전 한정)를 구매해 가는 주체의 신용등급이 AA- 이상이어야만 발전사업자가 대출을 받을 수 있는 것이다.

제3자 PPA에서 한국전력은 대금 정산 역할만 수행하며 발전사업자나 전기사용자 측에 문제가 생길 시 어떠한 책임도 지지 않는다고 하였다. 결국 발전사업자와 전기사용자 간에 맺는 별도 계약을 통해서 모든 문제를 해결해야 하기 때문에, 금융권에서는 PPA 계약을 맺는 한국전력의 신용등급이 아니라 최종 전기사용자의 신용등급을 대출의 기준점으로 삼는다. 한국전력의 신용등급과 무관하게, 전기사용자의 신용등급이 AA- 이상이어야만 발전사업자에게 대출을 해주는 것이다.

그러다 보니, 실질적으로 제3자 PPA를 할 수 있는 발전소와 전기사용자는 매우 제한적이다. 신용등급이 AA- 이상인 전기사용자가 참여하는 경우를 제외하면, 금융조달이 필요 없는 일부 발전소만이 신용등급이 AA- 미만인 전기사용자들과 제3자 PPA를 할 수 있을 뿐이기 때문이다.

직접 PPA도 동일한 문제가 있지 않을까? 맞다. 직접 PPA에서도 제3자 PPA와 동일한 문제가 있다. 그러나, 직접 PPA에서는 공급사업자가 발전사업자와의 계약 주체가 되고, 손해배상도 공급사업자가 부담하기 때문에 금융권에서는 실질적 계약 주체를 공급사업자로도 간주해 준다. 따라서 공급사업자의 신용등급이 AA- 이상이 되면 발전사업자는 금융조달을 원활히 진행할 수 있으며, 공급사업자가 해당 발전소를 신용등급 AA- 미만인 전기사용자들과도 매칭시켜 줄 수 있다.

이러한 사유로 인하여, 시장에서는 제3자 PPA보다 직접 PPA를 더 전기사용자가 안정적으로 체결할 수 있는 계약 방식으로 간주한다. 물론, 직접 PPA에 참여하는 공급사업자가 무료로 앞선 역할들을 수행하는 것은 아니다. 이에 대해 거래되는 발전량(kWh)당 수수료를 부과하는 것이 일반적이다. 그럼에도 불구하고, 계약의 용이성, 거래의 안정성 측면에서 기업들은 제3자 PPA보다 직접 PPA를 선택하는 편이다.

지금까지 한국의 제3자 PPA와 직접 PPA에 대해 설명하였다. 제도적으로 전기사용자(한국전력의 고객번호 단위)는 제3자 PPA와 직접 PPA를 동시에 할 수 없고, 둘 중에 하나만 할 수 있도록 되어 있다. 제3자 PPA와 직접 PPA는 유사한 듯 보이지만 세부적인 부분들에서 차이가 있으므로 어떤 방식을 취해야 할지 잘 검토해야 한다.

RE081.
PPA (11) 재생에너지
PPA의 4가지 형태

「RE078」 표에서 제3자 PPA는 계통 연계형만 가능한 반면, 직접 PPA에서는 계통 연계형 외에도 비계통 연계형도 가능하다고 하였다. 이에 대해 설명하기 전에, 재생에너지 PPA는 일반적으로 계통 연계 여부, 그리고 전기사용지와 발전소 설치 부지 간의 관계에 따라 PPA 유형이 4가지로 나뉘는데 이 부분부터 먼저 소개하고자 한다.

발전소 계통 연계 여부 및 설치 위치에 따른 분류

발전소와 전력계통 간 연계 여부

	비연결	연결
사업장 내부	On-Site & Off-Grid	On-Site & On-Grid
발전소 위치		
사업장 외부	Off-Site & Off-Grid	Off-Site & On-Grid

발전소와 전력계통망 연계 여부는 On-Grid(계통 연계), Off-Grid(계통 비연계)로 구분할 수 있고, 발전소가 사업장 내부/외부에 있는지 여부에 따라 On-Site(내부), Off-Site(외부)로 나누어진다.

- ## On-Site & Off-Grid PPA

On-Site & Off-Grid 방식의 PPA는 재생에너지 발전소가 전기사용자의 사업부지 내에 위치하고 있지만, 한국전력의 송배전망 계통과 연계되지 않는 형태의 PPA이다. 한국에서는 On-Site & Off-Grid 형태를 '비계통 연계형' 발전소라고 부른다.

On-Site PPA & Off-Grid 형태의 계약 방식은 직접 PPA에서만 가능하다. 그 이유는 다음과 같다.

한국전력의 송배전망과 연결되어 있지 않다 보니, On-Site & Off-Grid를 통한 재생에너지 발전소는 공장과 직접적으로 전력을 주고받는다. 그리고 이렇게 주고받은 전력은 전기사용자 측에 설치된 한국전력 계량기와 무관하게 공급이 된다. 다시 말하면, 한국전력에서 해당 전력공급에 어떠한 영향을 줄 수 없다는 뜻으로, On-Site & Off-Grid 형태에서는 실제로 물리적으로 발전소의 전기를 우선적으로 사용하고, 부족한 전기를 한국전력으로부터 사용하게 된다(발전소가 계통에 연계되어 있지 않으므로, 생산된 전력은 전기사용자의 사업장 외에는 흘러갈 곳이 없기 때문이다).

제3자 PPA는 원칙적으로 재생에너지 발전사업자가 한국전력에게 전기를 1차적으로 판매해야 한다. 그러나, 법적으로 한국전력은 송배전망 사업자이자 전기 판매사업자인데, Off-Grid 형태에서는 한국전력의 송배전망과 연계된 지점이 없다 보니 한국전력으로의 판매가 아예 불가능하다(직접 PPA는 애초에 법적으로 재생에너지 전기공급사업자라고 하는 별도의 법적 사업자로 지정이 되어 있고, 한국전력의 송배전망을 이용할 수 있을 뿐 반드시 사용해야 하는 것이 아니기에 가능하다). 그래서 제3자 PPA는 Off-Grid 형태로 PPA를 할 수가 없는 것이다.

참고로, 한국에서는 On-Site PPA라고 하면 일반적으로 이번에 설명한 On-Site & Off-Grid PPA를 말하는 경우가 대부분이다.

• On-Site & On-Grid PPA

On-Site & On-Grid PPA는 전기사용자의 사업장 부지 내에 재생에너지를 설치하는 한편, 한국전력의 송배전망 계통과 연계하여 공급받는 방식의 PPA이다. 한국전력의 송배전망과 연계를 시키다 보니 On-Site & Off-Grid PPA 대비하여 보다 비효율적일 것으로 보이지만 상황에 따라 그렇지는 않다. 그 이유는 다음과 같다.

첫 번째 장점은 안정적 전력공급이다. 전기사용자 사업장 내에 설치하는 재생에너지는 대부분 태양광이다. 태양광의 경우, 날씨 변화에 따라 급격하게 출력량이 변하기도 하고, 전력 품질(주파수 등)이 불안정해질 수 있다는 단점이 있다. 이러한 태양광 전기를 직접 전기사용자가 사용할 경우, 제품에 따라서는 불량품이 발생할 가능성을 아예 배제할 수는 없다. 이 때문에 이를 완화할 수 있는 여러 가지 설비를 함께 설치하는 것이 일반적이기는 하지만, 전기사용자 입장에서는 불안한 부분들이 있다.

이러한 불안함을 해소하기 위해 On-Site & On-Grid PPA를 이용하기도 한다. On-Site & On-Grid를 할 경우, On-Site의 장점을 그대로 사용할 수 있는 한편 전력은 한국전력의 계통으로 연계하기 때문에 전기사용자가 실제 사용하는 전기는 한국전력의 전력이 된다(지금까지 PPA와 동일하게 한국전력의 전기를 우선 사용하고 사후적으로 발전소와 전기사용자 계량기를 비교함).

두 번째 장점은 제3자 PPA의 발전량 균등 정산을 할 수 있다는 것이다. 앞서서 제3자 PPA는 On-Site & Off-Grid 형태를 하지 못한다고 하였다. On-Site PPA는 전기사용자가 부지를 사용하기 때문에 부지 확보가 용이하고, 인허가를 빠르게 받을 수 있다. 이 때문에 전기사용자들은 On-Site PPA를 선호하는데, 이러한 On-Site의 장점을 가져오면서 제3자 PPA의 발전량 균등 정산을 하고자 하는 전기사용자들은 On-Site & Off-Grid 대신 On-Site & On-Grid를 선택하기도 한다.

그 외에도, 전기사용량의 한계로 인하여 On-Site & Off-Grid를 하지 못하는 전기사용자들이 대안으로 On-Site & On-Grid를 선택하기도 한다.

• Off-Site & Off-Grid PPA

Off-Site & Off-Grid PPA는 사용자의 사업장 외부에 재생에너지를 설치하면서, 한국전력의 송배전망을 사용하지 않고 공급하는 방식이다. 기업들이 이러한 방식을 검토하는 경우들이 있지만, 실제 추진되지는 못한다. 왜냐하면 한국에서는 Off-Site PPA & Off-Grid PPA는 불가능하기 때문이다.

Off-Site & Off-Grid는 다음과 같은 예시를 말한다.

A 사업자의 a 공장과 B 사업자의 b 공장이 바로 옆에 위치하고 있다. 이때 A 사업자가 On-Site로 RE100 이행을 하고 싶지만 a 공장에는 유휴부지가 없다. 반면 B 사업자는 RE100 이행을 하기보다는 b 공장의 유휴부지를 임대하여 추가 이익을 얻고 싶어 한다. 이를 본 공급사업자이자 발전사업인 C는 B 사업자의 b 공장에 대한 유휴부지를 임대하여 해당 유휴부지에 태양광을 설치하고 그 태양광에서 생산하는 전기를 A 사업자의 a 공장으로 공급하기로 하였다.

A 사업자의 a 공장에 태양광이 설치되지 않았으니 Off-Site이며, 태양광 발전소가 한국전력 송배전망에 연계되지 않았으니 Off-Grid인 것이다.

이와 같은 형태의 PPA는 PPA 도입 초기에 아이디어 차원에서 많이 검토됐었다. 그러나, 현재는 한국에서는 Off-Site & Off-Grid PPA 형태의 사업은 추진이 불가능하다고 결론이 내려진 상황인데 바로 사설 송배전망 건설에 대한 제약 때문이다.

b 공장에 설치한 태양광을 a 공장에 공급하려면 C 사업자는 짧은 길이라도 전력망을 설치 및 연결해야 한다. 그런데, 한국에서는 「전기사업법」상 한국전력만 송배전망 사업을 할 수 있다. 따라서 b 공장에 재생에너지를 설치한 C 사업자가 a 공장으로 전력을 공급하기 위해 전력망을 설치하면 송배전망 사업을 하는 것으로 간주되며, 해당 사업자가 「전기사업법」에서 지정한 한국전력의 송배전망 사업을 침해(망 사업 침해)하는 것으로 해석될 가능성이 높다. 즉 C 사업자가 「전기사업법」을 위반할 소지가 다분한 것으로, 이 이유 때문에 사업자들이 사업 추진을 하지 못하는 것이다.

한국전력도 Off-Site & Off-Grid 형태는 불가능하다고 안내하고 있다. 전기사용자의 자체 부지, 즉 해당 한국전력의 고객번호를 부여받은 사업장의 부지 내에서만 Off-Grid를 허용해 주는 것이다. 만일 앞선 예시에서 A 사업자가 a 공장과 b 공장을 모두 가지고 있는데, a 공장과 b 공장의 고객번호가 다른 경우에도 Off-Site & Off-Grid PPA는 불가능하다. 한국의 PPA는 법인 단위로 계약/정산하는 것이 아니라 전기사용자(한국전력 고객번호) 단위로 계약/정산한다고 이야기했던 것처럼, 한국에서는 On/Off-Site를 판단하는 기준은 전기사용자(한국전력 고객번호) 단위이다.

· Off-Site & On-Grid PPA

Off-Stie & On-Grid PPA는 전기사용자 사업장 밖에 재생에너지를 설치하되, 한국전력의 송배전망을 통해서 공급하는 방식이다. 가장 일반적인 PPA 방식으로, 지금까지의 PPA에 대한 설명은 모두 Off-Site & On-Grid PPA 기준이었다.

전기사용자의 부지 제한으로 인하여, On-Site로 추진할 수 있는 규모는 매우 제한적이기 때문에 중장기적으로 전기사용자들은 Off-Site & On-Grid PPA를 검토할 수밖에 없다.

지금까지 PPA의 4가지 형태를 설명하였다. 앞으로 설명하는 PPA 에서는, On-Site와 Off-Site로만 구분할 것이다. 이때 특별한 언급이 없는 한 On-Site PPA는 On-Site & Off-Grid PPA를 뜻하며, Off-Site는 Off-Site/On-Site & On-Grid PPA를 의미한다.

Off-Site/On-Site & On-Grid를 Off-Site로 통합하여 표현하는 것은 Off-Site & On-Grid와 On-Site & On-Grid는 발전소 건설 위치 외에는 어떠한 차이도 없기 때문이다. 오히려 계통에 연계되어 있다 보니 PPA 부가비용 등에서 On-Site & On-Grid와 On-Site & Off-Grid 간의 차이가 더 크다.

RE082.
PPA (12) On-Site PPA의 장단점

On-Site PPA(On-Site PPA & Off-Grid, 비계통 연계형을 의미함. 본 장에서는 이하 동일하다)는 「RE081」에서 설명한 것처럼, 전기사용자의 사업장 내에 재생에너지를 설치하는 것을 말한다. 일반적으로 On-Site PPA를 통해 설치하는 재생에너지 발전원은 태양광이다. 풍력의 경우는 풍황이 좋아야 경제성을 확보할 수 있기도 하고 발전소가 커서 쉽게 설치할 수 없지만, 태양광은 인허가, 설치 등이 용이하기 때문이다.

전기사용자들이 On-Site PPA를 통해 재생에너지를 사용하려는 데에는 몇 가지 이유가 있다. 첫 번째는 Off-Site PPA 대비 빠르게 공급할 수 있기 때문이다. 「CHAPTER 2」에서 보았듯이, 재생에너지 발전소를 설치하려면 부지확보, 인허가, EPC를 위해 1~2년 이상의 시간이 필요하다. 하지만 On-Site의 경우는 이미 부지가 확보되어 있고, 해당 부지의 유휴공간에 설치하는 것이기 때문에 인허가가 용이하며, 인근 민원도 없어 빠르게 진행할 수 있다(On-Site PPA를 하기로 의사결정 한 이후에 12개월 이내에 모든 절차가 마무리될 수 있다).

두 번째는 On-Site PPA는 망을 이용하지 않음에 따라 PPA 부가비용 측면에서 유리하다는 점이다. PPA를 할 때는 송배전망 이용요금

등 한국전력과 한국전력거래소에 납부해야 하는 부가비용들이 있다. On-Site PPA의 경우는 한국전력의 망을 사용하지 않기 때문에 PPA 부가비용 중에서 망 관련한 비용들을 납부하지 않는다. 따라서 On-Site PPA와 Off-Site PPA에 대한 재생에너지 가격이 동일하다면, 전기사용자가 최종적으로 부담하는 총비용은 부가비용이 보다 저렴한 On-Site PPA가 저렴하다.

그러나, 이러한 On-Site PPA에서도 단점이 있다. 그중 가장 핵심은 바로 유휴부지가 있어도 On-Site PPA를 하지 못하는 전기사용자들이 있다는 것이다.

On-Site PPA는 한국전력의 송배전망과 연계되지 않는다. 따라서 발전소에서 생산하는 전기를 모두 전기사용자가 소비해야 한다. 그러나, 사업장의 전기사용량은 매번 달라지며, 때로는 여러 가지 사유로 인해 전기사용량이 급감할 수도 있다(설비 고장으로 인해 갑자기 멈추는 경우 등). 발전소에서 전기를 생산하고 있는 중에 이러한 일이 발생하면 어떻게 될까? 전기는 기본적으로 생산과 소비가 일치해야 하며, 만일 불균형이 발생하면 블랙아웃(Black-Out, 정전)이 발생한다. 즉, On-Site PPA에서 발전소가 전기를 생산하는 만큼 전기사용자가 소비하지 못한다면 공장 등의 사업장이 정전이 나는 것이다. 사업장 정전을 막으려면 결과적으로는 발전소의 가동을 중단해야만 한다. 발전소 가동 중단은 곧 발전사업자의 기회이익 상실로 이어진다.

따라서 발전사업자들은 안정적으로 전기를 사용하는 전기사용자의 사업장이 아니라면 On-Site PPA 사업을 하는 것을 매우 꺼리게 된다. 설사 안정적으로 전기를 사용하더라도 주말 또는 공휴일에 사업장을 가동하지 않는 곳들에 대해서는 보수적으로 접근한다. 재생에너지 발전소가 주말 또는 공휴일이라고 해서 발전을 하지 않는 것은 아니므로, 주말 또는 공휴일에 전기를 사용하지 않으면(혹은 전기사용량이 너무 적으면) 갑작스러운 공장 가동 중단과 같은 사태가 발생할 수 있기 때문이다(참고로, On-Site PPA는 한국전력 계통에 연계되어 있지 않으므로, 초과되는 전력을 시장에 판매하는 것도 불가능하다. 만일 초과되는 전력을 판매하기 위해 한국전력 계통에 연계한다면 그것은 On-Site PPA & On-Grid PPA로 분류되어 On-Site PPA의 장점 중 '저렴한 부가비용'을 누리지 못한다).

결과적으로 본다면, On-Site PPA를 원활하게 할 수 있는 전기사용자는 24시간/365일 꾸준하게 전기를 사용하면서, 전기사용량이 적정 수준(최소 On-Site PPA를 통해 계약하는 계약용량 대비 더 높은 실시간 부하를 가진 전기사용자) 이상이 되는 곳들뿐이다. 제조업을 하는 대기업들의 경우 24시간/365일 내내 사업장을 가동하지만, 중소·중견기업들은 주말과 공휴일에는 사업장 가동을 축소하거나 중지하는 경우가 많아 실질적으로 중소·중견기업들이 On-Site PPA를 하기에는 어렵다. 물론, 손해배상을 통해 발전사업자의 기회이익 상실을 보전해 주는 방식도 있다. 하지만 발전사업자와 공급사업자는 손해배상금을 통해 기회이익 손실을 보전하는 것은 근본적인 해결 방안이 되지 않는다고 판단한다. 손해배상금을 산정하는 산식을 설정하는 것이 어렵기도 하고, 손해배상금에 대해 법적 다툼이 생길 수도 있는 한편, 장기간의 거래 관계에 있는 자신의 고객과 거래 과정에서 계속적으로 손해배상을 주고받고 싶지 않기 때문이다.

On-Site PPA를 하기 어려운 전기사용자가 많은 이유 중의 하나는 부지 제약도 있다. 현행 PPA 제도상 PPA를 하려면 1MW 초과 규모의 발전소를 확보해야 한다. On-Site PPA만으로 하려면 결국 사업장 내에 유휴부지가 1MW를 설치할 수 있는 규모(3천 평 정도)로 있어야 하는데, 실질적으로 1MW 이상의 유휴부지를 가지고 있는 전기사용자가 많지 않은 편이다.

이러한 이유로, 현실적으로 On-Site PPA를 추진하는 데에는 많은 제약이 있다. 시장에서는 저렴하고 빠르게 공급 가능한 On-Site PPA를 보다 확대할 수 있도록 여러 가지 제도 개선을 요구하고 있다. 대표적인 예가 PPA를 할 수 있는 발전소 허용 용량을 낮춰달라고 하는 것이다.

한국의 PPA는 아직 초기 단계로, 관련 제도가 시장의 다양한 경우를 고려해서 설계된 것이 아니라, 우선은 일반적인 경우를 중심으로 설계가 되어 있다. 따라서 앞으로는 제도가 유연하게 바뀔 것으로 기대하며 이 과정에서 On-Site PPA도 보다 활성화될 것으로 예상하고 있다.

PPA (13) PPA 부가비용

PPA를 체결하게 되면 재생에너지 가격 외에 한국전력과 한국전력 거래소에 납부하는 부가비용이 있다. 총 5가지의 비용과 한 가지의 히든 코스트로 구성되어 있는 PPA 부가비용은 PPA를 통한 재생에너지 구매 비용의 매우 큰 부분을 차지한다.

재생에너지 PPA 구매 비용
=재생에너지 가격+PPA 부가비용(+부가세)

PPA 계약 방식별 부과되는 부가비용 항목 구분

구분	제3자 PPA	직접 PPA Off-Site	직접 PPA On-Site
송배전망 이용요금	○	○	
부가정산금	○	○	
망 손실 금액	○	○	
거래수수료	○	○	○
전력산업기반기금	○	○	○
복지특례요금	○		

PPA의 구매 비용은 계약 방식, 즉 제3자 PPA, 직접 PPA Off-Site, 직접 PPA On-Site에 따라 부과되는 비용 항목들이 달라지게 된다.

또한 같은 계약 방식에서도 발전소의 위치와 전기사용자의 위치, 그리고 전기사용자의 전기사용량 규모에 따라 그 부과금액에 차이가 존재한다.

PPA 부가비용의 경우, 거의 모든 요금은 전부 다 전기사용자가 부담하도록 되어 있다(유일하게 거래수수료만 발전사업자와 전기사용자 모두 부담하는 항목이다). 때문에, 발전사업자와 PPA를 협의하는 과정에서 나오는 가격은 이러한 부가비용들을 논외로 한 것이라 보면 된다(단 거래수수료는 포함된 금액). 예를 들어, 발전사업자가 PPA 가격을 180원/kWh라고 한다면 PPA 부가비용을 모두 제외하고 순수하게 발전사업자가 수취하는 가격이 kWh당 180원이라는 뜻이다(거래수수료는 포함). 따라서 전기사용자 PPA 비용을 분석할 때에는 재생에너지 가격에 PPA 부가비용까지 더한 값을 사용해야만 한다.

PPA 부가비용은 대부분 연 단위로 변한다. 매년 7월에 각 부가비용들이 확정되고, 해당 금액을 해당 연도 7월부터 그다음 해 6월까지 적용이 되는 형태이다. 다만, 전력산업기반기금의 경우에는 「전기사업법 시행령」으로 정해져 있기 때문에 매년 바뀌지 않고 시행령이 개정되면 변경된다.

다음 장부터는 PPA 부가비용에 대해 세부적으로 살펴볼 예정이다. 각 부가비용 항목들이 왜 부과되는지, 얼마나 부과되는지를 살펴볼 예정이며 그중에서도 송배전망 이용요금은 다른 항목 대비 복잡하기 때문에 보다 자세히 들여다볼 것이다.

RE084.
PPA (14) PPA 부가비용
- 송배전망 이용요금

송배전망 이용요금은 한국전력의 송배전망을 사용하면서 지불하는 비용을 말한다. Off-Site PPA를 하게 되면 한국전력의 송배전망을 사용하여 발전소에서부터 전기사용자의 사업장까지 전기를 공급하게 된다(물론, 물리적 전기가 가는 것이 아니고 전기가 간다고 가정하는 것이다). 이때 한국전력이 설치해 놓은 송배전망을 사용함에 따라, 이에 대한 유지보수 비용 등을 납부하게 되는데 이것이 송배전망 이용요금이다. 유료 고속도로라 생각하면 된다. 자동차가 고속도로를 통해 서울에서 부산까지 갈 때, 한국도로공사에서 고속도로 유지관리 및 운영비를 통행료로 징수하는 것과 동일한 방식이다.

송배전망 이용요금은 핵심적인 몇 가지 사항을 이해해 두면 된다.

• 이원화된 이용요금 : 기본요금과 사용량요금

송배전망의 이용요금은 크게 기본요금과 사용량요금으로 나누어진다. 한국전력 전기요금이 기본요금과 전력량요금으로 이원화되어 있는 것과 같은 이치이다. 송배전망 기본요금은 송배전망 설치에 들어간 투자비를 회수하기 위해 존재하는 요금이고, 사용량요금은 송매전망 유지관리에 필요한 비용을 회수하기 위해 만들어졌다.

　송배전망 이용요금의 기본요금은 원/kW/월 단위이고, 사용량요금은 원/kWh 단위이다. PPA를 체결할 때 발전소 용량(kw) 기준으로 체결하게 되는데, 발전소 용량 기준으로 기본요금을 매월 납부하게 되고 발전소에서 전기사용자에게 공급한 공급량을 기준으로 사용량요금을 납부한다.

• 발전소 측과 전기사용자 측으로 구분

　송배전망 이용요금은 발전소 측과 전기사용자 측으로 구분된다. 발전소에서 송배전망을 통해 전기사용자의 사업장까지 재생에너지 전기가 흘러간다고 가정해 보자. 발전소에서 생산된 전력이 배전망에 들어가고, 이는 다시 송전망에 들어갔다가 여러 송전망을 거쳐 다시 전기사용자 측 송전망까지 도달한 후, 전기사용자 수전설비에 연결된 배전망을 통해 전기사용자에게 공급된다.

발전소→배전망→송전망→ … →송전망→배전망→**전기사용자 사업장**

　이처럼 송배전망은 하나로 연결되어 있지만, 크게 보면 발전소 측의 배전망과 송전망이 있고 전기사용자 측의 송전망과 배전망이 존재한다. 이 때문에 송배전망 이용요금은 발전소 측 송전망, 배전망 요금이 있고 전기사용자 측 송전망과 배전망 요금이 있다(총 4개).

　참고로 여기서 말하는 발전소 측과 전기사용자 측은 발전소 쪽 혹은 전기사용자 쪽에 연결된 송배전망을 의미하는 것으로서 발전사업자가 발전소 측 요금을 납부한다는 뜻은 아니다.

• 위치에 따른 차등 요금

송배전망 이용요금 중에서 송전망 이용요금은 발전소와 전기사용자의 위치가 주요한 전력수요지 인근에 있느냐 없느냐에 따라 달라지게 된다. 발전소의 경우, 주요 전력수요지로부터 멀어질수록 더 많은 송전망이 필요하므로 송전망 이용요금이 비싸고, 전기사용자의 경우 주요 전력수요지 인근에 있을수록 송전망 유지보수에 더 많은 노력이 필요하므로(해당 지역에 더 많은 송배전망을 설치하는 등의 노력이 필요하므로) 송전망 이용요금이 비싸다.

그렇다면 주요 전력수요지는 어디인가? 바로 서울/수도권이다. 즉, 서울과 수도권(특히 경기 남부)에 전기사용자가 위치할수록 전기사용자 측의 송전망 요금은 높아지고, 발전소는 주요 전력수요지 인근에 위치할수록 송전망 요금이 낮아진다.

다음은 송배전망에 대한 이용요금 표이다. 보면 알 수 있듯이, 전기사용자는 수도권에서 멀어질수록, 발전소는 수도권에서 가까울수록 송전망 이용요금이 낮아진다.

[별표 1] 송전이용요금표

1. 발전지역별 송전이용요금단가

발전지역		사용요금 [원/kWh]	기본요금 [원/kW/월]
수도권 북부지역	서울특별시 일부(강북구, 광진구, 노원구, 도봉구, 동대문구, 마포구, 서대문구, 성동구, 성북구, 용산구, 은평구, 종로구, 중구, 중랑구), 경기도 일부(의정부시, 구리시, 남양주시, 고양시, 동두천시, 파주시, 포천시, 양평군, 양주시, 가평군, 연천군)	1.25	
수도권 남부지역	서울특별시 일부(강남구, 강동구, 송파구, 강서구, 관악구, 영등포구, 구로구, 금천구, 동작구, 서초구, 양천구), 인천광역시, 경기도 일부(과천시, 수원시, 안양시, 의왕시, 군포시, 성남시, 평택시, 광명시, 안산시, 안성시, 오산시, 용인시, 이천시, 하남시, 광주시, 여주군, 화성시, 부천시, 김포시, 시흥시)	1.20	667.36
비수도권 지역	부산광역시, 대구광역시, 광주광역시, 대전광역시, 울산광역시, 강원도, 충청북도, 충청남도, 전라북도, 전라남도, 경상북도, 경상남도, 세종특별자치시	1.92	
제주지역	제주특별자치도	1.90	

2. 수요지역별 송전이용요금단가

수요지역		사용요금 [원/kWh]	기본요금 [원/kW/월]
수도권지역	서울특별시, 인천광역시, 경기도	2.44	
비수도권 지역	부산광역시, 대구광역시, 광주광역시, 대전광역시, 울산광역시, 강원도, 충청북도, 충청남도, 전라북도, 전라남도, 경상북도, 경상남도, 세종특별자치시	1.42	667.61
제주지역	제주특별자치도	6.95	

※ 송전이용요금 단가는 부가가치세 미포함 금액임.　　　　　※ 출처 : 한전ON(online.kepco.co.kr)

한편, 배전망 이용요금은 위치와 관계없이 동일하다. 다만 고압과 저압에 차이가 있는데, PPA를 체결할 수 있는 전기사용자는 기본적으로 고압을 사용하고 있으므로 저압은 고려하지 않는다.

[별표 2] 배전이용요금표

이용전압별	기본 요금	사용 요금
저압(600V이하)	1,066 원/kW	11.33 원/kWh
고압 이상(600V초과)	548 원/kW	3.05 원/kWh

※ 배전이용요금 단가는 부가가치세 미포함 금액임.　　　　　※ 출처 : 한전ON(online.kepco.co.kr)

여기서 한 가지 중요한 사실은 발전소와 전기사용자의 사업장 간 거리(km)는 송배전망 이용요금에 전혀 영향이 없다는 것이다. 다른 조건이 같다면, 파주에 있는 발전소와 부산에 있는 공장 간 PPA를 할 때의 송배전망 이용요금과 파주에 있는 발전소와 청주에 있는 공장 간 PPA를 할 때의 송배전망 이용요금이 같다는 것이다.

- **발전소 측 배전망 이용요금은 미부과**

  현행 「송배전용 설비 이용규정」에 따르면, PPA 시의 송배전망 이용요금 부과에 관하여 발전소 측 배전망 요금은 모두 부과하지 않도록 되어 있다. 따라서 '발전소 측과 전기사용자 측으로 구분'에서 설명한 4가지 요금(발전소 배전, 발전소 송전, 사용자 송전, 사용자 배전) 중에서 발전소 배전은 어떤 경우에도 부과되지 않으니 생각할 필요가 없다.

- **전기사용자의 수전 형태에 따라 사용자 배전 미부과**

  전기사용자의 전기사용량 규모에 따라, 배전망으로 전기를 공급받는 기업도 있고 송전망으로 전기를 공급 받는 기업들도 있다. 송전망을 통해서 전기를 공급받는 기업의 경우 배전망을 사용하지 않기 때문에 PPA를 하게 되면 사용자 측 배전망 요금이 부과되지 않는다. 따라서 송전망을 통해 전력을 공급받는 기업은 '발전소 송전+사용자 송전' 요금을 부과받고, 배전망을 통해 전력을 공급받는 기업은 '발전소 송전+사용자 송전+사용자 배전' 요금을 부과 받는다(발전소 배전 요금은 '발전소 측 배전망 이용요금은 미부과'에서 설명했듯이 언제나 미부과).

  전기사용자가 PPA 관련 비용을 분석할 때, 자신의 어떤 형태로 수전을 받고 있는지 알기 어렵다. 이를 쉽게 알려면 사용하고 있는 전기요금제를 보면 된다. 「CHAPTER 3」의 「RE048」 전기요금제에서, 한국전력의 전기요금제는 고압A/B/C가 존재한다고 하였다. 이때, 고압A는 3.3kV 또는 66kV, 고압B는 154kV, 고압C는 345kV로 전력을 공급받는 것을 의미한다고 하였다. 3.3kV와 66kV는 배전망에서 사용되는 전압이고 154kV와 345kV는 송전망에서 사용하는 전압으로서 고압B 고객과 고압C 고객은 배전망을 통해 전기를 공급받는 것이 아니라 송전망을 통해 전기를 공급받는 것이라고 볼 수 있다.

  따라서 고압B나 고압C의 전기요금제를 사용하고 있는 전기사용자는 '발전소 송전+사용자 송전'만 납부하고, 고압A는 '발전소 송전+사용자 송전+사용자 배전'을 납부한다고 생각하면 된다(간혹 이와 다른 경우가 있으므로 정확한 것은 확인을 하는 것이 좋다).

• 동일 변전소 내에 위치하면 배전망 요금만 납부

발전소와 전기사용자의 사업장이 동일 변전소와 계통이 연계된 경우가 있다. 예를 들어 A 변전소가 있는데, A 변전소로부터 파생된 배전망에 B 발전소와 C 전기사용자의 사업장이 연계된 형태이다. 이때에는 전기의 흐름이 'B 발전소→배전망→A 변전소→배전망→C 전기사용자 사업장'이 되므로 송전망을 전혀 사용하지 않는다.

따라서 발전소와 전기사용자의 사업장이 동일 변전소에 연계된 경우에는 송전망 요금을 납부하지 않고 사용자 측 배전망 요금만 납부한다.

• 모든 요금은 전기사용자가 부담

송배전망 이용요금은 모두 전기사용자가 납부한다. 즉, 발전소 측 송전요금이라고 할지라도 PPA 시 모두 전기사용자가 부담한다.

위 원칙에 따라 고압A의 전기사용자가 100km 이상 떨어진 10MW 태양광과 계약해 1달 동안 100kWh의 전력을 PPA로 구매했다고 했을 때, 이때 전기사용자가 해당 월의 송배전망 이용요금은 다음과 같다.

- 부과 기준 : 고압A는 배전망 이용 사업자이고, 100km 이상 떨어지면 송전망을 통해 공급받게 되므로 송배전망 이용요금 모두 부과
- 기본요금 계산 : 10MW(계약용량)×(발전 송전 기본료+사용자 송전

기본료+사용자 배전 기본료)

- 사용량요금 : 100kWh(공급량)×(발전 송전 사용료+사용자 송전 사용료+사용자 배전 사용료)

한편 송배전망 이용요금 기본요금에 대해서는 일부 면제해 주는 조건이 존재하는데 이는 다음 장에서 소개하도록 하겠다.

RE085.

PPA (15) PPA 부가비용
- 송배전망 기본요금의 면제

「RE084」에서 송배전망 이용요금은 기본요금과 사용량요금으로 나누어 납부한다고 하였다. 사용량요금은 사용하는 대로 납부하는 것이기에 사용량에 따라 달라지지만 기본요금은 발전소와 계약한 용량을 기준으로 납부를 하게 된다. 그런데, 전기사용자 입장에서는 이 부분이 불합리해 보일 수 있다. 전기사용자는 한국전력의 기본요금을 통해 수전 받기 위한 비용을 이미 납부하고 있기 때문이다. 즉, 전기사용자가 PPA를 체결하면 송배전망에 대한 고정비를 '한국전력의 기본요금 +PPA에 따른 송배전망 기본요금'으로 납부하게 되어 실질적으로 송배전망에 대한 고정비를 두 번 납부하는 셈이 된다. 이를 시장에서는 '송배전망 기본요금 이중부과'라고 부르는데, 한국전력에서는 이에 대한 불합리함을 막기 위해 일정 수준 이상 PPA를 체결할 때까지는 송배전망에 대한 기본요금을 부과하지 않도록 하고 있다.

PPA를 체결한 전기사용자에 대해, 한국전력 송배전망에 대한 기본요금을 부과하지 않는 기준점은 바로 전기사용자의 '요금적용전력'이다. 「RE042」 요금적용전력 내용에서 언급했듯이, 전기사용자가 납부하는 한국전력의 기본요금은 '요금적용전력(kW) × 기본요금(원/kW/월)'

이다. 전기사용자가 요금적용전력까지 기본요금을 납부한다는 사실은, 전기사용자가 해당 용량까지 전기를 수전 받기 위한 고정비를 이미 한국전력에 납부한다는 것과 같은 의미이다. 따라서 PPA를 요금적용전력 이하로 체결하는 경우에는 한국전력의 기본요금을 통해 고정비를 이미 납부했으므로, PPA 부가비용에 따른 송배전망의 기본요금을 면제해 주는 것이다. 만일 PPA 계약용량이 요금적용전력보다 높은 경우는 어떻게 될까? 이러한 경우에는 '계약용량(kW)−요금적용전력(kW)'만큼에 대하여서만 PPA에 따른 송배전망 기본요금을 전기사용자에게 부과하도록 하고 있다.

예를 들어, 전기사용자의 요금적용전력이 10MW라고 하자. 8MW 규모의 PPA를 진행하면 10MW보다 PPA 계약용량이 적으므로 송배전망 기본요금은 부과되지 않는다. 반면 12MW 규모의 PPA를 진행하면 10MW보다 초과된 2MW만큼에 대해서는 송배전망 기본요금이 부과된다.

PPA 송배전망 기본요금 부과 예시

이러한 요금적용전력은 요금적용전력의 결정 기준에 따라 매월마다 달라질 가능성이 있다. 따라서 특정 달에 송배전망 기본요금이 부과되지 않았지만 그 다음 달에는 요금적용전력이 부과될 수 있다는 점을 유의해야 한다.

한편, 송배전망 기본요금 면제 때 고려하는 것은 PPA 공급량(kWh)이 아니라 계약용량(kW)이다. 이 말인즉슨, 태양광 1MW를 계약하나 풍력 1MW를 계약하나 납부해야 하는 송배전망 기본요금은 동일하다는 뜻이다. 따라서 발전소에서 생산되는 발전량과 무관하게 계약용량이 동일하면 발전소의 송배전망 기본요금은 같은 금액이 납부되며 사용량요금만 달라진다는 점도 유의해야 한다.

많은 전기사용자들이 송배전망 기본요금 면제 내용을 들으면 오해하는 부분이 있다. 바로 PPA를 통해 전기를 사용한 만큼 요금적용전력이 낮아지고, 이에 따라 한국전력의 기본요금도 낮아진다고 생각하는 것이다. 그러나 실제로는 그렇지 않다.

On-Site PPA에서는 한국전력으로부터 전기를 공급받기 이전에 전기를 사용하는 것이라 가능성이 있지만, Off-Site PPA의 경우 한국전력의 전기를 100% 공급받은 후 사후적으로 정산하기 때문에 기본요금이 낮아지지는 못한다. 설사 그렇다고 하더라도, 재생에너지 발전소는 날씨 등에 따라 가동을 하지 못하는 날이 있을 수 있다. 이러한 때에는 한국전력의 전기를 100% 사용해야 하며 그때에는 요금적용전력 결정 기준(최대수요)에 따라 결국 전기사용자가 사용하는 전력의 최고치가 요금적용전력이 되므로 PPA 전후에 큰 차이가 없다. 따라서 PPA를 체결하더라도 실질적으로 한국전력의 기본요금 절감 효과는 없다.

PPA (16) PPA 부가비용 – 부가정산금, 거래수수료, 부담금, 복지특례

다음으로 살펴볼 PPA 부가비용들은 부가정산금, 거래수수료, 부담금 및 복지특례이다.

• 부가정산금

부가정산금은 한국전력거래소가 산정하는 금액으로, 안정적 전력계통의 운영을 위해 들어가는 비용을 말한다. 「CHAPTER 2」에서, 한국의 전력 도매 시장은 CBP 시장이라고 하였다. CBP 시장 구조상, 전날(Day-Ahead) 수요와 공급을 예측하여 어떤 발전소를 가동할지 말지를 결정하게 된다.

그러나, 예측과 실제는 다르기 때문에 가동해야 할 발전소를 가동 중단해야 하는 경우도 있고, 가동하지 않기로 한 발전소를 새롭게 가동해야 하는 경우도 있다. 이 과정에서 발전소들에게 지급해야 하는 비용들이 발생하는데 이를 부가정산금(Uplift)이라고 한다. 예를 들어, 발전소가 전날 CBP 시장에서 가동하는 것으로 결정되었는데, 계통포화로 인해 가동하지 못한 경우 기회이익 상실에 대한 대가를 지급받게 된다. 한편, 가동을 하지 않기로 결정된 발전소를 급하게 가동해야 할 경우, 해당 발전소에게도 전력판매 대금을 지급해야 한다. 이러한 비용들이 바로 부가정산금이다.

부가정산금은 전기사용자들이 알지 못할 뿐 한국전력 전기요금에는 이미 다 포함되어 있다. 그러나 PPA를 하게 되면 송배전망을 사용하게 됨에 따라 추가적으로 이러한 계통 조절들이 필요하므로 부가정산 비용이 별도로 발생하게 되며 이에 대해 PPA를 체결한 전기사용자도 납부하는 것이다.

부가정산금은 매월 7월에 발표되어 그해 7월부터 다음 해 6월까지 1년 동안 적용이 된다. 7월에 발표되는 이유는 그 전 연도에 발생한 부가정산금을 6개월 동안 산정하기 때문이다(즉 이전 해의 부가정산금을 다음 해 7월~그다음 해 6월까지 회수하는 것이다). 부가정산금 금액은 계통 상황에 따라 달라지는 것이기에 매우 예측하기 어렵지만 일반적으로 SMP와 비례적으로 움직인다. 예를 들어 2021년보다 2022년 SMP가 높았을 경우에는 2022년 7월에 발표한 부가정산금(2021년분)보다 2023년 7월에 발표하는 부가정산금(2022년분)이 높게 산정된다.

참고로 2024년 7월에 발표한 부가정산금은 약 9.6원/kWh이다. 이 부가정산금은 2024년 7월부터 2025년 6월까지 적용된다.

• 거래수수료

거래수수료는 PPA를 주관하는 기관에게 납부하는 비용이다. 제3자 PPA의 경우 거래수수료를 한국전력에게 납부하고, 직접 PPA의 경우는 한국전력거래소에 납부한다. 거래수수료의 규모는 크지 않다. 제3자 PPA의 경우는 건당 연간 18,228원, 직접 PPA는 0.1원/kWh이다.

참고로 거래수수료는 PPA 부가비용 중에서 유일하게 발전사업자도 납부하는 비용이다. 예를 들어 전기사용자와 발전사업자가 직접 PPA를 통해 100kWh의 전력을 거래했다고 하면, 전기사용자도 10원(100kWh×0.1원/kWh)을 납부하고 발전사업자도 10원을 납부한다.

• 전력산업기반기금

전력산업기반기금은 「RE047」 부담금과 같은 항목이다. 따라서 납부하는 요율도 한국전력의 전기요금인 3.2%(2024년 7월 기준)로 동일하다.

다만, 어떤 항목에 대해 3.2%를 납부해야 하는지가 중요한데, 바로 'PPA 가격+송배전망 이용요금+부가정산금+거래수수료'의 3.2%가 전력산업기반 기금이 된다. 따라서 PPA 가격이 상승하거나, 송배전망 이용요금의 기본요금 을 납부하게 되는 경우에는 전기사용자가 부담해야 할 전력산업기반기금이 커지게 되므로 가급적 두 항목의 요금을 낮추는 것이 중요하다.

PPA 가격은 시장에서 요구하는 가격들이 있을 수 있기 때문에 마음대로 낮추기 힘들지만, 송배전망 이용요금의 기본요금은 전기사용자가 얼마큼 계약을 체결하느냐에 따라 부과받지 않을 수 있다. 따라서 다른 조건이 동일하다면 송배전망 이용요금의 기본요금이 부과되지 않는 수준, 즉 요금적용전력보다 낮은 수준으로 PPA 계약을 체결하는 것이 비용적으로는 유리하다.

• 복지특례

복지특례의 정확한 표현은 '전기 판매사업자의 약관에서 정하는 바에 따라 사회적·정책적 배려계층에 대한 에너지복지 명목의 전기요금 감액을 제공하는 데 소요된 비용 및 전기요금특례 등 특정산업·분야 지원 목적으로 관련 고객에게 할인을 제공하는 데 소요된 금액'이다.

표현에서도 알 수 있듯이, 복지특례는 한국전력이 전기를 판매하는 과정에서 소외계층 또는 일부 지원이 필요한 업계에 대해 할인해 준 전기요금 금액을 말한다. 복지특례에서 중요한 것은 한국전력이 전기를 판매하는 과정에서 소요된 비용/금액을 의미하기 때문에 제3자 PPA에만 부과된다는 점이다. 따라서 모든 것이 동일한 조건이라고 한다면, 직접 PPA의 PPA 부가비용이 제3

자 PPA의 부가비용보다 복지특례요금만큼 저렴하다.

복지특례는 부가정산금과 마찬가지로 매년 7월에 발표되어 해당 연도 7월부터 다음 해 6월까지 적용이 된다. 이 역시 전 연도에 지출한 복지특례 관련 비용에 대해 다음 해 상반기 동안 산정하여 그 후 12개월 동안 회수하는 형태이다.

지금까지가 PPA 부가비용에 대한 설명이었다. 여기서 한 가지 알아두어야 하는 것은 PPA 부가비용에 더해, 부가세까지 납부를 해야 한다는 부분이다. 참고로 부가세의 경우는 PPA 가격, 송배전망 이용요금, 부가정산금, 거래수수료 4가지에 대해서만 청구되며 부담금과 복지특례에 대해서는 청구되지 않는다.

한 가지 설명하지 않은 것이 있는데 바로 전력손실을 반영한 금액이다. 이는 PPA 부가비용의 숨겨진 비용(Hidden Cost)으로서 다음 장에 상세히 설명하고자 한다.

PPA (17) PPA 부가비용
– 망 손실 금액

전기는 송배전망에서 흐를 때, 일부가 열에너지 등으로 변환되기 때문에 생산된 전력 100%를 사용하지는 못한다. 이렇게 송배전망 내에서 전력은 손실되며, PPA를 하는 경우에도 발전소에서 전기사용자의 사업장까지 전력이 이동함에 따라 손실된다는 가정을 한다.

그렇다면 망 손실은 어떻게 부과되는 것일까? Off-Site PPA의 경우는 전기사용자의 계량기 값과 발전소의 계량기 값을 사후적으로 비교하여 정산한다고 하였다. 따라서 발전소에서 생산한 전력은 모두 PPA 공급량으로 간주된다. 그렇지만 물리적 전기는 송배전망을 이동하는 중에 손실한다고 가정을 하게 되고, 이 손실된 전력량만큼은 한국전력으로부터 전기를 더 사는 형식으로 처리가 된다.

예를 들어 전기사용자의 전기사용량이 100MWh, 발전소의 발전량이 60MWh이고, 전력손실률이 5%이라 해보자. 이때 전기사용자가 구매하는 PPA의 양은 60MWh가 된다. 그러나, 60MWh의 5%만큼이 손실되므로 60MWh×5%=3MWh의 전기를 전기사용자는 더 구매해야 한다. 따라서 당초 한국전력에서 사야 하는 전력량은 전기사용량 100MW-60MWh=40MWh였지만, 망 손실 3MWh를 감안하여 전기사용자가 43MWh를 구매하는 것으로 계산이 된다(PPA를 통한 재생에너지 구매량은 망 손실을 따지지 않고 60MWh 그대로 적용받는다).

PPA 망 손실에 대한 예시

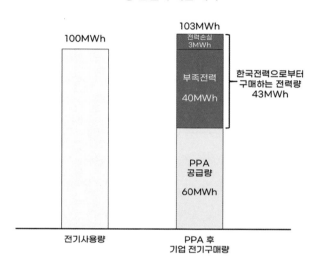

그런데 왜 이를 숨겨진 비용(Hidden Cost)이라고 한 것일까? 그 이유는 PPA를 체결하여 전기를 공급받을 때 망 손실 금액이 한국전력의 전기요금 고지서 또는 공급사업자로부터 청부받는 항목 내에 별도 대금으로 표기되지 않기 때문이다. 대신에 한국전력의 전기요금 고지서상 더 많이 사용한 것으로 표기될 뿐이다. 앞선 예에서 보면 전기사용자는 40MWh만큼을 구매한 것으로 한국전력 전기요금 고지서를 받는 것이 아니라 43MWh만큼을 사용한 것으로 전기요금 고지서가 나오게 된다. 전기사용자 입장에서는 망 손실 금액에 대해 신경 쓰지 않으면 이를 놓칠 수 있으며, PPA로 인해 추가로 발생하는 비용임에도 계산하지 않아 PPA에 따른 총비용을 실제보다 낮게 계산하게 되므로 주의해야 한다.

한국전력의 망 손실률은 송전망 손실률, 배전망 손실률, 그리고 종합 손실률 3가지가 존재한다. 송전망 송실율은 송전망에서의 손실률을 의미하며 배전망 손실률은 배전망에서의 손실률을 말한다. 그리고 종합 손실률은 송전망과 배전망을 같이 사용하는 경우의 손실률을 말한다. 예를 들어, 동일 변전소 내에 발전소와 전기사용자의 사업자이 위치함에 따라 배전망으로만 연결된 경우에는 배전망 손실률을 적용받게 되며, 전기사용자가 송전망+배전망을 통해 PPA를 하게 될 경우에는 송전망은 송전 손실률, 배전망은 종합 손실률을 적용받게 된다(송전망을 통해 전기를 공급받는 경우는 송전망 손실률만 적용받는다).

망 손실률은 한국전력이 매월 7월에 발표를 하며, 그해 7월부터 다음 해 6월까지 적용된다. 참고로 발전소 측의 배전망과 송전망에 대해서는 손실률을 적용받지 않는다. 예를 들어 '발전소-발전 배전망-발전 송전망-사용자 송전망-사용자 배전망-전기사용자 사업장'의 형태로 PPA 계약이 된다고 했을 때, 발전 배전망과 발전 송전망은 망 손실 없이 100% 전력을 공급한 것으로 간주한다.

이러한 손실률도 전기사용자의 전기요금 체계에 따라 간단히 구분할 수 있다. 고압A를 사용하면 송전망은 송전 손실률, 배전망은 종합 손실률을 적용받고 고압B와 고압C를 사용하면 송전 손실률을 적용받는다고 생각하면 편리하다(즉 배전망을 통해 전기를 공급받느냐, 아니면 송전망을 통해 전기를 공급받느냐에 따라 구분한 것이다).

망 손실 금액을 계산하는 것은 실질적으로 쉽지 않다. 왜냐하면 재생에너지가 공급된 시점에 전력이 손실되므로 망 손실 금액은 '해당 시간대(1hr)의 부족전력(kWh)×망 손실률(%)×해당 시간대의 전기요금 (원/kWh)'이 되는데 매시간 단위로 이를 계산/추정해야 하기 때문이다. 때문에 실무적으로는 'PPA 가격×적용받는 망 손실률'로 망 손실 금액(원/kWh)을 갈음하는 경우가 대부분이다(한국전력의 전기요금에는 부담금 3.2%와 부가세가 붙기 때문에, 망 손실 금액을 간편히 할 때도 부담금과 부가세를 추가하여 계산한다).

참고로 제3자 PPA의 경우. 한국전력이 제3자 PPA 대금 청구서에 이 망 손실 금액을 계산하여 청구하기도 한다.

PPA (18) 실무적 관점의
초과발전 REC 처리 방안

　「RE076」에서 초과발전이 발생하면 PPA를 통해 전기사용자에게 전력을 판매하지 못한다고 하였다. 대신에, 발전사업자가 초과발전 전력을 전력시장에 SMP로 판매하고, 이에 상응하는 REC를 발급받는다고 말했다. 이러한 경우, 초과발전에 대한 발전사업자의 매출은 현물 SMP+REC 판매 가격으로서, 결과적으로 보면 SMP와 REC 가격에 따라 초과발전량에 대해서는 발전사업자의 매출이 달라지게 되는 현상이 발생한다. 한편 초과발전 전력량 역시 전기사용자의 전기사용량에 따라 변한다. 전기사용량이 많을수록 초과발전량이 줄어들 것이고(혹은 아예 발생하지 않든가), 전기사용량이 적을수록 초과발전량이 늘어날 것이다. 이러한 부분은 발전사업자가 발전사업을 하는 데 큰 지장을 준다.

　본래 발전사업자는 금융조달을 위하여 발전소가 생산하는 발전량 전량에 대해 고정가 계약이 필요하다고 하였다. 이러한 고정가 계약은 결과적으로 'Price×Quantity'에서 P를 고정시키는 효과를 가져오는데, PPA에서 초과발전량만큼은 SMP와 REC 가격에 따라 P가 달라지므로 P 고정 효과가 없다. 한편 Q의 경우는 PPA로 공급하는 Q1이 있을 것이고, 초과발전량인 Q2가 있을 텐데 Q1과 Q2는 전기사용자의 전기사용량에 따라 달라지게 되므로, 고정가가 발생하는 Q의 값이 존재하지 않는다.

발전소의 총발전량 Q=PPA 공급량 Q1+초과발전 전력량 Q2

따라서, 발전소 입장에서 PPA는 발전량에 대한 고정가 효과가 아예 없는 계약 방식이 될 가능성이 있기 때문에 단순 PPA 계약만으로는 발전사업자가 금융조달을 받을 수 없다.

이러한 문제를 해결하기 위하여, 실무적으로 PPA 계약을 체결할 때에는 초과발전 전력량에 대해 별도의 방식을 취하는데 바로 'PPA 고정가-SMP'로 초과발전 전력으로 발생한 REC를 전량 공급사업자 또는 전기사용자가 구매(혹은 비용 보전)해 가도록 하는 방식이다. 즉, 초과발전 전력량에 대해선 REC 구매 장기계약 방식인 'SMP+REC 고정가' 또는 'Virtual PPA'를 적용하여 발전소가 고정가를 확보하도록 하는 것이다.

이렇게 되면 발전소는 PPA를 통해 판매하는 전력이든, 초과발전 전력을 통해 판매하는 SMP+REC 든 모두 고정가격을 받을 수 있어서 금융조달이 가능해진다.

한편, 이 계약 방식에 대해 전기사용자들도 큰 부담을 가지지 않는 경우가 많다. 전기사용자들은 재생에너지를 구매할 때 일정 수준의 재생에너지를 구매할 수 있을 것으로 기대하고 추진하는데, 초과발전 전력으로부터 발생한 REC를 사지 않으면 원하는 전환율을 달성하지 못할 가능성이 있기 때문이다. 예를 들어, A라는 전기사용자가 1MW 태양광을 통해 1,300MWh의 재생에너지를 구매할 것으로 예상했는데 초과발전으로 인해 800MWh만 구매했다면 500MWh만큼은 RE100 REC 시장에서 조달해야만 할 것이다. 조달 과정에서 들어가는 추가적인 노력, 그리고 물량 부족으로 인해 조달하지 못할 가능성 등을 고려한다면 전기사용자 입장에서도 500MWh에 해당하는 REC를 구입하는 편이 보다 나은 판단이다.

지금까지 PPA에 대한 주요 개념들을 알아보았다. 전기사용자와 공급사업자 간 PPA를 체결하기 위해서는 계약서가 필요한데, 해당 계약서를 작성하는 과정에서 필요한 조항들이 있다.

· 계약용량(kW)

PPA 계약서에는 반드시 얼마나 계약을 하는지에 대한 계약용량(kW)이 필요하다. 이러한 계약용량은 앞서서 설명했던 것처럼 발전소의 설비용량이 되며, 발전량(kWh)이 아니다. 즉, 전기사용자가 PPA를 통해 공급사업자와 계약하는 대상이 되는 것은 '수도꼭지의 크기'이지 '수도꼭지에서 나오는 물의 양'이 아니다.

때문에 PPA를 하게 되면 해당 계약용량에서 발생하는 모든 전력을 전기사용자가 구매해야 하게 된다(단, 자신의 전기사용량을 한도로 구매하게 된다).

만일 어떤 전기사용자가 연간 100GWh만 PPA로 구매하고 싶다고 하여도 제도적으로 불가능하다.

- **구매가격(원/kWh)**

한편, 발전소가 생산하는 전력을 얼마에 살지를 기재해야 한다. 전력구매단가는 원/kWh가 된다. 계약용량과 구매가격을 놓고 보면, 결과적으로 전기사용자가 계약하는 대상과 구매하는 대상에 있어서 차이가 있음을 알 수 있다. 태양광 1MW에 대해 PPA를 한다 했을 때, 계약하는 대상은 1MW이고 구매하는 대상은 태양광 1MW가 생산하는 전력량이며 이때 구매가격은 원/kWh로, 전기사용자가 지불해야 하는 연간 금액은 '연간 생산하는 발전량(kWh) × 거래가격(원/kWh)'이다.

이러한 구매가격은 계약 기간 동안 고정가인 경우가 대부분이다. 다만 계약에 따라 가격을 물가상승률만큼씩 매년 인상하는 형태(Price Escalation) 등도 있다.

- **계약 기간(연 단위)**

PPA에 대한 계약 기간은 연 단위로 하도록 되어 있다. 따라서 PPA를 하게 될 때, 최소 계약 기간은 1년이 된다. 1년 이상의 경우는 연 단위로 하는 것 외에 별도의 제한이 없는데, 현재 시장에서는 일반적으로 20년 계약을 하는 편이다. RPS 시장에서 20년 계약이 표준화되어 있고, 20년 계약 기준으로 금융조달을 시행하다 보니 PPA도 일반적으로 20년 단위로 하는 편이다.

다만, 발전사업자와 전기사용자의 니즈에 따라 20년이 아니라 더 짧거나(ex 3년) 혹은 더 길게(ex 25년) 계약을 하는 경우도 있다.

- **전기사용지 정보**

PPA 계약서는 발전사업자와 기업 간 하는 것이지만, 앞서 언급했던 것처럼 PPA의 실질적 수요자이자 계약자는 전기사용자라고 하였다. 전기사용자는 한국전력의 고객번호이므로, PPA 계약서에는 계약대상이 되는 발전소로 부터 생산된 전기를 기업의 어떤 사업장(전기사용자)에게 공급할 것인지 기재해 야 한다.

• 계약용량에 대한 발전소 정보

계약용량에 대해, 어떤 발전소로 공급을 해야 하는지도 계약서에 기재를 해야 한다. 여기서 '어떤 발전소로 공급해야 하는가'에 대한 기준을 살펴보면, 본래 PPA를 실행하기 위해서는 최소 사용전검사 및 계량기 봉인(직접 PPA 기 준)을 마쳐야 한다고 하였다. 그러나 장기계약을 통해 금융조달을 받고 착공을 하는 재생에너지 사업 특성상 사용전검사 및 계량기 봉인을 마친 발전소를 대 상사업으로 하기에는 너무 늦다.

따라서 인허가가 완료됐거나 혹은 인허가가 완료되기 전 단계에 있는 발전 소에 대해 PPA 계약을 맺어야 하는데, 어느 정도는 되어야 '발전소'로 인정받 을 수 있을지에 대한 기준이 있어야 한다. 일반적으로는 발전사업허가증이 있 다면 '발전소'로 인정을 받는 편이다. 즉, 토지만 매입한 경우에는 추후 개발이 될 수 있겠지만 당장에 발전소로 보기는 힘들다. 따라서 전기사용자가 공급사 업자와 계약을 할 때에는 발전사업허가증을 요구하는 것이 좋다.

그 외에 연간 보장공급량을 계약서에 기재해야 한다. 연간 보장공 급량은 공급사업자(발전사업자) 기업에게 공급해야 할 최소의 발전량 을 말하는 것인데, 제도적으로 표기된 것과 실무적으로 보는 두 개념 이 다르다. 이에 대해서는 다음 장에서 상세히 설명하였다.

PPA (20) 연간 보장공급량

　재생에너지 발전소의 발전량은 날씨 등에 따라 변하기 때문에 얼마나 생산할지 예측하기 매우 힘들다. 재생에너지 발전소의 발전량 변동은 결국 전기사용자에게 있어서 얼마큼의 재생에너지를 구매할지 불확실하다는 위험을 남긴다. 이러한 위험은 재생에너지 발전소가 가진 본연의 특성이라 하여도, 한 가지 불합리하다고 판단되는 부분이 있다. 바로 최소한의 공급량이 없다는 점이다.

　PPA는 전기사용자의 전기사용량 한도로, 생산되는 모든 전력을 전기사용자가 구매하도록 되어 있다. 재생에너지 발전량이 많아져도 전기사용자의 전기사용량 이내라면 모두 구매해야 하는 것이다. 그렇다면 반대로 발전소가 생산하는 전력이 너무 적으면 어떻게 될까? 전기사용자는 필요한 재생에너지 구매 물량을 채우지 못할 것이다. 전기사용자는 이 부분을 불합리하다고 판단할 수밖에 없다. 자신은 생산되는 모든 양을 구매해야 하는데, 발전소가 제대로 재생에너지를 생산하지 못하여 필요한 양만큼 구매하지 못했을 때 어떠한 손해배상도 부과되지 않을 수 있기 때문이다.

　이 때문에 PPA에서는 연간 보장공급량(kWh)이라는 개념이 존재한다. 연간 보장공급량은 재생에너지 발전소가 공급사업자 또는 전기사용자에게 공급해야 하는 최소한의 PPA 공급량을 말한다. 그리고 이 보장공급량에 미달하면 미달한 전력량에 대해 손해배상금을 지불하도록 설정할 수 있다. 연간 보장공급량은 계약 시 반드시 포함되어야 하는 조항이다(0MWh라도 넣어야 한다). 다만 어느 정도 규모로 설정해야 하는지는 발전사업자-공급사업자-전기사용자 간 합의하도록 되어 있다.

참고로 제도적으로 보면 이 연간 보장공급량은 PPA 참여 주체 모두에게 적용되도록 설계되어 있다. 전기사용자가 연간 구매하는 PPA 공급량이 연간 보장공급량보다 부족한 경우에 발전사업자 또는 공급사업자가 전기사용자에게 손해배상을 요청할 수 있다. 반대로 발전소가 공급하는 PPA 공급량이 연간 보장공급량보다 적으면 공급사업자 또는 전기사용자가 발전사업자에게 손해배상을 요청할 수 있다.

그런데, 실무적으로 보면 전기사용자에게 연간 보장공급량을 적용하지는 않는 경우가 많다. 연간 보장공급량은 PPA를 통해 거래되는 공급량을 말하는 것이기 때문에, 초과발전 전력에 대해 REC를 전기사용자가 모두 사 가는 경우에도 연간 보장공급량보다 더 적게 구매했다고 간주된다. 전기사용자 입장에서는 발전소가 생산하는 모든 재생에너지에 대해 전기 또는 REC 형태로 전량 구매한 것이기에 사실상할 수 있는 모든 의무를 다한 것임에도 불구하고 단지 전기로 구매해 가지 않았다고 해서 손해배상금을 지불하는 것은 불합리하다(만일 생산된 모든 재생에너지에 대해 전기 또는 REC로 구매한다고 했을 때, 전기사용자가 연간 보장공급량보다 적게 샀다고 한다면 이는 발전소의 발전량이 부족해서 발생된 문제일 것이다). 때문에 초과발전 전력에 대한 REC를 모두 전기사용자가 구매해 가도록 계약서를 만드는 경우에는 전기사용자에 대해서는 연간 보장공급량을 적용하지 않는 것이 일반적이다.

한편, 발전소의 경우에도 예외가 필요하다. 발전소가 연간 보장공급량만큼 전력을 공급했는지 여부를 판단할 때에는 PPA 공급량이 기준이 된다. 그러나, 전기사용자의 전기사용량 부족으로 PPA를 공급하지 못한 경우에는 발전소의 책임이 아니다. 따라서 발전소에 대해서 연간 보장공급량 미달 여부를 판단할 때 단순 PPA 공급량만 가지고 판단하는 것이 아니라 초과발전 전력량까지 합한 총 발전량을 기준으로 판단하게 된다. PPA 공급량이 연간 보장공급량보다 적다 하여도, 'PPA 공급량+초과발전 전력량 > 연간 보장공급량'인 경우에는 연간 보장공급량 미달로 간주하지 않는 셈이다.

연간 보장공급량 덕분에 전기사용자는 적어도 최소한의 재생에너지 구매량을 예측할 수 있다. 이 부분은 전기사용자가 PPA에 대한 계약 검토 및 승인을 받을 때 주요하게 작용하는 부분으로서 합리적으로 설정해야 한다. 발전사업자 입장에서는 이러한 연간 보장공급량이 익숙하지 않을 것이다. RPS에서는 연간 보장공급량이라는 개념, 그리고 발전량 미달에 따른 손해배상이 없었기 때문이다. RPS는 정부가 보조해 주는 시장인 반면, RE100은 민간의 비용으로 이루어지는 시장이기에 발전소의 공급에 대한 일정 수준 이상의 퀄리티를 요구하며, RPS와 RE100 간 서로 다른 부분이 있다는 점을 알고 있어야 한다. 발전사업자가 RPS와 동일하게 계약을 요청할 경우, 일반 기업이 수용하기 어려운 부분들이 많으므로 유의해야 한다. 그렇다고 해서 너무나 높은 수준의 연간 보장공급량을 설정한다면 발전사업자가 거부할 가능성이 있으니 전기사용자도 발전사업자와 합리적으로 협의를 진행해야 한다.

PPA (21) PPA에 대한 기업 의사결정 방식과 비용 분석 방법

한국의 PPA는 RPS 시장과 유사하게 설계되어 있다. RPS에서 발전사업자가 장기간의 고정가격을 요구하는 것처럼, PPA에서도 장기 고정가 계약이 일반적인 계약 방식으로 자리매김하고 있다. 20년간의 계약 기간 동안 물가상승률 없이 재생에너지 전기를 '고정가격'으로 구매한다는 점에서, 많은 기업들이 PPA를 가장 비용 안정적인 RE100 이행수단이라고 생각하는 편이다. 앞서서 설명했듯이 녹색프리미엄은 전기요금 상승에 대한 위험에 노출되어 있고, REC 구매 역시 REC 가격의 변동성(장기계약이라면 SMP에 대한 변동성)과 전기요금 상승에 대한 위험에 노출된 이행수단이다. 그러나 PPA의 경우는 재생에너지 가격이 고정되어 있고, 관련 부가비용들도 크게 변화하지는 않는 편이기 때문에 타 이행수단 대비해서는 비용 변동성이 거의 없다고 볼 수 있다.

다만, 현재 한국전력의 산업용/일반용 전기요금 수준보다는 PPA에 대한 비용(재생에너지 가격+PPA 부가비용)이 더 비싼 상황이다. 때문에 많은 기업들이 PPA를 도입하는 것에 부담을 느끼고 PPA를 하는 것을 쉽게 결정하지 못하는 경우가 많다.

그럼에도 불구하고 PPA를 도입하는 기업들은 단기적인 추가비용

보다는 장기적 관점에서 접근하는 편이다. PPA를 20년간 고정가 계약으로 맺을 경우, PPA를 통한 재생에너지 구매가격은 변하지 않는다. 반면 한국전력의 전기요금은 우상향해 왔으니 이를 고려했을 때, 어느 시점에서는 기업이 맺은 PPA 가격과 한국전력의 전기요금이 같아지거나 한국전력의 전기요금이 더 높아질 것으로 예상할 수 있다(이를 Golden Cross 등으로 부른다). 기업 입장에서는 골든 크로스 시점을 기준으로, 그 이전에는 PPA에 따라 추가비용이 발생하는 것이고 골든 크로스 이후에는 전기요금 절감 효과가 나타나는 것이므로 추가비용과 전기요금 절감금액을 비교하여 PPA 구매 여부를 검토하게 된다.

PPA에 대한 기업의 비용 비교 예시

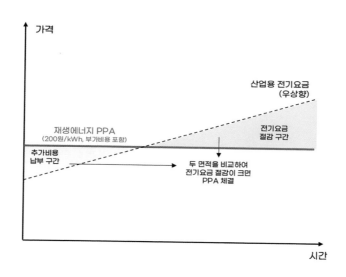

한편, 이러한 비용 비교는 한국전력 전기요금 vs PPA 비용으로 끝나지는 않는다. 예를 들어 RE100을 이행해야 하는 기업 중 녹색프리미엄이 가능한 기업이라면 한국전력 '전기요금+녹색프리미엄' vs 'PPA 비용'을 비교하게 되고, 탄소감축을 해야 하는 기업이라면 '산업용 전기요금+REC 구매 비용' vs 'PPA 비용'을 비교하기도 한다. 따라서 PPA와 비용 비교는 기업이 어떠한 목적을 가지고 PPA를 도입하느냐에 따라 PPA와 비교할 비용이 달라지기 때문에 기업들은 자신의 목적을 명확히 해야 한다.

기업 상황별 PPA 비용 비교 항목

구분	PPA 비교 대상
재생에너지 구매 불필요 기업 (전기요금 절감 목적의 기업)	한국전력 전기요금
녹색프리미엄 가능 기업	한국전력 전기요금+녹색프리미엄 가격(+탄소배출권 가격)
탄소감축 필요 기업	한국전력 전기요금+REC 구매 비용

한편, 한국전력의 전기요금을 PPA 요금과 비교할 때에 한국전력의 기본요금은 제외해야 한다. 앞서 「RE085」에서 언급한 것처럼, PPA를 체결한다고 해서 한국전력의 기본요금이 낮아지지는 않는다(On-Site PPA 제외). 따라서 '한국전력의 전력량요금+기후환경요금+연료비조정단가+전력산업기반기금'만을 한국전력의 전기요금으로 생각해야 하며, PPA를 하게 되면 '전력량요금+기후환경요금+연료비조정단가+전력산업기반기금'만큼이 'PPA 거래가격+PPA 부가비용'으로 대체된다고 생각하면 된다.

또한 「RE079」에서 언급한 것처럼 PPA 정산 방식 및 발전소의 발전 패턴(시간대별로 얼마나 발전하는지)에 따라 PPA가 대체하는 한국전력의 전기요금(정확히는 전력량요금의 단가)이 달라지므로 이 역시 세밀한 분석을 요한다. 태양광/풍력에 대한 발전 패턴은 계약을 체결하려는 공급사업자 또는 발전사업자가 24시간×365일분의 데이터를 가지고 있는 경우가 많다. 아직 설치되지 않은 발전소의 데이터는 아니고, 이미 다른 곳에서 운영 중인 발전소의 발전 패턴들이 있기 때문이다. 기업 전기사용량 데이터의 경우, 한국전력의 파워플래너(pp.kepco.co.kr)에 접속하여 로그인을 하면 15분 단위의 전기사용량/최대수요 등의 데이터값을 확인할 수 있다. 두 데이터값을 받아서 기업의 전기사용량 데이터와 실시간으로 비교하면서 PPA에 대한 비용 비교를 이어나가면 된다.

2022년과 2023년에 한국전력의 전력량요금이 가파르게 상승하였다. 때문에 재생에너지가 필요해서가 아니라 전기요금을 절감하기 위해 PPA를 도입하려는 기업들이 늘어나고 있는 편이다.

PPA (22) PPA를 하지 못하는 전기사용자

앞서서 「RE073」 PPA 참여 조건에서 PPA를 하기 위한 전기사용자의 조건을 산업용(을)·일반용(을)을 사용하는 한국전력의 고객이라고 하였다. 산업용(을)과 일반용(을)에 초점을 맞춰서 설명했지만, 뒤에 있는 '한국전력의 고객'이라는 점도 실질적으로 중요하다. 다른 말로 하면 한국전력의 고객이 아니면 PPA를 하지 못한다는 뜻이기 때문이다.

한국에서는 대부분의 전기사용지가 한국전력의 고객일 텐데 한국전력의 고객이 아닌 경우가 있을까? 한국전력의 고객이 아닌 전기사용지 형태는 2개가 있는데, 첫 번째는 건물을 임차해서 사용하는 사업장이고 두 번째는 구역전기사업자로부터만 전기를 수전 받고 있는 사업장이다.

· 건물 임차기업

큰 건물에 일부분만 임차하여 사무실로 사용하는 A 기업이 있다고 해보자. A 기업은 해당 사무실에서 사용한 전기요금을 어떻게 납부할까? 대부분은 자신이 직접 한국전력에 납부하는 것이 아니라 건물주에게 관리비 형태로 전기요금을 납부하고, 건물주가 한국전력에게 전기요금을 납부하는 형태로 되어 있는 경우가 일반적이다.

이때 한국전력의 고객은 건물주가 되는 것이지 임차하여 사무실을 사용하는 A 기업이 아니다. 즉, 사무실을 임차한 A 기업이 한국전력과 전기사용 계약을 한 적이 없으므로, A 기업의 임차 사무실은 한국전력의 고객이 아닌 것이다.

제도적으로 한국전력의 고객만 PPA를 할 수 있다고 하였다. 따라서 A 기업이 해당 사무실에 대해서 PPA를 체결하고 싶다 하여도 기업의 해당 사무실은 한국전력의 고객이 아니기 때문에 PPA를 체결할 수가 없다. 만일 PPA를 체결한다면 임차하는 기업이 아니라 임대한 건물주가 PPA를 체결해야 한다. 이때, 기업이 PPA로 발생하는 추가비용들을 모두 부담한다 하더라도, 재생에너지 사용 실적은 받을 수가 없다. 앞서서 재생에너지 사용 확인서(REGO)에서 설명했던 것처럼, 재생에너지 사용 확인서는 이전과 거래가 불가능하기 때문이다.

그렇다면 A 기업은 해당 사무실에 재생에너지를 사용할 수 있는 방법이 없는 것일까? 그렇지는 않다. 현재 제도적으로 녹색프리미엄과 REC 구매는 한국전력의 고객이 아니더라도 구매할 수 있다. 따라서 A 기업이 임차 사무실에 대해 RE100을 달성한다고 하면 녹색프리미엄 또는 REC 구매를 해야 한다.

임차기업의 대표적인 사례가 데이터센터이다. 데이터센터의 경우, 대표적인 전기 다소비 업종이다. 데이터센터는 자체적으로 데이터센터를 소유하여 자체 데이터를 저장하는 곳도 있지만, 많은 경우는 데이터센터를 운영하는 운영사업자가 데이터센터 건물을 소유하고, 해당 건물의 데이터센터를 IT 기업들에게 임대하는 형태로 사업을 한다(Co-Location 데이터센터). 이러한 데이터센터 임차기업들은 전기요금 절감 및 탄소감축을 위해 PPA를 하고 싶어도 결과적으로는 PPA를 할 수 없다.

• 구역전기사업자에게 전기를 공급받는 고객

「RE015」에서 한국에서는 한국전력 외에 정해진 지역/구역 내에서 한국전력처럼 전기 소매 판매를 하는 사업자가 있으며 이를 구역전기사업자라고 하였다. 구역전기사업자들이 전기를 공급하는 사업장의 경우도, 한국전력의 고객이 아니다. 즉, 한국전력의 고객이 아니라 구역전기사업자의 고객이므로 PPA가 불가한 것이다.

한편, 직접 PPA에서 수전설비 300kVA 이상 설치한 경우에는 PPA를 할수 있도록 되어 있다. 따라서 구역전기사업자한테 전기를 공급받는 사업장의 경우에는 한국전력의 고객이 아니라 할지라도 PPA를 할 수 있는 것이 아닌지 오해할 수 있다. 그러나 이 경우에도 불가능하다. 왜냐하면 제도적으로 한국전력의 송배전망을 이용하도록 되어 있기 때문이다.

PPA의 고시에서는 한국전력의 송배전망을 이용하고 이에 대해 이용요금을 지불하도록 되어 있을 뿐 구역전기사업자의 송배전망을 이용하거나 이용요금을 지불할 수 있다는 내용은 없다. 구역전기사업자의 고객은 구역전기사업자의 송배전망을 통해 전기를 공급받으며 한국전력의 송배전망과 연계되지 않는다. 따라서 한국전력의 송배전망을 통해 공급해야 한다는 규정이 있는 PPA를 구역전기사업자의 고객은 체결하지 못하는 것이다.

그렇다면 구역전기사업자의 고객도 재생에너지를 구매하지 못하는 것일까? 그렇지는 않다. 앞서 임차기업과 마찬가지로 녹색프리미엄 또는 REC 구매로는 재생에너지를 구매할 수 있다.

업계에서는 임차기업 또는 구역전기사업자의 고객들만 PPA를 체결하지 못하는 부분에 대해 형평성에 맞지 않는다고 말한다. 다른 재생에너지 구매 방식인 녹색프리미엄과 REC 구매는 진행하는 데에 문제가 없는데 유독 PPA에 대해서는 제도가 불합리하게 설계되어 있다고 생각하기 때문이다. 개선이 필요한 부분이다.

PPA [23] PPA의 현실적인 한계

PPA가 재생에너지를 필요로 하는 기업들에게 주는 장점은 분명히 많다. 장기 고정가격 계약인 것도 있지만, 재생에너지를 보급하고 확대하는 데 직접적으로 기여하기 때문에 그린워싱 논란이 적으며 발전소가 상업운전 하기 전에 계약하여 상업운전을 할 때부터 공급받으면 RE100 15년−15% 룰 적용도 받지 않기 때문이다.

그러나 이러한 PPA도 현실적으로 한계가 존재한다. 바로 태양광 중심의 한국 재생에너지 시장에서, 필요한 재생에너지를 100% PPA로 조달하는 것이 불가능하다. 기업이 사용하는 실시간 전기사용량보다 PPA를 통해 구매하는 실시간 발전량이 많을 경우, 초과발전이 발생하여 PPA가 아닌 REC 형태로 재생에너지를 구매해야 한다. REC를 구매하게 되면 결국 전기요금 상승과 SMP 하락에 대한 위험에 노출되는 것이기 때문에 PPA가 주는 효과(비용 고정)를 얻지 못한다. 그렇다고 풍력 발전을 섞기에는 국내에 풍력 발전소가 많지도 않을뿐더러, 밤 시간대 전기를 대체하기 때문에 태양광 대비 추가비용도 더 발생한다는 단점도 있어서 기업들에게는 부담이 된다.

그렇다면 발전량 균등 정산 방식을 통해 PPA 비율을 높게 하면 되지 않느냐고 할 것이다. 그러나, 발전량 균등 정산은 「RE080」에서 언급했던 것처럼, 재생에너지 시장 관점에서 보면 모든 기업들이 선택할 수 있는 방식이 아니다. 즉 제도적으로는 모두 가능하나, 발전소 금융 조달 때문에 신용등급이 높은 기업들만 제한적으로 발전량 균등 정산을 선택할 수 있으며 그렇지 않은 기업들은 공급사업자의 신용도에 기대 직접 PPA의 시간대별 정산만이 가능하다.

그렇다 보니 PPA를 통해 일반 기업들이 구매할 수 있는 재생에너지의 양은 15~20% 내외이다. 초과발전이 발생하지 않으면서 전량 PPA로 구매한다고 했을 때, 자신의 요금적용전력 이하로 PPA를 체결해야 하므로 이를 기준으로 하면 대략적으로 전기사용량의 15~20% 정도 구매 가능하다(365일 24시간 동일한 부하로 전기를 사용하는 전기사용지 기준이다). 물론 풍력을 PPA로 사용한다면 PPA 구매비율이 높아지기는 하지만 풍력이 태양광보다 가격이 높고 경부하 요금을 대체하기 때문에 많은 기업들이 풍력 PPA를 어려워한다.

따라서 100% PPA를 통해 재생에너지 전력을 구매하는 것은 현실적으로 불가능하며 일정 수준 이상은 REC 구매를 통한 재생에너지 구

매가 필요하다. 기업들인 이와 같은 상황을 고려하여 PPA와 REC 구매에 대해 적절한 비중으로 포트폴리오를 구성해야 한다.

RE100 이행수단 4.

지분투자

RE094.
지분투자

　RE100을 이행하는 네 번째 수단은 바로 지분투자이다. 지분투자는 기업이 재생에너지 발전소에 대한 지분(주식)을 인수하는 것을 의미하는 것으로, 기업들이 재생에너지 발전소에 대해 단순 구매가 아니라 직접 사업을 진행하기 때문에 보다 더 나아간 이행방식이라고도 볼 수 있다.

　지분투자에 대해 가지고 있는 많은 오해는 '지분을 투자한 만큼 해서 재생에너지 사용 실적을 인정받을 수 있다'고 생각하는 것이다. 예를 들어 100MW 태양광 발전소에 대해 지분을 30% 투자했으면 해당 발전소에서 발생하는 재생에너지 전력의 30%는 기업이 사용한 실적으로 인정받는 것 아니냐 하는 생각이다.

　그러나 이는 사실과 다르다. 지분투자는 단순 지분을 투자하는 것으로 끝나지 않고, 지분을 투자한 비율만큼 재생에너지를 구매해야 한다. 앞선 예에서 보면 100MW 태양광 발전소에 대해 지분을 30% 투자했다고 한다면, 30%만큼에 대해 PPA를 체결하거나 REC 구매계약(또는 발급되는 REC를 30%만큼 구매)을 체결해야만 재생에너지 사용 실적으로 인정이 된다.

결과적으로 보면 지분투자는 사실상 PPA와 REC 구매랑 다를 바가 없다. 시장에서는 지분투자에 대해 재생에너지 구매 방식 중에 PPA와 REC 구매의 다른 형태라고 부르는 정도이다.

그럼에도 불구하고 시장에서 지분투자를 고려하는 기업들이 존재한다. 기업들이 지분투자를 고려하는 이유는 크게 2가지라고 볼 수 있다. 첫 번째는 공급 부족인 한국의 재생에너지 시장환경에서 안정적으로 재생에너지를 공급받기 위함이다. PPA든 REC 구매든 공급사업자/발전사업자와 체결한 장기계약이 종료되면 해당 발전소에 대해 기업이 구매할 수 있다는 보장이 없다. 국내에 재생에너지가 많다면 다른 재생에너지를 구하면 되겠지만, 한국에서는 재생에너지가 부족할 것으로 예상하는 기업들은 지분투자를 결정하기도 한다. 즉, 지분을 투자하여 장기계약이 끝난 이후에도 재생에너지를 자신이 계속적으로 공급받을 수 있는 권리를 확보하는 것이다.

두 번째는 재생에너지 사업에 진출하고자 하는 기업이다. 제조업 중심의 한국 산업 구조상, RE100, CBAM 등을 대응하기 위해 재생에너지 수요는 늘어날 것으로 예상되며 이에 비해 공급은 부족할 것으로 보는 관점이 많다. 공급과 수요 간의 미스 매치는 결과적으로 재생에너지 가격 상승을 부추기는 것으로, 기업 입장에서는 보다 매력적인 사업 또는 투자처로 고려해 볼 수 있을 것이다. 이러한 관점에서 재생에너지 발전소에 대한 지분을 투자하여 좋은 자산들을 매입하고, 향후 개발 역량까지 확보해 신규 재생에너지 사업까지 개발하려는 기업들도 지분투자를 고려하고 있다.

지분투자에 대해 많은 검토가 있기는 했지만 실질적인 실행까지 이어지는 경우는 아직 많지는 않다. 재생에너지 사업에 대해 기업들이 잘 모르는 것도 있지만, 아직 재생에너지 사업에 투자까지 하기에는 재원적 부담이 있는 경우가 많기 때문이다. 다만, 재생에너지에 대한 공급이 부족할수록 지분투자가 보다 확대될 것으로 기대된다.

RE100 이행수단 5.

자가발전

RE095.
자가발전

    자가발전은 직접 PPA의 On-Site PPA와 유사하다. 기업이 자신의 전기사용장소에 재생에너지 발전소를 설치하고 여기서 발생하는 전기를 직접 사용하는 형태이다. 자가발전은 기업이 자체적으로 재생에너지를 설치함에 따라 재생에너지 투자가 필요한 이행방식으로 분류된다. 즉, 녹색프리미엄, REC 구매 및 PPA는 전력량(kWh)당 비용만 내는 방식이라면 지분투자와 자가발전은 재생에너지 투자/설치에 투자비가 들어가는 형태인 셈이다.

    자가발전은 기업의 투자비를 사용하는 방식이다 보니, 기업이 자체적으로 의사결정만 하면 추진하기는 쉬운 편이다. 그러나, 본업에 사용해야 할 재원을 재생에너지 발전소 설치에 사용하는 것에 대해 기업 내부적으로 부정적인 의견들이 많다. 이러한 부분들을 해소될 수 있도록 한국에너지공단이나 환경공단에서 자가발전을 설치하려는 기업을 대상으로 보조금을 지원해 주기도 한다. 다만, 보조금 제원이 한정되어 있고 이를 위해 많은 기업들이 경쟁하다 보니 보조금 확보에 애를 먹는 경우가 많다.

    한편, 자가발전은 반드시 기업 사업장 내에 유휴부지를 활용해 재생에너지를 설치해야 한다. 앞서서 On-Site PPA와 같이, 전기사용지 밖에 태양광을 설치하여 선로를 연결하게 되면 자칫하다가는 '한국전력의 송배전망 사업 침해'가 될 수 있다. 따라서 반드시 자신의 전기사용지(지번 기준) 내에 재생에너지를 설치하여 직접 사용해야 한다.

자가발전의 또 다른 특징 중 하나는 외부 판매가 가능하다는 것이다. On-Site PPA는 재생에너지 발전소가 생산한 전기를 100% 사업장 내에서 사용해야만 했고, 만일 사용하지 못했을 경우에는 사업장 정전을 막기 위해 발전소를 꺼야 한다고 했다. 그러나 자가발전의 경우는 남는 전기를 한국전력 또는 전력시장에 판매할 수가 있어서 On-Site PPA와 다르게 전기사용량에 대한 문제가 덜하다. 뿐만 아니라 자가발전은 PPA 부가비용이 없어 이 부분도 경제적으로 이득이 되는 부분이다.

그렇다고 해서 On-Site PPA를 하는 것이 불합리한 것은 아니다. 기업 상황에 따라 일시적인 재원을 사용하기보다는 조금 더 비싸더라도 비용으로 매년 일부분씩 부담하는 것이 낫다고 판단하는 경우도 있기 때문이다. On-Site PPA와 자가발전은 결국, 기업의 상황과 필요에 따라 선호하는 방식이 달라진다고 생각하면 된다.

최근에는 자가발전에 들어가는 투자비를 타 사업자가 지불하는 형태인 자가발전 임대형 사업이 시장에 확대되고 있다. 자가발전의 장점은 취하면서 기업의 재원은 아낄 수 있는 방법으로, 기업들의 관심이 많아지는 추세이다.

CHAPTER 5

기타 사항

RE096.
장기계약에 대한 손해배상 조항

　PPA 또는 REC 구매는 장기계약 중심으로 거래가 체결이 된다. 전기사용자와 공급사업자/발전사업자 모두 계약으로 묶이다 보니, 계약 체결 이후에 발생할 수 있는 손해에 대해서 생각해야 한다. 그리고 이러한 부분들은 당연하겠지만 계약서에 반영이 되어야 한다. 계약서는 사적 영역이기 때문에 어떤 손해배상 조항을 넣을 것인지는 당사자들 간에 결정할 사항이다. 다만, RE100 재생에너지 장기계약에서 일반적으로 들어가는 손해배상 조항들이 있으며 이번 장에서는 해당 내용에 대해 소개하고자 한다.

- **공급지연 손해배상**

　기업과 발전소가 장기계약을 체결할 때에는 기본적으로 언제까지 재생에너지를 공급하겠다고 하는 공급 시점을 명시해 둔다. 즉, 기업이 재생에너지를 구매하는 데 있어, 언제부터 그러한 재생에너지를 구매할지를 정하는 것으로서 기업과 발전소의 합의하에 결정된다.

　문제는 약속한 시점보다 더 늦게 공급을 시작했을 때이다. 기업 입장에서는 계약서에서 정한 공급 시점부터 재생에너지를 구매할 것으로 예상하고 재생에너지 구매 계획을 세웠는데 이를 구매하지 못함에 따라 재생에너지 전환에 차질이 생길 수 있다. 때문이 정해진 공급 시점보다 늦게 공급을 시작할 경우, 기업들은 늦어진 일정에 해당하는 부분만큼 발전소에게 손해배상금을 요구하는 편이다.

한편, 공급지연은 발전소의 공급개시 일정이 지연되는 것에 국한하지 않으며 기업의 문제로 인해 공급이 지연되는 부분들도 포함을 시킨다. 2025년 12월 31일까지 공급하기로 했는데, 기업에서 관련 행정절차를 미진하게 하여 공급개시가 늦어지는 경우에 발전소가 기업에게 공급지연에 대한 손해배상을 청구할 수 있다.

재생에너지 발전소 인허가와 건설은 외부 변수로 인하여 당초 계획보다 늦어지는 경우가 많다. 따라서 발전사업자 입장에서는 인허가 전에 계약을 체결한다든가 혹은 너무 빠듯하게 공급 시점을 설정하는 것은 지양해야 하며 기업 입장에서도 발전사업자에게 무리한 공급 시점을 요구해서는 안 된다.

참고로, 공급 시점을 설정했다 하더라도 대부분은 공급 시점보다 이전에 공급할 준비가 되면 바로 공급하는 것으로 계약을 한다. 이는 Global RE100의 15년-15% 룰에서 Original Off-Taker가 되기 위해 기업들도 필요로 하는 조항이다. 따라서 공급 시점보다 먼저 시작하는 경우에는 그대로 공급을 받고, 공급 시점보다 늦어지는 경우에는 손해배상금을 주는 방식이라 보면 된다.

• **연간 보장공급량 미달 손해배상**

연간 보장공급량 미달 손해배상은 RE090에서 연간 보장공급량에 대해 설명을 하였다. PPA 계약에서는 연간 보장공급량을 제도적으로 반드시 설정하도록 되어 있으며 REC 구매 역시 기업들의 요구에 의해 연간 보장공급량을 설정하는 기조이다.

이러한 연간 보장공급량에 대해서, 발전사업자와 기업 간 합의를 하겠지만 만약 연간 보장공급량보다 미달 됐을 때 어떻게 할 것인지를 정할 필요가 있다. 특히 기업 입장에서는 연간 보장공급량보다 실제 공급량이 미달될 경우 자신이 계획한 재생에너지 구매량이 적을 수 있으며 재생에너지 전환에 차질이 생길 수 있다. 이러한 부분에 대해서는 시장에서 추가로 재생에너지를 조달해야 하므로 이에 대해 손해배상을 발전사업자에게 요청하도록 설정하는 편이다.

「RE090」에서 언급했듯이, PPA에서는 전기사용자에 대한 연간 보장공급량을 설정할 수도 있다. 전기사용자의 전기사용량 부족으로 인해 연간 보장공급량보다 적게 PPA로 거래되면 발전사업자가 전기사용자에게 손해배상을 청구하는 형태이다. 하지만 앞서 「RE088」에서 설명했던 것처럼, 초과발전 전력에 대한 REC를 전기사용자가 모두 구매하도록 계약서를 구조화하는 대신에 전기사용자에 대한 연간 보장공급량 미달 손해배상은 반영하지 않는 것이 일반적이다.

손해배상의 경우, 얼마를 청구해야 할지에 대해 발전사업자와 기업 모두 많은 고민을 한다. 서로의 입장을 다시 한번 생각해 보면 발전사업자에게 중요한 것은 고정가이고 기업에게 중요한 것은 재생에너지 필요량을 충족하는 것이다. 따라서 발전사업자와 기업 간 손해배상을 설정할 때에는 손해배상이 발생했을   때 서로의 손실이 무엇인지를 생각하고 만들어야 할 것이다.

RE097.
손해배상금에 대한 발전사업자의 오해

손해배상금을 설정할 때 발전사업자들이 하는 오해가 하나 있다. 바로 전기사용자에게 손해배상을 지급하는 데 있어서 가격적인 부분만 고려하는 점이다.

발전사업자가 계약을 통해 해야 하는 행위는 기업에게 '정해진 재생에너지 물량'을 '정해진 가격'에 공급하는 것이다(정해진 물량=연간 보장공급량). 그런데 손해배상 조항을 협의하다 보면, 많은 발전사업자가 전기사용자가 입은 실질 손해를 배상하겠다고 말하는 경우가 많다. 즉, 전기사용자가 발전사업자와의 계약을 통해 RE100을 이행하는 데 소요될 것으로 예상되는 비용이 있을 텐데, 기업이 실제로 재생에너지를 구매한 비용과 그 예상되는 비용 간의 차액을 지급하겠다는 생각을 하는 것이다.

얼핏 보면 이는 맞는 논리처럼 보이지만, 기업이 재생에너지를 필요한 만큼 조달하지 못할 수 있다는 가능성을 아예 배제한 생각이다. 즉, 기업이 재생에너지를 조달하려고 했음에도 조달하지 못했을 때를 가정하지는 않은 것으로서, 실질적으로는 정해진 물량과 정해진 가격 2개의 의무 중에서 정해진 가격만큼만 부담하겠다는 것과 동일하다.

정해진 물량보다 적은 부분에 대해서는 귀책이 있는 발전사업자가 조달에 대한 의무를 부담하고 기업에게 해당 물량만큼 공급해 주어야 할 것이다.

또한 기업 중에서는 정해진 발전원으로 구매를 하고자 하는 경우가 있다. 예를 들어 풍력 발전소로부터 일정 수준 이상 구매를 하려고 했는데, 만일 부족한 상황이 발생한다면 같은 풍력 발전의 재생에너지를 조달하려는 경우들이다. 이때에는 발전사업자가 정해진 발전원에 대한 재생에너지를 공급해 주어야 할 수도 있으므로 손해배상 조항을 설정할 때는 고민을 해야 한다.

결과적으로 발전사업자들은 보면 단순 가격 차이만의 보전뿐만 아니라 물량에 대한 보전을 어떤 식으로 해야 할지에 대해서도 생각을 해야만 한다. 참고로 많은 계약에서는 발전사업자가 물량에 대해 보전을 하지 않는 대신에 실비만큼이 아니라 더 큰 금액을 배상하도록 설정함으로써 물량 조달에 대한 의무를 제외시키는 경우들이 많다. 재생에너지가 부족한 한국에서는 현물로 재생에너지 물량을 조달하는 것에 대한 부담을 지는 것이 매우 어렵기 때문이다.

LCOE와 재생에너지 가격에 대한 기업의 오해

가격에 대해 기업들과 협의를 하다 보면 많은 질문을 하기도 하고, 가격 협의를 요청하는 경우도 많다. 가격이야말로 재생에너지 구매에 있어 가장 중요한 부분이기 때문에 기업에게는 당연한 질문과 요청이라고 할 수 있다. 그러나 이런 가격 협의 과정에서 재생에너지 가격의 적정성을 고려하는 경우들이 있는데 이는 적절하지 않다.

재생에너지에 대한 원가는 의외로 쉽게 알 수 있다. 정부기관 등이 발표한 재생에너지 발전원별 LCOE 자료가 많이 있기 때문이다. 기업들 중에서 LCOE를 분석하고서는 재생에너지 발전사업자의 적정 수익률을 계산하고, 해당 가격으로 협의를 요청하는 경우들이 간혹 있다. 그러나 이러한 접근 방식은 발전사업자와 대화를 이어가기에 좋지 않다. 기업의 이러한 요청은 결과적으로 재생에너지는 원가 대비 일정한 수익만 받으라는 말과 동일하기 때문이다.

재생에너지 발전사업자들도 이익을 추구하는 영리 사업자이다. 때문에 자신의 원가랑 무관하게 최대한 이익이 날 수 있는 만큼은 높게 판매하려고 하는 것이 당연하다. 따라서 재생에너지 가격에 대해 원가를 기준으로 가격 협의를 하는 것은 적절한 접근이 아니다. 재생에너지에 대한 수요와 공급에 의해 가격이 결정이 된다고 생각해야 한다.

마찬가지 관점에서, 재생에너지 LCOE가 하락하니 재생에너지 가격이 내려갈 것이라는 논리는 실제 시장과 다르다. 재생에너지 LCOE가 계속적으로 하락할 수 있다는 예측에 대해서는 시장에 참여하는 사업자 모두 큰 이견을 가지고 있지 않을 것이다. 하지만, LCOE가 하락한다고 해서 발전사업자가 판매 가격을 낮추기를 기대하기는 어렵다. 오히려 LCOE의 하락보다는 시장 내 공급의 확대 또는 시장 내 수요의 감소 등 가격 하락을 유인하는 상황이 발생해야 가격이 하락할 것이라고 보는 것이 적합하다.

RE100 시장 초기에는 LCOE를 분석하고, LCOE 수준보다 살짝 높게 구매하려는 기업들이 많았다. 그러나, LCOE 기준의 가격 협상이 발전사업자들에게 통하지 않고, 다른 기업들이 시장가 중심으로 계약을 체결하는 것을 경험하면서 현재는 LCOE 기준으로 접근하는 형태는 많이 줄어들었다.

따라서 기업들은 단순 LCOE 기준으로 재생에너지 구매가격을 설정하기보다는 기업 스스로 어느 정도 가격에 재생에너지를 구매할 것인지에 대한 기준을 먼저 세우고 시장에 접근하는 것이 보다 바람직하다. 기업이 어느 정도에 재생에너지를 구매할 것인지는 기업이 얼마나 재생에너지를 필요로 하는지, 그리고 「RE091」에서 이야기했던 것처럼 기업이 필요한 것이 무엇인지에 따라 다를 것이다.

RE099.
한국전력의 PPA 전용요금제

  2023년 1월 1일, 한국전력에서 전격적으로 '재생에너지 전력 사용 고객 전기요금'이라는 새로운 전기요금제를 신설하였다. 재생에너지 전력 사용고객 전기요금은 제3자 PPA 또는 직접 PPA를 체결하는 전기사용자가 부족전력을 한국전력으로부터 구매할 때 한국전력이 적용하는 전기요금이다.

  예를 들어, 전기사용자가 100MWh의 전기를 사용하고 PPA를 통해 공급받은 전력량이 20MWh라고 한다면, 부족전력은 80MWh이며 일반적으로 한국전력으로부터 구매한다. 이때 한국전력이 80MWh를 판매하는 가격은 기존 전기사용자가 사용하는 전기요금이라고 생각했을 것이다. 그런데, 재생에너지 전력 사용고객 전기요금이 도입됨에 따라 80MWh에 대해 기존 전기사용자가 사용하는 전기요금이 아니라 이 재생에너지 전력 사용고객 전기요금을 적용받게 된 것이다.

  한국전력이 발표한 재생에너지 전력 사용고객 전기요금은 시장에 많은 파장을 일으켰다. 왜냐하면 재생에너지 전력 사용고객 전기요금의 구조로 인하여 PPA를 체결하면 많은 기업들의 전기요금이 대폭 상승할 것으로 예측되었기 때문이다.

재생에너지 전력 사용고객 전기요금이 생겨난 배경은 다음과 같다. 한국전력의 전기요금은 고정비는 기본요금, 변동비는 전력량요금에서 회수하는 메커니즘을 가지고 있지만 실제로는 고정비의 일부가 전력량요금에 포함되어 있다. 그런데, 재생에너지 PPA가 늘어날수록 한국전력이 판매하는 전력량은 줄어들게 되므로, 전력량요금에 포함되어 있던 고정비를 회수하기 어려운 문제가 생긴다. 따라서 한국전력은 PPA를 체결한 전기사용자에 대해서 고정비를 기본요금에서 전부 회수하고, 변동비는 전력량요금에서 회수하도록 요금을 재설계하였다. 이로 인해 재생에너지 전력 사용고객 전기요금은 기존 산업용·일반용 전기요금 대비 기본요금은 상승하고, 전력량요금은 하락하되 유경부하 요금이 상승하는 형태를 가지고 있다.

문제는 적용 기준에 있었다. PPA를 체결하는 규모와 관계없이 1MW라도 PPA를 체결한 전기사용자는 재생에너지 전력 사용고객 전기요금을 적용받도록 한 것이다. 전기사용량이 많은 전기사용자는 일부분밖에 되지 않는 PPA로 인해 한국전력의 기본요금이 대폭 상승하여 연간 지불해야 하는 전기요금이 크게 증가할 것으로 예측되었다. 대한상의가 2023년 3월에 발표한 자료에 따르면, 국내 321개사 중에 76%가 재생에너지 전력 사용고객 전기요금의 도입으로 인해 전기요금에 대한 악영향이 너무 크다고 응답하였다.

산업계의 반발로 인하여, 한국전력에서는 2023년 1월에 재생에너지 전력 사용고객 전기요금에 대해 2023년 6월까지 시행을 유예하기로 결정하였고, 2023년 6월에는 관련 요금 시행을 잠정 유예하기로 하였다. 따라서 현재 업계에서는 해당 요금이 당장에 적용될 것으로 보고 있지는 않은 상황이다.

RE100.
CF100과 RE100

최근 미국, 한국 등에서는 RE100이 아니라 CF100(Carbon Free 100)이 보다 현실적인 온실가스 감축이라고 이야기하는 경우들이 많다. CF100과 RE100은 자신이 사용하는 전력에 대해 온실가스를 0으로 만들자는 큰 관점에서는 동일하나, 이행방식에서 차이가 존재한다.

RE100은 앞에서 설명했던 것처럼, 재생에너지 발전원을 통해서만 이행이 가능하지만 CF100은 온실가스를 배출하지 않는 어떠한 발전원이면 모두 활용이 가능하다. 이에 대한 대표적인 예시가 원자력 발전소이다. 원자력 발전소도 전기를 생산하는 과정에서 온실가스를 배출하지 않는다. 재생에너지로 100%를 쓰자는 RE100과 달리, CF100에서는 이를 큰 틀에서 인정해 주는 것이다.

발전원에 대한 차이를 넘어서, 보다 근본적인 차이는 바로 인증에 대한 시간 기준의 차이다. RE100은 연 단위로 인정이 된다. 즉, 기업이 실시간으로 재생에너지 전기를 사용하지 않고 물리적 전기는 석탄 발전소 등에서 생산된 전기를 사용하되 추후 재생에너지 인증서를 구매한다면 재생에너지를 사용한 것으로 인정해 주는 방식이다(물론 물리적인 재생에너지 전기를 사용하면 당연히 인정된다). 또한, 이러한 인증서는 기업이 전기를 사용한 시간에 발급된 것을 살 필요 없이 정해진 기준(1년) 내에 발급된 것을 사면 되는 형태이다. RE100을 이행하는 기업 입장에서는 연 단위 전기사용량과 재생에너지 구매량을 맞추면 되지, 자기의 실시간 전기사용과 실시간 재생에너지 공급을 맞출 필요까지는 없는 것이다.

그러나 CF100은 다르다. CF100은 24시간×365일 무탄소 전원의 공급을 기준으로 한다. 즉 기업의 전기사용량과 재생에너지 공급을 실시간으로 매칭시켜야 하는 것으로서, 전기사용량과 공급의 매칭 관점에서 보면 RE100보다 훨씬 더 난도가 높은 방식이다. PPA를 기준으로 보면, 초과발전이 발생했을 때, 해당 REC를 구매하여 다른 시간에 사용하는 것이 CF100은 불가능하며 반대로 부족전력이 발생했을 때, 부족전력을 한국전력으로부터 사 왔다면 해당 시간에 발급된 REC만을 구매해야 하는 셈이다.

이렇다 보니, 에너지 업계에서는 RE100보다 CF100을 훨씬 더 난도 높은 과제라고 생각한다. 실제로 CF100을 관장하는 UN의 24/7 Carbon Free Energy Compact(CF100의 정식 명칭)에 대한 문서를 보면, CF100에 대해서 Beyond 100% Renewable Energy라고 표현하였다. 즉 전기사용과 재생에너지 공급 간 실시간으로 매칭되지 않는 RE100의 한계를 넘어, 실시간 매칭까지 하겠다는 것이 CF100의 근간인 것이다.

CF100과 RE100의 어느 하나만 선택할 문제는 아니다. 기본적으로 기업이 온실가스를 감축하는 방안이며 2개 모두 우리 사회가 지양해야 할 방향이라고 본다. 다만, 기업 입장에서 본다면 자신의 고객사가 요구하는 것이 무엇이냐에 따라 CF100과 RE100 중 어디에 초점을 맞춰야 할지가 중요할 것이다.

ROAD to RE100

초판 1쇄 발행 2024. 8. 30.
　　 2쇄 발행 2024. 11. 12.

지은이 김승희
펴낸이 김병호
펴낸곳 주식회사 바른북스

편집진행 박하연
디자인 양헌경

등록 2019년 4월 3일 제2019-000040호
주소 서울시 성동구 연무장5길 9-16, 301호 (성수동2가, 블루스톤타워)
대표전화 070-7857-9719 | **경영지원** 02-3409-9719 | **팩스** 070-7610-9820

•바른북스는 여러분의 다양한 아이디어와 원고 투고를 설레는 마음으로 기다리고 있습니다.

이메일 barunbooks21@naver.com | **원고투고** barunbooks21@naver.com
홈페이지 www.barunbooks.com | **공식 블로그** blog.naver.com/barunbooks7
공식 포스트 post.naver.com/barunbooks7 | **페이스북** facebook.com/barunbooks7

ⓒ 김승희, 2024
ISBN 979-11-7263-111-6 03320